인문학 수프 시리즈 4: 문식

우청우탁(寓清于濁)

흐리고 맑음이 둘이 아니다

지은이 **양선규**

소설가. 창작집으로 『난세일기』, 『칼과 그림자』 등과 인문학 수프 시리즈 『장졸우교(藏拙于巧)』(소설), 『용회이명(用晦而明)』(영화), 『이굴위신(以屈爲伸)』(고전) 등이 있으며, 연구서로는 『한국현대소설의 무의식』, 『코드와 맥락으로 문학읽기』, 『풀어서 쓴 문학이야기』 등이 있다.
충북대학교 인문대학 교수를 거쳐 현재 대구교육대학교 국어교육과 교수로 재직 중이다.

인문학 수프 시리즈 4: 문식

우청우탁 寓淸于濁

1판 1쇄 인쇄_2013년 11월 01일
1판 1쇄 발행_2013년 11월 15일

지은이_양선규
펴낸이_양정섭
펴낸곳_작가와비평
등 록_제2010-000013호
주 소_경기도 광명시 하안로 180-14 우림필유 101-212
블로그_http://wekorea.tistory.com
이메일_mykorea01@naver.com

공급처_(주)글로벌콘텐츠출판그룹
대 표_홍정표
편 집_최민지 노경민 배소정
기획·마케팅_이용기
디자인_김미미
경영지원_안선영
주 소_서울특별시 강동구 천중로 196 정일빌딩 401호
전 화_02-488-3280
팩 스_02-488-3281
홈페이지_www.gcbook.co.kr

값 13,800원
ISBN 979-11-5592-098-5 03800

우청우탁

寓淸于濁

흐리고 맑음이 둘이 아니다

양선규 지음

작가와비평

저자의 말

인문학 수프 『우청우탁寓清于濁』은 문학행위와 관련된 일반론, 소설론, 시론, 작품 감상 등의 내용을 담고 있습니다. 크게 잡아 '문학의 이해' 편이라고 보시면 됩니다. 다만, 시리즈의 표제와 관련해서 굳이 문학文學이라 하지 않고 문식文識이라 한 것은 그만큼 '읽고 쓰는 일'이 중重하다는 것을 강조하고 싶었기 때문입니다.

문학은 관념이 아닙니다. 우리 각자의 실천적인 글쓰기가 바로 문학입니다. 구름 위를 걷는 신선놀음이 아니라 삶의 현장에서 각고의 노력 끝에 만들어지는 피와 땀의 결실이 문학입니다. 저는 오래 전부터 그런 '실체 있는 문학 이야기'를 쓰고 싶었습니다. 우청우탁寓清于濁(흐리고 맑음이 둘이 아니다)은 그런 저의 절실한 바람을 표현하는 말이기도 합니다.

1장과 2장의 내용은 보통의 문학입문서에는 잘 나오지 않는 내용입니다. 연암의 「소단적치인」과 도스토예프스키와 관련된 '창의력 질병론'을 소개하고 있는 이 부분은 사실 한 개인의 문학행위가 어디에 그 실체적인 '기원起源'을 두고 있는가를 말하고 있습니다. 이 책에서 그것들이 전위에 배치된 까닭은 분명합니다. 문학을 '구름 위의 것'으로 여기지 말고 '내 발등 위의 불'로 생각하자는 취지입니다. 문학은 예나 지금이나 인간을 구원하는 최초, 최후의 수단입니다.

3장부터 20장까지는 동화, 소설, 시, 기타 문화적 매개물에 관한 일반론과 제 나름의 소견들로 채웠습니다. 원론도 되고 작품론도 되는 것들이 '서로 마주 보는 관계'로 나열되고 있습니다. 3~6장과 13~14장, 17~18장의 일부 내용들은 저의 저서 『풀어서 쓴 문학이야기』(푸른사상, 2005)와 『코드와 맥락으로 문학읽기』(청동거울, 2005)에서도 한 번 다루어진 것들입니다. 시대에 맞게 새로운 문맥을 구했거나 미비점을 보완하여 새로 작성한 것이니 그 점 양해해주시면 고맙겠습니다. 책의 중간쯤에 위치한 황순원 소설과 『데미안』에 관한 이야기가 비교적 많은 분량을 차지하고 있습니다. 분량만큼, 이 두 대목에 대한 애정도 제겐 각별합니다. 이 부분을 이야기할 때는 시간이 특별히 빨리 흘렀던 것 같습니다. 나머지 부분에서는 선학先學, 동학同學들의 저술에서 많은 도움을 받았습니다. 작품이든 이론서든, 배울 곳이 있는 곳이라면 어디에서든 무릎을 꿇고 배움을 청했습니다. 이 자리를 빌려 그분들께 감사의 마음을 전해 올립니다.

부록으로 독서교육의 본질과 방법에 대한 간략한 글을 실었습니다. 그런 구성 역시 제가 문식文識이라는 말로 표제를 삼은 의도에 따른 것으로 생각해주시면 고맙겠습니다. 문학은 우리가 후손들에게 물려주어야 할 소중한 유산입니다.

인문학 수프도 이제 4권째를 맞이하고 있습니다. 날이 갈수록 책의 분량이 늘어나는 추세입니다. 이번에도 퇴고 과정에서 초고 분량의 두 배가 넘는 원고가 탄생하고 말았습니다. 어려운 독서 출판 시장에도 불구하고 묵묵히 인문학 수프를 간행하고 있는 작가와비평 측에 송구스러운 마음이 드는 것을 금할 수가 없습니다. 언젠가는 독자들의 사랑을 듬뿍 받는 양서良書로 보답할 것을 약속드리며 그 고마움에 갈음할까 합니다.

아는 것만으로는 항상 부족하다. 사랑할 시간이 많지 않다. 요즘 제가 가장 자주 청해 듣는 선배님들의 말씀입니다. 저도 누군가에게 그런 기억될 만한 말로 기억되는 선배가 되고 싶습니다. 감사합니다.

2013. 10.

양선규

목 차

우청우탁(寓清于濁) 1

아직 교실 못 찾았니

: 소단적치인

글쓰기는 어쩌면 숙명인지도 모르겠습니다. 상처도 숱하고 영광도 간혹 있었습니다. 그래도 요즘처럼 글쓰기가 신났던 적은 없었던 듯합니다. 앞으로도 내 생애에 다시없을 것으로 여깁니다. 한 마디로 각광脚光을 받는 신세입니다. 무대에 서는 자들은 자신의 발밑을 비추는 그 환한 조명을 언제나 잊지 못합니다. '당신은 천생 글쟁이다', '매일 당신 글이 기다려진다', '당신 글 읽는 재미로 산다', '당신 글에는 중독성이 있는 것 같다'는 페이스북에서의 덧없는(?) 찬사들은 그야말로, '내일 죽어도 여한이 없을' 화려한 무대의 조명 불빛들입니다. 때로는 부담스러워서 컴퓨터 자판 앞에 앉기가 두려울 때도 있습니다. 그래도 꾸역꾸역 아침마다 글을 올립니다. 그래야 프로니까요. 물론 저만 프로인 것은 아닙니다. 오랜만에 진짜 프로들을 만나고 있습니다. 그들은 그저 말없이 저를 감시할 뿐입니다. 영화 〈감시자들Cold Eyes〉(2013)의 주인공들처럼 말입니다. 그들이 진짜 고수高手들이고 프로들입니다. 일고수 이명창一鼓手 二名唱이라 했지만 그 고수보다 더한 이들이 바로 귀명창, 독자들입니다.

글쓰기가 숙명으로 찾아온 것은 초등학교 2학년 때였습니다. 교내 백일장에서 아무 생각 없이 써낸 「필통」이란 글이 가작佳作으로 뽑혔습니다. 필통 안에서 일어나는, 연필과 지우개와 칼의 갈등과 화해를 다룬 동화였습니다. 결말 부분은 선생님의 가필加筆이 첨가되었습니다. 미처 해피 엔드로 마무리 짓지 못했던 것을 선생님이 손을 보셨습니다. 저학년 중에서 산문 입상자가 나온 것은 좀 드문 일이었습니다. 그 덕에 『수정水晶』이라는 이름의 전통 있는 교지(100년 넘은)에 작품이 실렸습니다. 글쓰기로 맛본 최초의 영광이었습니다. 그러나 그 영광도 잠시, 호사다마好事多魔라고, 평생 잊지 못할 가시밭길이 저를 기다리고 있었습니다. 어떻게 보면 학교가 제게 안긴 최초의 상처일 수도 있었습니다. 글짓기 대표선수로 뽑혀 매일같이 황금 같은 방과 후를 호랑이 선생님 앞에서 성과 없는 글짓기 연습으로, 허송세월로(?), 보내야만 했습니다. 재미는 둘째 치고, 무엇보다도 매일 다른 이야기를 써내야 한다는 것이 큰 고역이었습니다. 프로가 된 지금도 힘든 일인데, 초등학교 2학년짜리 어린아이가 어떻게 매일같이 다른 이야기를(그것도 재미있는 것으로) 써낼 수가 있다는 말입니까? 지금 생각해도 은근히 부아가 치미는 일이 아닐 수 없습니다. 어쨌든 그렇게 피 말리는 고역을 몇 달 무사히 치러 내고 드디어 출전 길에 나섰습니다. 시내의 한 대학에서 주최하는 초등학생 글짓기 대회였습니다. 한 학년에서 한 명씩 뽑혀나갔는데 글짓기부 활동도 하지 않았던 가형家兄도 함께 출전했습니다(형은 교내 방송 아나운서였기 때문에 좀 바빴습니다). 그런데 문제가 생겼습니다. 저는 원래 산문부였는데 출전 당일날 운문부로 전격적으로 이적移籍되고 만 것입니다. 선생님 말씀인즉슨 날이 갈수록 제 글이 짧아지는 게 필시 운문 적성인 것 같다는 거였습니다. 아마 운문·산문 사람 수를 맞추다 보니 최저학년이었던 제가 그렇게 밀린 것 같았습니다. 어머니도 순순히 받아들였습니다. 교실에 들어가니까 감독 선생님이 칠판에다 시제詩題를 내걸었습니다. 고구마, 달밤, 전봇대…, 그런 거였지 싶습니다. 어린 제가 생각하기에 아주 엉뚱한 제목들이었습니다. 저는 꽃, 나비, 하늘, 바다, 단풍, 새싹, 어머니…, 그런 것들이 시의 제목이 되어야 하지 않겠나 생각했던 것 같습니다. 그런 기대를 깨끗이 깔아뭉개는 제목들이었습니다. 그 중에서 어느 것 하나를 골라 시를 쓰라는 거였습니다. 갑자기 막막해졌습니다. 늘 자유과제로 쓰고 싶은 글만 쓰다가 갑자기 지정과제로, 그것도 운문으로 쓰려니 전혀 감이 잡히질 않았습니다. '아, 이건 아니다'라는 생각이 들었습니다. 그래서 시제로 나온 단어들을 이리저리 엮어서 얼른 한 편 써내곤 교실을 나와 버렸습니다. 교실 밖 모과나무 옆에서 서성이던 어머니가 그런 저를 보고 놀라서 물었습니다. "조근놈,[1] 아직 교실 못 찾았니?"

결과는 당연히 참담했습니다. 예선 탈락, 그 흔한 장려상도 받지 못했습니다. 형은 전체 3등을 해서 대학 마크가 새겨진 동메달(배지)과 함께 듬뿍 부상副賞까지 받았습니다. 동생은 그냥 영광에 들뜬 형의 그림자만 밟고 서 있었습니다. 어머니는 그때 제 머리만 한 번 쓰다듬고 말았습니다. 그때 받은 상처가 오래 갔습니다. 얼마 전, 50년 전 그때 어머니가 의지 삼고 서성이던 그 모과나무에서 잘 익은 모과 열매 두 개를 따왔습니다. 거실 장식장 위에 올려놓고 오며가며 냄새도 맡고 한 번씩 쓰다듬기도 하고 있습니다. 크기도 했지만 잘 생기기도 했습니다. 크고 잘 생긴 놈이 고는 속도도 아주 더뎌서(거실 공기가 너무 차가운가?) 더 사랑스럽습니다. 저는 매년 그 모과나무의 일 년 농사를 탐냅니다. 관리인 아저씨에게 부탁해놓으면 잊지 않고 두어 개를 챙겨놓습니다. 지금 제 연구실은 옛날의 그때 그 교실 자리에 있습니다. 그 자리에 신축된 건물 4층으로 제 연구실이 옮겨진 지도 10년이 넘었군요. 다 변했는데 모과나무만 여전히 그 모과나무입니다. 그 앞을 지나서 저는 매일같이 그때 그 교실

---

1) 조근놈: 제주도 방언. 작은 놈. 흔히 막내를 지칭하는 말로 쓰임.

문 앞을 기웃거립니다. 가끔씩 어머니 목소리도 거기서 듣습니다. 놀란 표정을 지으며 "조근놈, 아직 교실 못 찾았니?"라고 물으시던 어머니의 목소리는 반백 년이 지난 지금도 여전히 정답습니다.

서론이 길었습니다. 프로는 프로가 알아본다고(?), 연암燕巖의 글쓰기론 「소단적치인騷壇赤幟引」을 읽다 보면 저도 모르게 탄성을 지르게 됩니다. 한 마디 한 마디, 그 안에서 절정 고수의 면면을 보지 않을 수 없습니다. 젊어서 볼 때는 그렇게 감동적이지 않았습니다. 한 논문에서 연암의 문학적 인생에 대한 해설과 함께 그 글에 관한 소개도 읽은 적이 있었는데 그때는 그렇게 크게 다가오지 않았습니다. 아마 제 글쓰기가 연암의 수준을 넘볼 수 있는 지경이 전혀 아니었던 모양입니다. 무언가 실속 없는 다른 것에 눈독을 들이고 있었는지도 모르겠습니다. 하여튼, 젊은 날에는 그저 그랬습니다. 그런데 요즘 와서 읽어보니 보통 글이 아니었습니다. 그의 언사가 '최종 병기 활'마냥 직방으로 날아와서 저를 관통貫通합니다. 연암의 문체는 특별하고 중독성이 있습니다. 그의 글쓰기론에서도 여지없이 그런 개성이 잘 드러나고 있습니다. 무작정 고문古文을 따르지 않고 때를 알아 자유분방을 취하는 모습이 때론 황홀하기까지 합니다. 한문漢文에는 까막눈인 주제에 그 실상을 자세히 파헤친다는 것은 언감생심, 꿈도 꾸지 못할 일이지만, 대표적인 몇 문장만 봐도 그 가치는 쉬이 알 수 있습니다. 아마 자기만의 신의新意를 중히 여겨

용사用事의 편의를 가급적 사양하는 데서 오는 결과가 아닌가 싶기도 합니다. 그의 글쓰기론인 「소단적치인」의 일부를 소개합니다.

글자는 비유컨대 병사이고, 뜻은 비유하면 장수이다. 제목이라는 것은 적국(敵國)이고, 전장(典掌: 전거를 인용하는 것) 고사(故事)는 싸움터의 진지이다. 글자를 묶어 구절이 되고, 구절을 엮어 문장을 이루는 것은 부대의 대오행진과 같다. 운으로 소리를 내고, 사(詞)로 표현을 빛나게 하는 것은 유격의 기병이다. 억양반복이라는 것은 끝까지 싸워 남김없이 죽이는 것이고, 제목을 깨뜨리고 나서 다시 묶어주는 것은 성벽을 먼저 기어 올라가 적을 사로잡는 것이다. 함축을 귀하게 여긴다는 것은 반백의 늙은이를 사로잡지 않는 것이고, 여음이 있다는 것은 군대를 떨쳐 개선하는 것이다. (…중략…) 그런 까닭에 병법을 잘하는 자는 버릴 만한 병졸이 없고, 글을 잘 짓는 자는 가릴 만한 글자가 없는 것이다. (…중략…) 글이 좋지 않은 것은 글자의 잘못이 아니다. 저 글자나 구절의 우아하고 속됨을 평하고, 편과 장의 높고 낮음을 논하는 자는 모두, 합하여 변하는 기미[합변지기(合變之機)]와 제압하여 이기는 저울질[제승지권(制勝之權)]을 알지 못하는 자이다. (…중략…) 합하여 변화하는 저울질이란 것은 때에 달린 것이지 법에 달린 것은 아니다.

▶▶▶ 「소단적치인(騷壇赤幟引)」
고미숙, 『열하일기, 웃음과 역설의 유쾌한 시공간』에서 재인용 글쓰기를 전투에 비유하는 이 글이야말로 글쓰기의 금과옥조金科玉條를 두루 담은 것입니다. 비유컨대 동방불패의 『규화보전葵花寶典』이고, 미야모토 무사시의 『오륜서五倫書』입니다. 불패의 병법서입니다. 동서고금을 막론하고 단연 독보·독창적인 문장론입니다. 「소단적치인」이란 제목도 흥미롭습니다. '소단騷壇'은 문단이란 의미고, '적치赤幟'는 붉은 깃발이란 뜻입니다. 우리말로 옮기면 '문단의 붉은 깃발을 논함' 정도가 됩니다. '깃발을 꼽는다'는 것은 아마 끝을 본다는 뜻인 것 같습니다. 글쓰기 전문가들에게 최종적으로 고하는 말이라는 뜻으로도 들립니다.[2)]

'글쓰기 병법'이라고 할 만한 연암의 문장론에는 어디 하나 군더더기가 없습니다. 차례로 인용된 글들을 지금의 우리말로 한 번 옮겨보겠습니다.

글자는 병사, 뜻은 장수: 뜻을 살릴 수 있는 단어와 구절. 그것의 운용에 관한 말. 장수는 병사를 잘 알아야 하고 병사는 장수를 잘 따라야 한다. 뜻과 표현은 둘이 아니라 하나이다. 용장 밑에 약졸 없듯이 뜻이 좋으면 표현은 따라오게 되어 있다.

제목은 적국, 전장 고사는 싸움터의 진지: 제목은 주제이니 그것을 완전히 굴복시키는 것이 글쓰기의 최종 목표다. 전장 고사가 진지라는 것은 제목(주제)에 눌려 죽지 않기 위해서는 진지 안에 들어가(확실

---

2) 고미숙, 『열하일기, 웃음과 역설의 유쾌한 시공간』, 그린비, 2003 참조.

한 논거를 찾아) 그것에 대적해야 한다. '제목에 지지 않는다'라는 말의 취지를 자신의 글쓰기에서 발본색원(속속들이 그 뜻을 알아서) 할 수 있어야 한다. 글을 다 읽었을 때 다시 한 번 제목으로 눈길이 닿도록 하는 글을 써야 한다.

운과 사(詞)의 유격병 역할: 정규군(주지, 主旨)을 돕는 유격병(운률, 韻律)을 잘 활용해야 한다. 모든 글은 소리내어 읽는 것을 전제로 작성되어야 한다. 묵독도 예외는 아니다. 두운, 압운, 음보, 속도감 있는 문장 연결 같은 것에 유념해야 한다. 유격이 본진의 공격력을 최대화할 수 있도록 항시 유념한다. 단, 유격의 유희(遊戲)가 지나치게 승해 본진의 존재를 몰각케 해서는 안 된다.

억양 반복은 끝까지 싸워 남김없이 죽이는 것: 프로는 항상 '끝까지 싸워 남김없이' 적군을 죽여야 한다. 표현의 최대치를 찾아야 한다. 과장도 필요할 때가 있고 반복도 중요할 때가 있다. 마지막 한 줄로 전체 문장을 뒤집는 일도 허다하다. 촌철살인(寸鐵殺人)의 경지도 '억양 반복'에서 나올 때가 많다.

제목을 깨뜨리고 나서 다시 묶어주는 것은 성벽을 먼저 기어올라가 적을 사로잡는 것: 승기를 잡는 결정적인 계기는 편견과 고정관념, 불신의 장벽을 넘어 독자의 승복을 받아내는 데서 비롯된다. 그런 과정이 독자가 모르는 사이에 기습적으로 이루어지는 형편을 설명하고 있다. '제목을 깨뜨리고 나서 다시 묶는 일'은 진정한 문예적인 글들이 주로 취하게 되는 '아이러니의 형식'에 닿아 있는 표현이다.

함축을 귀하게 여긴다는 것은 반백의 늙은이를 사로잡지 않는 것이고,

여음이 있다는 것은 군대를 떨쳐 개선하는 것: 함축은 '의미가 노는 곳'이기에, 함축을 활용하는 것은 전쟁을 치를 때 늙은 병사를 놓아주는 이치와 같다. 내용에 얽매여 독자를 일일이 득달하지 않는다는 뜻이다. 독자의 능동적인 의미 구성을 독려한다. 사족(蛇足)인 듯하지만 덧붙임을 두거나 은근한 여운을 남기는 것은 글의 품격을 높이는 일이고, 동시에 독자의 참여를 위한 작가측의 의도적 배려라고 할 것이다.

합하여 변하는 기미[合變之機]와 제압하여 이기는 저울질[制勝之權]: 코드와 맥락의 운용에 필요한 시의(時宜)를 알고 융통성 없이 주지를 거스르는 것들을 억눌러 적절하게 문맥을 통어하는 법을 알아야 한다. 그러기 위해서는 '통째로 눈치껏', 자신이 지닌 문식력을 통일적으로 크게 활용하여야 한다. 이때, '아는 것만으로는 항상 부족한 것'이 글쓰기의 요체라는 것은 체득해야 한다.

때에 달린 것이지 법에 달린 것은 아니다: '확연이대공 물래이순응(廓然而大公 物來而順應)',[3] 때를 안다는 것은 자기를 비우는 일에 다름 아니다. 상황을 순순하게 받아들여 당면한 글쓰기가 요구하는 적절한 맥락을 잡아내야 한다. 법(코드)은 그 '순응'의 결과에 종속될 뿐이다. 오늘의 법이 내일의 오해와 편견이 되는 것이 인생사다.

---

3) 확연이대공 물래이순응(廓然而大公 物來而順應): 聖人之常(성인지상: 성인의 상도는) 以其情順萬事而無情(이기정순만사이무정: 그 정(情)이 만사에 순응하여 사정(私情)이 없기 때문이니) 故君子之學 莫若擴然而大公 物來而順應(고군자지학 막약확연이대공 물래이순응: 군자의 학문은 확연히 공정하여 만사 사물이 왔을 때 그대로 받아 들여 따를 뿐입니다). 朱熹, 『近思錄』「爲學」.

본인의 직접 경험에서 우러나온 「소단적치인」과 같은 글쓰기론은, 특히 글쓰기를 업으로 삼는 이들에게는, 한 마디 한 마디가 정곡을 찌르는 '황금의 언어'입니다. 글이란 것은 간혹, 그 비슷한 경우를 겪어보지 못한 이들에게는 그 취지가 제대로 전달되지 않을 때도 있습니다. 처한 입장이나 환경에 따라 전달되는 메시지의 맥락적 이해가 조금씩 달라질 수가 있는 것입니다. 제 경험으로 볼 때, 「소단적치인」의 경우도 마찬가지입니다. 글쓰기가 어느 정도 숙련 상태에 든 사람이어야 그 속의 가르침이 크게 울리는 글입니다. 앞에서도 말씀드렸지만 저도 젊어서 언젠가 연암의 문학활동을 다루고 있는 한 논문에서 얼핏 「소단적치인」을 본 적이 있었습니다. 그때는 이게 무슨 귀신 씨나락 까먹는 소리인가하고 그냥 넘어갔습니다. 새 시대에는 새 글쓰기론이 있을 거라고 생각했던 것 같습니다. 그런데 평생을 살아도 그런 건 없었습니다. 하는 것 없이 늙어가면서 우왕좌왕, 되는 대로 글을 써왔을 뿐입니다. 세월이 가고, 머리가 온통 백발이 되어 다시 「소단적치인」을 보게 되었습니다. 다시 보니 제가 그동안 무심결에 하나씩 터득하고 금과옥조로 삼고 있던 것들이 그 안에 다 있었습니다. 그나마 이렇게라도 그 안에서 그것들을 다시 볼 수 있어서 천만 다행이라는 생각이 듭니다. 모르겠습니다. 그 천행도 여태 "조근놈, 아직 교실 못찾았니?"라는 어머니 목소리가 제 귓전을 맴도는 까닭인지도 모르겠습니다.

우청우탁(寓淸于濁) 2

미쳐야 쓴다

: 하이퍼그라피아

창의력인가, 창의성인가? 문식력文識力인가, 문식성인가? 누가 그렇게 묻는다면 저는 '언제고 창의력이고, 문식력이다'라고 대답합니다. '력力'과 '성性'의 경계는 분명합니다. 하나는 '힘'이고 하나는 '성질'입니다. 하나는 '몸'으로 하는(닦는) 것이고, 다른 하나는 '머리'로 하는(아는) 것입니다. 창의적인 힘을 기르는 것과 그것(힘)의 성질을 아는 일은 엄연히 다른 일입니다. 글을 읽고 쓰는 힘을 배양하는 일과 그것의 속성을 연구하는 것 사이에는 분명한 차이가 있습니다. 교육대학에서 교사교육을 담당하고 있는 제 입장에서는 당연히 전자前者들을 함양할 수 있는 길과 방법에 대한 숙고가 당면 과제가 됩니다. 창의력 있는 교사, 문식력을 갖춘 교사를 양성해내는 것이 저의 주된 임무입니다. 교육은 이심전심以心傳心, 교사에게 있는 것이 흘러 학생들에게 들어가는 것인데 당연히 창의력과 문식력이 있는 교사가 결국 자신의 제자들을 그쪽 세계로 안내할 수 있을 것이기 때문입니다. 그래서 저는 실천지實踐知를 강조합니다. 어디서든, 이론 과잉의 '눈먼 자'들이 지배하는 세상에는 미래가 없는 법입니다.

그런데 여전히 창의성, 문식성 같은 말들이 남용됩니다. 마치 자기들 집안의 '전가傳家의 보도寶刀'나 되는 것처럼 마구 쓰고 함부로 퍼뜨리는 이들이 있습니다. 교사교육을 담당하는 대학이나 관련 학계에서 종종 보입니다. '문식성 교육', '창의 인성 교육'이라는 어불성설語不成說의 말들이 대놓고 행세를 하는 경우도 있습니다. 지역 교육청 같은 공공 기관에 그 이름을 딴 부서까지 생기고, 일부 대학에서는 그런 문구가 적힌 플래카드까지 내걸고 행사를 벌입니다. '문식성 연구'까지는 봐줄 수 있겠는데 그것을 '교육'하겠다니 당최 이해가 안 됩니다. 그래도 '이론 과잉의 눈먼 자'들은 오불관언吾不關焉입니다. 초등학교에 다니는 아이들이 '문식(력)의 속성'까지 공부해야 할 이유가 어디 있겠습니까? 그냥 문식文識 교육이라고 부르면 될 것을 굳이 '성性'자는 왜 갖다 붙이는지 모르겠습니다. '성性' 중독자라도 된 것 같습니다. 그것 없이는 학문이 되지 않는다고 여기는 것 같습니다. 옛날 우리 조상님들은 학문 하는 일을 '글공부'라고 통칭했습니다. 그 안에 읽고 쓰고 사람되는 공부가 다 들어 있었습니다. 제가 보기에는 그게 가장 정확한 표현인 듯싶습니다. '글공부'라는 말보다 더 적절한 '읽고 쓰고 사람되는 공부'의 명칭이 또 어디 있겠습니까?

'창의 인성교육'은 더합니다. 그 말이 사용되는 맥락이 엉뚱하고 재미있습니다. 그 말은 마치 우리 공교육의 목표가 창의성과 인성을 두루 갖춘 인재를 양성하는 것이라는 뉘앙스를 풍깁니다. '창의 인성교육'이라는 말이 최선의 교육목표라는 전제가 그 캐치프레이즈catchphrase에 담겨 있는 것 같습니다. 그러나 사실, '창의 인성'이라는 조어 자체가 일종의 모순어법입니다. 창의력과 원만한 인성은 전혀 다른 영역에서 존재하는 것들입니다. 창의력 교육과 인성 교육이 접점을 가질 어떠한 근거도 없다는 말입니다. 예를 들어 말해보자면, 그 두 단어는 토마토케첩과 고추장의 관계라 할 것입니다. 모두 각자의 영역에서는 역할이 뚜렷한 것들이지만 만약 그것이 서로 섞이게 된다면 아주 이상한 '물건'이 될 뿐인 것입니다. 이도 저도 아닐 공산이 큰 배합인 것입니다. 그것을 그렇게 섞어 쓰고 있는 것이 작금의 현실입니다.

서론이 길어졌습니다. 문식력에 대해서 좀 살펴보겠습니다. 읽고 쓰는 힘(문식력)은 절차적 지식의 영역에 속하는 것이기 때문에 그것의 속성에 대한 지식(표상적 지식)을 아무리 축적하여도 그 지식의 요체가 되는 '힘'이 저절로 증강되는 일은 결코 없습니다. 표상적 지식이 절차적 지식의 습득에 도움을 줄 수 있는 경우도 있겠습니다만 지나친 이론과잉은 어디서나 부작용을 초래합니다. '나는 알기 때문에 행위의 실천 의무를 면제받는다'는 식의 오도된 허위의식(의식, 무의식상의 허위전환)을 심어줄 공산이 커서 정작 필요한 '힘'을 기르는 데는 오히려 방해가 될 때가 많습니다. 문식력은 주로 문자 행위와 관련된 절차적 지식이기 때문에 문자적 지식(표상적 지식)의 행위 기속력이 타 영역에서보다 월등히 강합니다. 생각보다 그 힘이 무척 셉니다. 아는 것만으로 충분하다는 편견을 갖기가 쉽습니다. 힘센 무용지식('아는 것만으로 충분하다'는 허위의식을 만족시키는)에 한 번 함몰되면 여간해서 그것의 마성痲性 혹은 마력魔力으로부터 빠져나올 수가 없습니다. 그래서 조금 '글공부'를 한 사람들 중에는 자기가 '아는 것'으로 모든 것을 대신하려 드는 이들이 많습니다. 제가 보기엔 그들은 모두 주화입마走火入魔에 든 자들입니다.

문식력 배양, 문식 교육, 글공부 같은 것들은 가타부타 말로 되는 것이 아닙니다. 그 이치에 대해서 떠들면 떠들수록 정작 본인에게는 해가 될 뿐입니다. 그저 '물이 높은 데서 낮은 데로 흐르는 것처럼' 순리에 맞게 전이轉移의 계시가 내릴 때를 기다리는 백련자득百鍊自得의 시간을 가져야 합니다. 옛날 서당공부가 그러했듯이 '통째로 눈치껏' 하나하나 익혀나가야 합니다. 창의력 교육은 좀 다른 문제입니다. 공교육, 학교 교육이 학생 개개인의 창의력까지 책임져야 할 일은 없습니다. 그런 교육목표를 내세운다는 건 사실 지나가는 소도 웃을 일입니다. 학교에서는 공동체의 구성과 유지발전을 위해서 꼭 가르쳐야 될 것만 가르치면 됩니다. 국가를 만들고 사회를 이루는데 필요한 것들만 가르치면 됩니다. 건강하고 건전한 구성원을 만드는 '시민교육'에 치중해야 합니다. 공동체 구성원이라면 누구나 추구해야 할 이념이나 신화나 염치와 같은 이른바 '공동환상共同幻想'들을 가르치고, 진리가 어떻게 인간을 구원하는지만 알게 하면 됩니다. 한 백화점 안에도 명품점이 있고 중저가 매장이 있고 떨이 전문의 가판대가 있습니다. 한 군데에 모아놓고 모든 것을 한꺼번에 다 가르치겠다는 것은 아주 비교육적인 발상입니다. 교사를 만능萬能으로 만들겠다는 것도 비교육적인 발상입니다. 교사는 만능이 아닙니다. 창의적일 수는 더더욱 없습니다. 창의적인 교사는 불량 교사가 될 공산이 큽니다. 아이들도 마찬가지입니다. 학교에서는 학교에서 배울 것을 배워야 합니다. 그것만으로도 아이들은 벅찹니다. '창의 인성 교육'은 그래서 더 가관입니다. 말이 안 되는 교육목표인데다가 아이들을 잡는 비교육적인 발상의 소산입니다. 얼른 그 말부터 접어야 합니다. 아무리 좋은 말이라도 때와 장소를 가리지 않고 함부로 쓰면 사문난적斯文亂賊, 혹세무민惑世誣民이 됩니다.

특히, 문식과 관련된 창의력은 아주 조심스럽게 다루어져야 합니다. 때에 따라서는 그것이 질병적 상태와 깊은 연관이 있기에 더욱 주의를 요합니다. 염치를 알고 타인을 배려할 수 있는 사람을 만들기 위해서 건전한 인성 교육에 힘써야 할 학교에서,

아무나 내세워 대책 없이 무슨 '글쓰기 영재교육' 같은 프로그램을 운영한다는 것은 그래서 자칫 위험할 수도 있는 일입니다. 옛날 우리 어버이들이 자녀들에게 함부로 소설책들을 가까이하지 말도록 훈계를 아끼지 않은 연유를 생각해볼 필요가 있습니다(아직 여물지 않은 '인성'에게는 '삶에 대한 여과되지 않은(적응과 순화가 이루어지지 않은) 통찰'이 자칫 치명상을 입힐 수도 있습니다). 창의적인 글쓰기는 그 유형에 따라 알게 모르게 질병적 상황과 은밀히 내통(?)하는 경우가 있습니다.

이제 도스토예프스키에 대한 이야기로 이 글을 마무리할 때가 되었습니다. 도스토예프스키는 자신의 소설小說로 수많은 세상의 병든 영혼들을 구제했습니다. 물론 병든 영혼들만 그의 은사恩赦를 입는 것은 아닙니다. 건강한 영혼들에게는 인간에 대한 깊이 있는 이해를 안내했습니다. 그의 소설 세계를 접하고 숱한 인재들이 그의 뒤를 따라 작가가 되거나 남을 위해 사는 '도덕적 인간'으로 거듭났습니다. 그런 차원에서, 그만큼 창의적이고 도덕적인 작가도 여태 없었습니다. 그러나 그는 병자였습니다. 도스토예프스키는 정신병의 일종인 게슈빈트 증후군[1]의 다섯

1) 게슈빈트 증후군(Geschwind syndrome): 측두엽 간질을 지닌 사람들은 그 성향이 다양할 뿐만 아니라 대부분의 경우 일반인과 구별하기도 힘들다. 하지만 어떤 이들은 이른바 게슈빈트 증후군이라 불리는 특질을 명확히 보여준다. 이 특질은 모두 다섯 가지로 하이퍼그라피아, 철학과 종교에 대한 심취(하루에 두 번이나 미사에 참석하거나 자신을 스스로 부처라 생각하는 경우), 갑자기 난폭해지는 등의 감정의 격변, 성징의 변화(보통 성행위가 감소한다), 마지막으로 과도한 집착으로 인해 수다가 심해지거나 혹은 너무 자세한 사항에만 매달리는 경우를 들 수 있다. 앨리스 플래허티, 박영원 옮김, 『하이퍼그라피아』, 휘슬러, 2006.

가지 특질을 일목요연하게 보여준 작가로 유명합니다. 그는 다산多産 작가로 섬세한 글을 많이 썼으며(폭포수처럼 쏟아냈습니다) 도덕적인 면에서도 집착이 강했던 일면이 있었지만, 갑자기 화를 잘 내었고 그의 유별난 성 취향은 사람들로부터 그를 더욱 멀어지게 했습니다. 또한 간질 발작을 일으켰던 다른 많은 사람들과 마찬가지로 매일 벌어지는 일상사에 민감하게 반응했습니다. 그의 주변에 있는 사람들은 늘 그로 인한 고통에 시달려야 했습니다. 그렇게 작가는 고통 속에서 글을 썼습니다. 비단 도스토예프스키뿐이 아니었습니다. 많은 작가들이 알게 모르게 고통 속에서 글을 썼습니다. 귀스타브 플로베르 역시 간질 환자였습니다. 발작에 관한 그의 묘사는 측두엽 발작의 고전이라 할 만한 것이었습니다. 그의 발작은 최후의 날이라는 두려움에서 시작되어 곧 자신과 외부의 경계가 일시에 허물어지는 것을 느끼게 했습니다. 그는 "내 가난한 뇌에 아이디어와 이미지들이 마치 소용돌이치듯이 들어왔다. 내 의식, 아니 내 전부가 폭풍으로 침몰하는 배처럼 느껴진다"라고 그 상황을 묘사했습니다. 그는 고통이 왔을 때 구슬프게 울부짖었고, 한꺼번에 모든 기억들이 몰려오는 듯한 느낌을 받았으며, 불타는 환영들을 보았고, 입에는 거품을 물고, 오른쪽 팔을 계속 움직이면서 무아지경에 빠져들었고, 구토를 하곤 했습니다. 전해지는 문헌으로 판단되는 측두엽 간질 작가는 테니슨, 리어, 포, 스윈번, 바이런, 모파상, 몰리에르, 파스칼, 페트라르카, 단테, 아빌라의 성녀 테레사,

성 바울로 등 그 수를 헤아릴 수 없을 정도로 많습니다.[2]

도스토예프스키는 하나의 역설逆說입니다. 삶의 고통을 필수 자양분으로 삼았던 그의 창의적 글쓰기는, 글쓰기가 인간이 자신의 불구不具를 넘어서는, 그래서 승리하는, 하나의 '길 없는 길' 임을 알게 해줍니다. 도스토예프스키를 비롯한 수많은 작가들은 게슈빈트 증후군, 그 하이퍼그라피아[3]의 상태에서 인류사에 길이 남을 명작들을 생산해내었습니다. 자신의 고통을 치유의 글쓰기로 승화시켜내었습니다. 굳이 종교적 설법을 떠나서라도, 그것 하나만 보아도 창의력은 '알아서 쉽게 얻어지는 지식'이 아니라, 때로는 고통이 수반되는, 계시나 질병과 같은, 그 어떤 초인적인 것들과 함께 할 공산이 큰 것임을 알 수가 있습니다. 그래서 또 한 번 강조합니다. '이론과잉의 눈먼 자'들의 혀끝에서 나오는 말로는 그 어떤 '해결'도 없습니다. 그들과 함께 한다면 시간이 흐를 때마다 또 다른 '혀끝에서의 말'들만을 들어야 합니다. 이제 '해결'을 위해 크게 한 걸음 내딛어야 할 때입니다.

2) 작가들의 게슈빈트 증후군에 관한 내용은, 앨리스 플래허티, 박영원 옮김, 『하이퍼그라피아』, 휘슬러, 2006 참조.

3) 하이퍼그라피아(hypergraphia): 참을 수 없는 글쓰기 충동, 또는 그림 그리기 충동.

우청우탁(寓清于濁) 3

넘치는 것들

: 정신분석과 기호학

때론 상식이 사실을 호도할 때가 있습니다. 누구나 그렇다고 여기지만, 기대나 희망이 사실을 가리고 허상을 내세우는 경우도 종종 있습니다. 우리는 흔히 어린이, 혹은 동심童心을 순진무구한 그 어떤 상태로 상정합니다. 그들을 혹은 그들의 마음을 때 묻지 않은 것의 한 전형으로 여깁니다. 그러나 정신분석학자들은 마냥 그렇게 생각하지만은 않습니다. 그들이 보는 유소년기 인간의 서술적 정체성은 어른 못지않게 험하고 구차스럽습니다.

예를 들어 멜라니 클라인은 아동이나 성인을, 모친의 가슴에 매달려 있었을 때의 노여움에 찬 유아적 정신병에서 회복 단계에 접어들어 있는 존재라고 설명한다. 클라인의 이야기는 편집증과 우울증을 오락가락하는 보편적이고도 병리적인 유아적 상황에서 출발하고 있다. 클라인에게는 인간의 생애가 광기에서 시작되고 있으며 이 광기는 타인의 광기를 받아들이는 것까지 포함한다. 비록 운 좋은 처지에 놓이거나 정신분석 치료를 받아 도움을 받는 수도 있기는 하나 인간은 그 후로도 다소간 미쳐서 살아간다. 흔히 쓰는 말 속에 나타난 어느 부분들, 예를 들어 마녀, 독살스런 태도, 애타게 하거나 골빠지게 하는 사람이라는 은유들, 혹은 어떤 상황에서 우리 모두가 '미칠 수 있다'는 사실의 일반적 인정, 이 모두가 우리의 무의식 속에 있는 유아기의 처벌, 강박관념, 유린에 대한 유아적 환상을 강조하는 이론을 지지해주고 있는 것이다.

▶▶▶ 로이 샤퍼, 김경애 옮김, 「정신분석학적 대화에서의 서술」, 『현대서술이론의 흐름』, 솔, 1997 중에서

우리의 삶이 이미 그 출발선상에서부터 '미쳐 있는 것'이라는 정신분석학적 가정은 거부할 수 없는 경험칙의 소산일 수도 있습니다. 유아기 피해(과대)망상이나 편집증은 누구나 경험하는 것이기 때문입니다. 한 번씩 '무엇이 정상인가?'라는 물음이 종종 빠져들기 쉬운 순환론적 오류를 범하고 있을지도 모른다는 의심이 들지 않는 것은 아닙니다만 멜라니 클라인의 '아동 광기

설'은 여러 가지로 독서론에 필요한 유용한 관점을 제공합니다. 다른 것보다도, 우리가 '왜 책을 읽어야만 하는가?'라는 질문에 대한 결정적인 대답을 제공합니다. 독서를 통해 우리의 삶이 서서히, 그렇지만 결정적으로, 치유된다고 주장할 수 있는 근거를 제공하는 것입니다. 성장기에 놓여 있는 어린 주체들에게는 '자기 이야기의 발굴'을 직접적으로 독려할 필요가 있는데, 독서만큼 효과적인 것이 없다는 것입니다. 자기치유를 위한 '남의 이야기'들을 광범위하게 섭렵할 것이 요구되는 때가 바로 아동기라는 것입니다. 그래서 동화도 좋고, 위인전도 좋고, 소설도 좋고, 일기도 좋고, 편지도 좋습니다. '남의 이야기', 그것도 사회적으로 공인된 성공 스토리들은 성장기의 아이들에게 '나의 플롯 만들기'를 도와서 '실패 없는 내 이야기 쓰기'를 완성시킨다는 것입니다. 멜라니 클라인류의 다소 비관적인 정신분석학적 가설이 아니더라도 그런 독서의 치유적 효용에 대한 믿음이 전혀 근거 없는 것만은 아닌 것 같습니다. 하인츠 코후트라는 학자의 연구에 의하면, 아동이 분열되지 않고 통합된 자아cohesive self를 실현하기 위해 거의 본능적인 노력을 기울인다는 것이 확인되고 있습니다. 아동들이 겪는 '분열의 산물'(과대망상적이고 자기위안적인 환상, 방어적인 분열과 억압, 우울증과 같은 병리적 증세)들은 분열된 자아가 스스로를 보호하고 치유하고 성장을 계속하기 위한 노력의 일부분이라는 것입니다.

그렇지만 백 보를 양보해도, 멜라니 클라인의 '아동 광기설'

이론은 조금 과하다는 느낌을 지울 수가 없습니다. 이를테면 그의 이론은 이른바 '넘치는 것들'에 속할 수 있다는 생각입니다. 그의 시선으로 본다면 결국 세상의 모든 문학작품들은 한 개인의 정신병적 기록 이상도 이하도 아닌 것이 될 공산이 큽니다. 인간이 이룩한 '자기를 넘어서기 위한 모든 노력'들이 고작 '질병과의 투쟁'일 뿐이라는 것은 지나친 편견의 소산이라는 것이 제 생각입니다. 오직 하나의 시선, 외눈박이의 시점으로 인간을 이해한다는 것 역시 그 자체로 하나의 질병일 것입니다. 굳이 문학자의 시선이 아니더라도, 문학이 오히려 정신분석의 무의식이 된다는 것은 이제 알 만한 사람은 다 아는 상식입니다. 무엇이든 한 쪽만을 본다는 것은 병적일 수밖에 없습니다. 인간을 볼 때 그의 병적인 모습만 보려는 것 역시 병적인 태도라 할 것입니다.

비단 정신분석만 그런 것은 아닙니다. 기호학적인 분류 작업도 가끔씩 황당한 결론을 내기도 합니다. 그 학문 자체가 눈에 보이는 것 중심으로, 비교분석하는 일에 치중하는 것이어서 그런지도 모르겠습니다만, 비교를 위한 비교, 분석을 위한 분석이 때로는 아주 엉뚱한 결론을 산출해내는 경우를 종종 봅니다. 문학자의 입장에서 한 가지 예를 들어보겠습니다. 소위 '규범적 예술양식'과 '비규범적 예술양식'이라는 분류와 관련된 기호학적인 추론도 그런 '엉뚱한 결론'에 속하는 것이 아닌가 싶습니다. 실험적이지 않으면서도 예술적 감동을 선사하는 전통예술의 가치를 옹호하기 위해서 굳이 규범과 비규범의 대립구조를 상정하는 것이 꽤나 작위적이라는 느낌입니다. 전통예술의 가치는 그것들이 인간집단의 집단무의식상의 원형적인 기대나 희망을 충족시키는 측면에서 찾아야 할 것입니다. 이를테면 시대나 공간을 초월해서 존재하는 인류의 보편적인 원망願望이 전통예술에 녹아들어가 있기 때문에 그것들이 거의 똑같은 것들을 매번 반복하더라도 감동을 줄 수 있는 것이라는 설명이 필요한데, '규범적 예술양식'과 '비규범적 예술양식'이라는 기호학적 분류에는 그런 심리학적 이해가 애초부터 배제되어 있다는 것입니다. 그런 분류법이 만들어내는 '엉뚱한 결론'은 다음과 같습니다. 수준 낮은 아동문학이나 대중문학(주변문학)은, 수준 높은 성인문학이나 본격문학과 비교되어서는 안 되며(우열을 따져서는 안 되며), 고전음악과 한 가지로 반복적인 형식을 존중하는, 별개의 '독자 예술'로 취급되어야 한다는 것입니다. 문학을 문학과 비교하지 말고 음악과 비교하라는 것입니다. 아동문학은 문학이 아니라 다른 장르의 예술로 취급되어야 한다는 것입니다. 아동문학이든 성인문학이든 모두 다 문학의 한 갈래일진대 문자를 사용한다는 공통점을 제외하곤 어느 것 하나같이 취급될 것이 없다고 주장하는 게 아무래도 쉽게 이해가 안 됩니다. 마치, 서양 사람들이 근대 소설을 노벨이라 하고 그 이전 것을 로망스라고 해서 애초부터 전혀 다른 핏줄로 취급하는 것과 비슷한 느낌을 선사하기도 합니다. 고전소설이든 근대소설이든 다 같은 소설로 취급하는 우리로서는 '노벨'이 새로운 정신(근대정신)의 소산이라고 여기는 서양 소설론의 관점을 쉽게 받아들이기 어려운데, 아동문학이 '규범적 예술양식'에 속하는 것이어서 '비규범적 예술양식'에 속하는 성인문학과는 전혀 별개의 장르라는 주장 역시 쉽게 받아들이기 어려운 서양식 관점이 아닌가 싶기도 하다는 것입니다. 그들의 주장을 직접 들어보겠습니다.

> 러시아의 문학과 예술비평에서 중심적으로 사용되는 규범(canon)이라는 용어는, 에른스트 로베르트 쿠르티우스가 그의 고전적 연구인 『유럽문학과 라틴의 중세』에서 발전시킨 아이디어와 비슷한 면을 가지고 있다. 게다가 노스롭 프라이의 문학적 모드 연구와도 유사성이 있다. 여기서 규범이라는 용어를 자세히 분석하려 들지는 않겠지만, 로트만이 예술과 문화에 대해 대단히 넓은 시각을 가지고 논의한 규범적 예술 형태를 간단히 인용하겠다. 그가 '규범적 텍스트'라는 말을 쓸 때 그것은 민담이나 신화, 중세의 아이콘, 교회나 사원, 교회 의식 같은 것을 의미했을 것이다. 로트만에 의하면, 예술에는 두 가지 근본 타입이 있다. 첫 번째는 규범적 시스템에 기초를 둔 것으로서 '제의적' '규범적' '전통적' 예술이라고 불릴 수 있다. 또 하나는 규범, 즉 일반적 규칙의 파괴에 기초를 둔 것이다. 이것은 '현대적' 예술이라고 불린다. 현대 예술의 미학적 가치는 규칙의 고수에서 나오는 것이 아니라 그것의 일탈에서부터 나온다. 제의적 예술에서는 규칙 파괴가 틀린 것으로, 극단적인 경우에는 범죄적인 것

으로(예를 들면 신성 모독으로) 간주되는 데 비해, 현대적 예술에서는 그것이 창의성과 혁신으로 간주된다. 앞서 예로 들었던 프랜신 파스칼이—그리고 대부분의 아동문학이—시드니 셸던과 마찬가지로 규범적 예술의 카테고리에 들고, 조이스는—그리고 소위 '수준 높은' 현대문학이라고 불리는 많은 작품들은—비규범적, 혹은 현대적 예술을 대표한다. (…중략…)

규범적 텍스트는 전도된 원칙에 따라 만들어진다. 텍스트의 정보적 측면은 통제되는 반면 시스템의 '언어'는 비자동적인 메커니즘을 따른다. 우리는 의사소통을 하면서 끊임없이 이 비자동적인 메커니즘을 의식한다. 다른 말로 하자면, 중요한 것은 무엇을 말하느냐가 아니라 어떻게 말하느냐인 것이다. 제의적 예술에서 가장 두드러진 모습은 고정된 내용이다. 영어나 러시아어 혹은 프랑스어 같은 자연적 언어로 우리는 뭐든지 말할 수 있다. 그러나 민담 언어로는 어떤 특정한 것에 대해서만 말할 수 있다. 지시 대상과 지시어 사이의 관계는 다르다. 예술에서는 '코드화됨(codifying)'의 과정, 즉 코드의 도움을 받는 텍스트의 창조는, 우리가 자연적 언어를 말하거나 쓸 때처럼 자동적으로 일어나지 않는다. 자동적으로 일어난다면 그건 예술이 아니다. 다시 한 번 말하자면, 근본적 부분은 메시지가 어떻게 형성되느냐 하는 데에 있다.

그리하여 우리는 패러독스에 봉착한다. 한편으로 우리는 수많은 텍스트를 만들어내는 '언어'라는 시스템을 가지고 있다. 이 언어는 정기적으로 되풀이되는 코드화 타입을 사용하기 때문에 자연적 언어와 매우 비슷하다. 예를 들어 빨간 모자의 줄거리를 이야기할 때 우리는 어느 정도 정해진 요소를 사용해야 한다. 그리고 이 특수한 캐릭터나 특수한 사건은 일정한 질서 안에서 발생한다(언어에서의 문법과 비슷한 것이다). 추리소설이나 서부 이야기, 로망스 같은 제의적 텍스트들도 마찬가지일 것이다. (…중략…)

간단한 커뮤니케이션 과정을 상상한다면 이것을 한층 명확하게 볼 수 있다. 인간 개개인이 정보를 받아들이는 데는 기본적으로 두 가지 방법이 있다. 첫째, 우리는 바깥에서 정보를 얻는다. 정보는 그 개인의 바깥에서 만들어지고, 간단한 정보 전달 사슬(정보→발신자→코드→수신자)을 따라 전부 다 수신자에게 옮겨진다. 이 방법은 대체로 정보를 전달받는 유일한 길이라고 믿어지기 때문에 어린이 책에서, 특히 교육학적으로 훈련받은 중개자에 의해 떠받들어진다. 어린이 책은 '이슈'를 갖고 있어야 하며, 아이들에게 뭔가 유용한 것을 '가르쳐야' 한다는 것이다.

그러나 커뮤니케이션의 또 다른 타입이 있다. 바깥에서 받아들여진 정보는 일부분에 불과하며 수용자의 마음속에 있는 정보를 증가시키도록 자극하는 타입이다. 이러한 자가 증폭은 수용자 두뇌 속에 산재되어 있는 정보를 체계적으로 조직한다. 이때 수용자는, 고정된 사실을 옮기는 단순한 수용 과정에서보다 훨씬 더 능동적으로 활동한다. 로트만이 제시하는 가장 기본적인 사례는, 기차 가는 소리나 리드미컬한 음악이, 명상을 하거나 기하학적 도형 혹은 규칙적인 패턴을 선호하거나 시에서처럼 반복되는 언어에 매료되도록 자극한다는 것이다. 이 모든 케이스에서, 내적인 정보는 조직화된 외부 정보의 영향 아래에서 증가한다. 이런 현상이 더 복잡한 형태로 드러나는 경우를 우리는 규범적 예술에서 찾아볼 수 있다. 앞서 말한 패러독스는 이 경우에 비추어 설명하면 훨씬 쉬울 것이다.

▶▶▶ 마리아 니콜라예바, 김서정 옮김, 『용의 아이들』, 문학과지성사, 2002 중에서

러시아의 기호학자 로트만의 주장을 아동문학의 독자성 옹호를 위해 사용하고 있는 위의 글은 일종의 '동화 근본주의'적 입장을 취하고 있습니다. 그들 '근본주의자'들의 주장이 사실이라면, 어릴 때 동화책을 읽지 않은 사람들은 알게 모르게, 정신적으로 큰 결핍을 안고 평생을 살아야 할 것입니다. 자신이 속한 사회의 '규범'에도 미숙하고 정보의 '자가증폭 능력'에도 미숙하게 됩니다. 그리고 그런 미숙 상태는 거의 회복 불능한 것이어서 그에게는 어쩔 수 없이 운명적인 불행의 징후가 됩니다. 어릴 때 아니면 읽기 힘든 책들이라 나이 들어 그것을 보충할 기회도 쉽게 주어지지 않기 때문입니다. 당연히 그들은, 일부 영역이긴 하지만, '문맹자'의 신세를 면하기가 어렵게 됩니다. 규범적 예술양식인 아동문학을 경시한 자들에게는 엄청난 '신의 징벌'이 주어진다는 것입니다.

문학은 어디까지나 문학 안에서 이해되어야 한다는 것이 많은 사람들의 생각입니다. 아동문학 역시 문학의 한 갈래입니다. 아동문학은, 우리가 대학 입시를 위해 고등학교 공부를 하듯(인

문계 고교는 전적으로 대학을 가기 위한 예비학교일 뿐입니다), 성인이 되었을 때보다 더 깊이 있는 문학 체험을 하기 위해서 거치는, 인지 발달 단계에 맞게 조절된, 일종의 예비 코스 과목일 뿐입니다. 어릴 때 이미 성인의 인지 능력을 가진 영재 아이들은 동화를 읽을 필요가 없습니다. 그것은 어디까지나 선악 분별력 같은 초기 규범 인식능력이나 초기 문식력 배양에 유용한 텍스트입니다. 그것 이상도 이하도 아니라는 것이 아동문학에 대한 우리의 상식입니다. 초등학교 때 이미 『삼국지』나 『데미안』과 같은 소설에 맛을 들인 아이가 우정, 오직 '동화 근본주의자'들의 주장에 따라, 그것이 인간이라면 누구나 반드시 알아야 하는 규범적 텍스트라는 이유만으로, 전래동화집을 다시 찾아 읽을 필요는 없다는 것입니다. 굳이 한 가지 유념할 점을 찾는다면, 아동기 서술적 정체성 확립에 필요한 심리학적 효용은 다분히 인정될 수도 있다는 것 정도일 것입니다. 선악의 문제, 사회정의와 배려의 문제, 희생과 헌신의 문제, 금기 준수와 바람직한 사회화의 문제 등등 아동기 서술적 정체성과 관련된 필수 항목들은 전래 동화와 같은 아동문학들이 여타의 성인문학들보다는 훨씬 자유롭게 강조할 수 있다는 것이 분명한 사실이기 때문입니다.

규범적 텍스트의 기능 중의 하나로 치부되는 '정보의 내부 환기'는 지각과 상상, 혹은 코울리지의 설명 방식대로 1차적 상상력과 2차적 상상력의 작용으로 치환해서 설명할 수도 있을 것 같습니다. 조금 더 나아간다면, 창발적 문식력emergent literacy의 차원에서도 비슷한 설명이 가능할 것 같기도 합니다. 관습적(제도적) 문식력을 배양하는 학교 교육보다 가정에서 '통째로 눈치껏' 학습해서 얻는, 체계적인 문자 교육 이전에 이루어지는 문자 습득력이 바로 창발적 문식력입니다. 창발적 문식력의 중요성에 대해서는 학계의 관심이 날로 증폭되고 있는 것이 현재의 추세입니다. 제가 주장하는 확대된 개념으로서의 창발적 문식력은 태어나서 1년 안팎에서부터 시작해서 6~7세, 그리고 10~12세 무렵에 집중적으로 나타나는 문식력의 폭발적 증폭현상입니다. 말을 배울 때, 유치원 다닐 때, 그리고 초등학교 4학년 전후 무렵에 인간의 문식력이 폭발적으로 증폭되는 현상은 여러 학자들에 의해서 보고되고 있습니다. 그러나 문식력은 그야말로 '글공부'의 소산이므로 정해진 나이에 관계없이 '폭발할 수 있다'는 것 역시 엄연한 사실입니다. 27세에 비로소 처음 소설을 써서 문단에 첫발을 디딘 저로서는 그때가 바로 '폭발'을 경험한 때였습니다. 그때 저는 '안전眼前에 신천지가 전개된다'는 말을 전율 속에서 실감했습니다. 아마 40세 때 『나목』을 발표한 박완서 선생도 마찬가지였을 겁니다. 그런 경지는 개인마다 다르게 찾아올 수가 있는 것입니다. 창발적 문식력은 그야말로 일기일경一機一境입니다.

"규범적 텍스트에서 구조는 정보의 본질이다. 구조는 수신자에게 전달되어 그들의 마음속에 이미 존재하고 있는 정보를 구성하도록 도와준다"는 말은 결국 그것이, 관습적인 것이든 창발적인 것이든, 주체의 문식력을 강화시키는 어떤 정해진 형식의 역할을 전제하고 있다는 말에 다름 아닙니다. 그것이 장르의 내적 형식이 지닌 힘이든 아니면 칼 융이 말하고 노스럽 프라이가 살을 붙인 '원형'과 같은 것이든, '구조'가 강조된다는 점에서, 창발적인 어떤 인식틀의 존재를 고려해볼 수는 있겠다는 생각이 듭니다. 다만, 과유불급過猶不及, 무엇이든 넘치게 갖다 쓰는 것은 좋지 않다는 것은 분명한 사실인 것 같습니다.

우청우탁(寓淸于濁) 4

관계 혹은 보이지 않는 것들

: 구조주의

살다 보면 재미있는 사람들을 많이 만납니다. 개중에는 '보이지 않는 것들'이 언제나 세계를 움직인다고 생각하는 사람들도 있습니다. 세상만사 모든 것을 로비(물밑 작업)로 해결해야 한다고 부추기며 사정이 급한 사람들을 찾아서 이리저리 날아다니는(날뛰는) 브로커들이 그렇고, 모든 사건에는 드러나지 않은 배후가 있다는, 이른바 '음모론적 시각'으로 세계를 해석하는 타고난 이야기꾼들이 그런 이들입니다. 그들에게는 세상에 드러난 현상들이 그저 빙산의 일각에 불과할 뿐입니다. 진실은 늘 가려져 있고 모든 결정은 항상 보이지 않는 곳에서 이루어집니다.

드라마 〈해를 품은 달〉에서, 두 눈 멀쩡히 뜨고 살아 있는 세자빈 연우를 두고 대비는 세자에게 "세자빈이 바뀌었다"라고 말합니다. 보이지 않는 곳에서 그런 결정이 내려졌다고 선포합니다. 그럴 때 대비의 말을 믿는 자들은 전형적인 음모론자입니다. 그런 세상에서 임금은 그저 허수아비일 뿐입니다. 모든 것은 힘을 가진 배후 세력이 결정합니다. 그런 곳이 바로 음모론적 세계입니다. 그처럼 모든 것을 숨겨진 역학관계의 소산으로 보고 그렇게 원인과 결과를 설명하는 일에 몰두한다면 그게 바로 음모론적 시각입니다. 신문의 사회면에 자주 출몰하는 '브로커'들과는 깊게 사귄 적이 없어서 그 세계를 잘 알지 못합니다만, 제게도 언필칭 음모론자로 의심되는 친구가 한 명 있습니다. 여기저기 나대지만 뚜렷한 직업은 없습니다. 그래도 멀리 외국으로 자식 유학까지 보내며 잘 삽니다. 보이지 않게 누가(아내?) 고생을 하고 있는지는 잘 모르겠습니다만 그는 늘 유유자적입니다. 한때 그 친구가 시도 때도 없이 찾아와 저를 성가시게 한 적이 있었습니다. 한 번 만나면 두어 시간씩은 그의 '음모 분석'을 참을성 있게 들어줘야 했습니다. 워낙 진지하고 심각하기 때문에 쉽게 거절을 못했습니다. 가끔씩은 재미있을 때도 있었습니다. 우리가 모르는 재벌가의 암투 같은 것을 몇 가지 사례를 들어서 이리저리 끼워 맞출 때나(최근 모 재벌가 상속 문제를 둘러싼 소송도 이미 십수 년 전에 그가 예측했습니다), 그럴듯한 명리학적 소견을 토대로 정치·경제·사회·문화적으로 현달한 이들의 '인연'과 '팔자'를 설파할 때는 제법 흥미진진하기도 했습니다. 그러나 십중팔구는 별 소득(?)이 없어서 지루했습니다. 워낙 제 관심사와는 동떨어진 것들이 많았습니다. 그러던 중에 간혹 제가 훤히 꿰고 있는 사건에 잘못 '메스'를 갖다대었다가 혼비백산, 스스로 자백을 인정하는 제스처를 취하고 물러난 경우도 있었습니다. 어쨌든 그 친구의 결론은 늘 "그래서 원인으로 존재하는 것들은 세상에 드러날 수 없다. 그래서 어쩔 수 없이 세상은 그것들에 의해서 움직인다"로 귀결됩니다. 그러나 황당하기까지 했던 그의 언설이 전혀 가치가 없었던 것은 아니었습니다. 어디서 끌어온 것인지 모를 만큼 다종다양한 파편들을 끼워 맞추는 그의 능력은 충분히 인정해줄 만했습니다. 이야기 만드는 재주는 타의 추종을 불허했습니다. 생각해보면, 그의 그런 재능을 차라리 소설 쓰기 같은 곳에다 적이 활용했으면 좋을 뻔했습니다. 재미있는 작품 여럿 만들어낼 수도 있었을 겁니다. 사는 곳이 멀어 지금은 서로 상면할 일이 없으니, 저 대신 다른 누군가가 그의 그런 재능의 희생양(?)이 되고 있을지도 모르겠습니다. 그는 먹잇감을 고르는 눈도 잘 발달되어 있어서 자신의 먹이가 될 만한 소지가 있는, 약간은 몽상적이고 일부 현실 부적응증을 보이는, 그런 어수룩한 인간들을 잘 고릅니다(먹잇감을 고르는 능력은 세칭 '전문가 집단'의 공통된 자질인 것 같습니다). 제가 그런 처지였을 때 그의 먹잇감으로 수 년 간 활약해 온 것을 보면 익히 알 수 있는 일입니다.

따지고 보면, 모든 학문적 열의는 부득불 '음모론적 시각'을 지닐 수밖에 없는 것입니다. '눈에 보이지 않는 것들'에 대한 탐구가 주종을 이루기 때문입니다. 그런 관점에서라면, 우리가 구조주의라고 부르는 연구 태도나 방법이 개중에는 가장 두드러진 학문적 열의를 가진 것입니다. 구조주의자들은 모든 것을 관계의 망 안에서 파악합니다. 겉으로 잘 드러나 있지 않은, '보이지 않는 관계법칙'에 주목합니다. 그들은 특히 언어에 많은 의미를 부여합니다. 그것이 인간의 '관계 만들기'의 한 전형이라고 여깁니다. 그래서 인간은 객관적인 세계 속에 살고 있는 듯싶지만 실은 언어로 구조된 세계에 살고 있다고 믿습니다. 그래서 언어를 습득해 인간이 된다는 것은 곧 구조주의자가 된다는 것이라고 그들은 주장합니다. 구조주의자들에 의하면 모든 문화는 언어에서(언어 안에서, 언어로부터) 출발합니다. 인간의 유일한 능력(인간이 되는데 필요한)은 언어를 사용하여 신화를 창조하는 것이었지만, 일단 창조된 신화는 '반복'이라는 사회적 메커니즘을 사용해 인간을 자신에 복속시킨다고도 말합니다. 인간에 의해 구조된 세상이지만 어느 사이 인간이 그 구조의 일부가 되는 자동화 현상이 일어난다는 것입니다. 그래서 그들의 눈에는, 세상은 사물이 아닌 '관계들'로 이루어지는 것이고 진실은 사물들 자체가 아닌 '관계들'에 의해 세워진 것으로 보입니다. 그 '관계들'의 망 속에 진리가 있으니, 그 '관계'를 밝혀 절대성을 지닌 척, 진리인 척하는 모든 것의 신비를 벗겨내자는 것이 그들의 포부이자 목적입니다. 권택영 교수의 저서 『소설을 어떻게 볼 것인가』에 소개된 내용을 참조해서, 구조주의자들이 '눈에 보이지 않는 것들'을 밝혀내는 수법을 살펴보도록 하겠습니다.

1960년대에 주요 글들을 발표한 토도로프는 구조주의를 소설에 가장 융통성 있게 적용한 서사론자입니다. 그는 아리스토텔레스나 프라이처럼(그들은 자신들만의 '시학'을 가진 자들입니다) 구조주의 시학을 세우려 했습니다. 문학작품을 심리학, 사회학, 정신분석학 등에 종속시키지 않고, 자체적으로 하나의 '문법'을 지닌 것으로 격상시키려 했습니다. '문법'만이 문학연구의 절대적인 의미이고 목표라고 강변하기도 했습니다. 그의 구조주의 시학이 문제삼는 것은 문학적 담론이라는 특정 담론이 지닌 공동의 자산, 문학의 내적 법칙성이었습니다. 개별 작품은 개별적인 하나의 원리 위에 홀로 서 있는 것이 아니라, 추상적이고 일반적인 구조의 증명체들 가운데 하나로 존재한다는 것이었습니다. 토도로프는 그러한 명제의 실현을 위해 늘 개별작품을 통해 보편구조로 들어갑니다. 때론 견강부회가 있기도 했지만 그의 작업은 명실공히 과학성을 앞세운 것이기도 했습니다. 그가 한 일은 개별 연구를 일반법칙과 연결시키는 것이었습니다.

어느 비밀스런 숲 속의 산장에서 살인사건이 일어납니다. 탐정이 나타나고, 그곳에 묵는 사람들이 한 사람씩 의심을 받습니다. 사건이 나기까지의, 한 사람 한 사람의 행적과 심리가 소개됩니다. 단서가 수집되고 마침내 범인은 잡힙니다. 그렇게 소설은 끝이 납니다. 『오리엔트 특급열차의 살인』(애거사 크리스티)은 승객 12명이 의심을 받는 얘기입니다. 소설은 그들 한 사람 한 사람의 행적과 관련된 12장의 이야기와 사건발생을 서술한 서문과 범인이 드러나는 마감글로 구성됩니다. 그런데 이런 겉모습을 담은 추리소설은 실상 두 개의 이야기가 겹쳐진 것입니다. 탐정이 범인을 찾는 과정과 사건이 일어나기까지의 배경 이야기가 겹쳐진 것입니다. '누구에 의해서 어떻게 그 사건이 터졌는가'를 탐색하는 과정은 자연스럽게 현재의 탐색과정 속으로 삼투압됩니다. 그러므로 '고전적 추리소설(탐정소설)은 누구에 의해 어떻게 그런 사건이 일어났는가'라는 스토리가, 일종의 왜곡을 통하여(독자의 이해를 지연시키는), 낯설게 만들어진 '형식'이라고 할 수 있습니다.

그런데 1차 대전 이후 미국에서는 또 다른 형태의 추리소설이 발생합니다. '드릴러'로 불리는 이 소설은 누가 범인인가를 추적하는 첫 번째 이야기를 누르고 두 번째 얘기, 즉 탐정이 수색하는 과정이, 현재가, 더 강조됩니다. 원인과 결과를 제시하는 탐정의 임무보다 그가 범인을 찾아가는 과정이 더 강조됩니다. 찾는 과정에서 탐정에게 무슨 일이 터질는지는 아무도 모릅니다. 그는 죽을 수도 있고 범인은 영영 밝혀지지 않을 수도 있습니다. 긴박감이 훨씬 강해집니다. 멀더와 스컬리라는 두 FBI 요원의 활약상을 그린 〈X파일〉이라는 미국 탐정드라마가 드릴러의 대표적인 형태를 갖추고 있습니다. 음모론적 시각에 입각해서, 외계의 어떤 힘과 그것의 추종자들의 전횡에 맞서는 남녀 주인공의 생사를 건 모험(수색)은 늘 관객들의 손에 땀을 자아내게 합니다. 그런데 묘하게도 드릴러와 추리소설의 차이는 첫 번째 스토리 부분이지 두 번째 형식부분이 아닙니다. 추리소설에서는 탐정도 하나, 범인도 하나, 희생자도 하나입니다. 범죄는 개인적인 이유에서 저질러지고 범인은 대개 주요 등장인물 중의 한사람입니다. 그러나 드릴러에서는 탐정도 범죄의 수도 하나 이상입니다. 범인은 개인적 동기를 가지지 않습니다. 대체로 직업적으로 고용된 살인자일 때가 많습니다. 처음부터 범인으로 지목되는 경우도 허다합니다. 그는 힘으로 탐정에 대적(혹은 억압)합니다. 이런 것은 모두 내용의 변화일 뿐 담론부분(형식)의 변화는 아닙니다.

'서스펜스 소설'은 이 두 유형을 합친 것입니다. 무슨 일이 누구에 의해 일어났는가를 밝히는 것도 중요하지만(이 부분이 드릴러와의 차이점입니다) 그 동안에 또 무슨 일이 얼마든지 일어납니다. 범인 찾기는 엄연한 하나의 목표이지만 동시에 새로운 모험의 일부에 지나지 않습니다. 예를 들어 경찰로부터 의심을 받고 쫓기는 사람은 자신이 살기 위해서 반드시 범인을 찾아내야 합니다. 그는 탐정이며 의심받는 범인이며 동시에 희생자가 될 수도 있습니다. 해리슨 포드가 열연한 영화 〈도망자〉가 그 대표적인 것이 됩니다. 아내를 살해한 자로 누명을 쓴 주인공은 추악한 자본(제약회사)과 비열한 친구와의 공모를 밝혀 '무슨 일이 누구에 의해 일어났는가'를 밝히고 악을 처단합니다. 그 과정에서 그는 FBI로부터 생명의 위협을 감수해야 하는 추적을 당합니다. 원인도 밝혀야 하고, 목숨도 보전해야 합니다. 그게 '서스펜스' 입니다.

이런 역사적인 변모를 거친 탐정소설의 세 가지 유형은 오늘날 나란히 공존합니다. 그런데 이런 분석이 왜 구조주의적이라는 말일까요? 공존하는 추리소설의 유형을 살펴보니 원래의 구조(보편구조)가 나옵니다. 그것을 토대로 역추적하여 다음과 같은 결론을 얻습니다. 추리소설의 형태가 새로운 상황에 맞지 않으면 어떤 한 부분이 변형됩니다. 첫째 형태가 제약을 느낄 때 드릴러가 나오고 그것이 또다시 제약을 느낄 때 서스펜스가 나옵니다. 이처럼 하나의 보편구조는 상황에 적응하여 변형을 취하고 때에 맞게 각기 다른 모습들로 나타난다는 것입니다.

추리소설, 드릴러, 서스펜스로 탐정소설의 변화를 나누어본 것은 사실 '음모론적 시각'이라고 이름붙이기 힘든 것인지도 모릅니다. '눈에 보이지 않는 것'보다는 '눈에 띄는 것' 위주로 분석과 종합이 이루어지고 있기 때문입니다. 이를테면 '해설'의 수준이라고도 할 만한 것입니다. 그 정도는 토도로프가 아니더라도 누구든 풀 수 있는 수수께끼라 할 것입니다. 이제 '서사(이야기)는 목숨 그 자체요 서술행위가 곧 소설의 플롯이다'라는 그의 주장을 들어보겠습니다. 구조주의자들의 '음모론적' 시각이 확연히 들어나는 사례라 할 것입니다. 텍스트는 『아라비안나이트』

입니다.

여자에게 배반당한 상처 입은 영혼이 있었습니다. 그는 증오심과 복수심과 절망에 사로잡혀 밤마다 한 명의 처녀와 자고 아침이면 그녀를 죽입니다. 그는 아라비아의 왕이었습니다. 대신들 간의 숙의 끝에 그에게 이야기 전문가가 투입됩니다. 세헤라자드라는 이름을 가진 이야기꾼은 탁월한 정신분석의이자 대화(이야기) 요법의 전문가였습니다. 분석자는 스스로 피분석자의 입장을 자청해서 이야기를 늘어놓습니다. 왕은 그녀를 분석하면서 종내에는 자가 치유를 이룹니다. 세헤라자드는 천 하룻날 밤 동안 이야기를 계속해서 자신의 목숨을 부지하고, 그 기간 동안 왕의 트라우마는 이야기의 보살핌 속에서 위안을 얻습니다. 산다는 게 다 그런 거예요. 인생 뭐 별 것 있나요? 이런 경우 저런 경우, 이런 억울함, 저런 안타까움, 그런 것들로 채워진 것이 인생이랍니다. 이야기들은 그렇게 그를 위무합니다. 왕의 산산조각난 서사적 정체성에 굵고 튼튼한 하나의 플롯을 제공합니다. '인생은 이해하는 자의 것이다', 왕은 그렇게 새롭게 태어납니다.

그러나 구조주의자들은 그런 결과에는 애초에 관심이 없습니다. 그들에게는 '눈에 보이지 않는' 문법만이 중요합니다. 그래서 이렇게 말합니다. 수많은 이야기와 이야기, 이야기 속의 이야기들이 반복되고 있지만 그 모든 변형된 이야기들은 오직 하나의 구조, 즉 '서사의 부재는 죽음이요 서사의 존재는 삶이다'라는 문법, 그 이분법적 구조를 되풀이하고 있다는 것입니다. 마치 『오디세이』에서 벌어지는 갖가지 모험들이 사실은 한 가지 구조의 반복이듯이(이야기의 지속를 위한 이야기) 『아라비안나이트』도 '서사의 부재는 죽음이다'라는 한 마디 문법의 여러 가지 변형태들을 모아놓은 것이라는 주장을 펼칩니다. 『오디세이』는 사이렌의 유혹을 피해야만 합니다. 그래야 그 모험담이 전달되니까요. 그는 나른한 환각상태에 빠진 로터스 먹는 사람들의 섬을 벗어나야 합니다. 그래야 이야기가 계속될 수 있으니까요. 이런 식으로 모든 모험담들은 '서사의 부재는 죽음이요, 서사의 존재는 목숨'이라는 하나의 구조를 반복한다는 것입니다. 그래서 『오디세이』의 주제는 귀향이 아니고(귀향은 곧 서사의 죽음이다) 그 이야기를 엮는 것, 즉 서사를 반복하는 것이라는 것입니다. 한 예를 들면 다음과 같습니다.

세헤라자드는 왕과 여동생에게 「어부와 마신」의 이야기를 들려줍니다. 어느 날 어부가 물속에 그물을 던지니 괴상한 병이 올라옵니다. 그 병에서 나온 마신은 너무 늦게 구해준 것에 대한 분노로 어부를 죽이려 합니다. 어부는 애원을 해도 통하지 않자 꾀를 내어 마신을 다시 병 속에 집어넣습니다. 이번에는 마신이 애걸을 합니다. 어부는 마신에게 「두반과 왕」의 이야기를 들려주며 나무랍니다. 왕이 병을 고쳐준 두반을 지나치게 사랑하자 그것을 질투하는 대신이 두반을 모함합니다. 왕은 대신의 말을 거부하며 「신바드왕과 매」와 「앵무새를 죽인 남편」의 이야기를 들려줍니다. 둘 다 모략에 넘어가 은혜를 화로 갚는 내용입니다. 대신은 「왕과 식인귀」 이야기로 답변을 하고 결국 왕은 대신의 꾐에 넘어가 두반을 죽이기에 이릅니다. 두반은 자신의 애원이 거절되자 꾀를 내어 도리어 왕을 죽입니다. 그 방법은 이렇습니다. 두반은 귀중한 책을 마지막으로 선물하겠노라고 왕에게 책을 바칩니다. 책에는 아무 내용도 적혀 있지 않았고 페이지들은 서로 끈끈이 달라붙어 있었습니다. 왕은 글이 나타나기를 고대하며 독 묻은 책장을 침을 묻혀가며 넘기다 죽습니다. 아무 이야기도 하지 않는 책은 왕을 죽입니다. 서사의 부재는 죽음인 것입니다. 그런데 어부는 왜 두반의 이야기를 하는 것일까요? 마신에게 자신의 입장을 설명해주기 위해서입니다. 결국 마신은 놓여나고 어부에게 보답을 합니다. 이 소설의 제일 겉 구조는 세헤라자드의 이야기를 듣는 왕과 여동생의 이야기입니다. 그 다음 구조는 어부와 마신의 이야기, 다시 그 속에 두반과 왕, 다시 그 속에 3개의 이야기…, 이런 식으로 이야기 속에 이야기가 종속되어 있습니다. 그런데 이 반복된 액자소설의 이야기들은 모두 한 구조의 변형들입니다. 서사의 부재는 죽음이요, 서사는 목숨이라는 문법구조, 그 이분법적 구조의 반복일 뿐입니다.[1)]

위에서 든 '이야기'들 말고도 토도로프의 '음모론적 시각'은

1) 이상, 권택영, 『소설을 어떻게 볼 것인가』, 문예출판사, 1996 참조.

각종의 다양한 모습으로 독자들을 매혹시킵니다. 그가 '만들어 내는 문법'들은 기발하고 재미가 있습니다. '구조가 관계'라는 말이 실감나게 그는 재미있는 이야기들 속에서 여러 가지 '관계' 들을 추출해 냅니다. 우리는 그의 이야기를 들으며 결국 세상은 해석하는 자의 것임을 알게 됩니다. 해석되는 것만큼만 자신의 세상입니다. 해석의 그물만이 세상을 낚아 올릴 수 있습니다. 그러나 그 그물이 촘촘하다고만 해서 진짜 세상이, 진리가, 통째로 낚여 올라올 것이라고 믿는 것은 망상일 것입니다. 토도로프가 '관계'는 밝힐 수 있었지만, '인간에 대한 해석'에 속수무책이었던 것처럼 '관계'는 그저 '관계'일 뿐 그것이 세상 그 자체가 되는 것도, 불변의 진리가 되는 것도 아닙니다. 그 모든 것을 차치하고 그것이 가치 있는 일이라고 여기는 것은 음모론적 시각만큼이나 망상적인 것입니다. 진리는 그물로 건져 올릴 수 있는 것이 아닙니다. 바람처럼, 느낄 수 있지만 무형지물이거나 아니면 그물 그 자체가 진리일 때도 많습니다. 아무리 그물이 성기더라도, 그 올이 굵고 튼튼할 때 진리가 그물을 타고 올라올 수가 있는 것입니다. 어려울 것 없습니다. 윤리와 역사로 날줄과 씨줄을 삼는 튼튼한 그물을 지으면 됩니다. 그것만이 우리의 삶을 진리로 안내할 수 있다고 믿어야 합니다. 그 나머지는 모두 '음모론'에 불과합니다. 촘촘한 그물망에 대한 턱없는 믿음, 보이지 않는 것들에 대한 맹신은 그 이름이 무엇이든 항상 궁극적인 진리와 가까이 있지 않습니다. 인간이 자신의 생각으로 만들어내는 것은 언제나 불완전합니다. 인간의 생각이 바뀌면 그들이 만들어낸 것들도 따라서 바뀝니다. 생각을 넘어서는 힘, 그게 바로 진실입니다. 그래서 예술의 진실은 묘사에 있습니다. 구조주의가 끝내 밝히지 못하는 것도 바로 그 묘사의 힘, 예술의 위력인 것입니다.

우청우탁(寓淸于濁) 5

욕망의 허구성

: 삼각형의 욕망

대학 초년생 때의 일입니다. 한 여학생이 자주 눈에 띄었습니다(지금 생각하니 그 여학생 쪽으로 제가 우정, 모종의 흑심을 품고, 발걸음을 자주 옮겼던 것 같습니다). 긴급조치 몇 호인지는 기억나지 않지만, 아무튼 그런 게 불시에 떨어지고 학생회가 해산되었습니다. 학도호국단이란 게 생겼고 그쪽 감투를 쓰고 학생회 일을 보라는 권유가 있었지만 거절했습니다. 같이 일하던 친구들도 모두 저를 따라서 그 권유를 뿌리쳤습니다. 명색이 선거로 뽑힌 학생회장인데 연대장인지 사단장인지 하는 군대식 명칭을 띤 유치한 감투를 받아 쓸 수가 없었습니다. 학생회장 하는 재미로

학교를 다녔는데 갑자기 할 일이 없어져 버렸습니다. 날마다 교양과정부 학생회장실에서 친구들과 카드(마이티)를 치며 놀았습니다. 이런 세상에서 공부는 해서 뭘 하나? 지금 생각하면 이상한 노릇이지만 그때는 아주 당연하게, 그런 니힐리즘 혹은 백수의식 같은 것이 우리 주변을 맴돌고 있었습니다. 눈에 자주 띄던 그 여학생에게 더 관심이 갔던 것도 아마 그런 환경 탓이었지 싶습니다. 그 여학생도 동병상련이었던지, 이심전심, 간혹 만나서 같이 걷기도 하고 차도 마셨습니다. 그녀에게 그리스 신화 이야기를 몇 번 들었습니다. 그쪽 이야기를 그렇게 전수받은 것이 나중에 석사 논문을 쓸 때 유용한 일이 될 것이라곤 상상도 하지 못했습니다. 워낙 그쪽 책하고는 거리가 멀었던 탓에 그 당시에는 무슨 뜻인지도 잘 몰랐습니다. 하지만 그녀가 하는 이야기는 다 재미있었습니다. 조근조근 나르시서스 이야기를 할 때는 그녀가 마치 한 떨기 수선화인 것처럼 느껴지기도 했습니다. 아마 그렇게 깨끗하고 조용한 여자 얼굴은 그때 처음 봤을 겁니다. 그런데 그 여학생과의 교제는 거기서 끝나야 했습니다. 친한 친구 중 한 명이 그 여학생을 좋아했던 것입니다. 그 친구는 대놓고(우정까지 걸고) 그 여학생을 좋아했습니다. 어쩔 수 없이, 자존심이 상했지만, 삼각관계가 되고 말았습니다(인정하기 싫었지만 현실은 현실이었습니다). 공부하러 간다는 핑계를 대고 순순히 물러났습니다. 그 친구를 용납하는 그녀의 태도에 기분도 상했지만 객관적으로 볼 때 저보다는 그 친구 쪽이 훨씬 인물도 좋고 집안 형편도 나았습니다. 자신해서 '입산入山'했습니다. 그런데 두어 달만에 하산下山해서 학교를 나갔더니 그 둘 사이는 이미 금이 간 뒤였습니다. 친구에게 왜 헤어졌느냐고 물었습니다. 멋쩍은 표정으로 그 친구는 이렇게 말했습니다. "어느 날부턴가 갑자기 그 여학생의 코가 보기 싫어지더라." 그 말을 듣는 순간 저는 깜작 놀라지 않을 수 없었습니다. 그 여학생의 코는 절대 밉게 보일 코가 아니었기 때문이었습니다. 고집 세 보이는 크고 높은 코가 아니라 작고 낮아서 앙증맞았던 그녀의 코는 그녀의 얼굴을 전체적으로 잔잔한 호수의 느낌으로 만드는 데 결정적으로 기여하고 있었습니다. 만약 그녀의 시원시원한 눈과 두툼했던 입술에 높고 커다란 코까지 더해졌다면 그녀의 얼굴은 마치 백두산처럼 보는 이를 압도하는 형국이었을 겁니다. 저는 그런 얼굴이 싫었습니다. 윤곽이 있는 듯 없는 듯, 일견 화려한 듯하면서도 선이 부드럽고 안정감이 있는 그런 얼굴이 좋았습니다(지금 집사람 얼굴이 그렇다고 주변 분들이 자주 말씀들을 하시네요). 그래서 농담일 거라고 여겼습니다. 틀림없이 그 여학생 쪽에서 먼저 클레임이 들어왔을 거라고 짐작했습니다. 그런데 나중에 알고 보니 그게 아니었습니다. 친구 녀석이 클레임을 건 것이 분명했습니다. 그러고도 점입가경, 몇 달 뒤 그 녀석에게서 얼토당토않은 실토를 받아내야 했습니다. "네가 사라지고 나니까 갑자기, 그리고 급격히, 그 여학생에 대한 애착이 사라지더라"는 거였습니다. 그때는 눈앞이 캄캄해졌습니다. "이 빌어먹을 놈이!", 주먹으로 한 대 갈겨주고 싶었지만 간신히 참았습니다. 지금 생각해도 참 싸가지 없는 친구였습니다. 서로 가는 길이 달라서 오래 만나지 못했는데 얼마 전 그 친구가 장로 임직을 한다는 소식을 들었습니다. 아마 이 글을 읽으면 속이 좀 뜨끔할 겁니다. 그 친구가 장로가 된다니 악담을 하나 해야겠습니다. 미사 시간에 신부님한테 들은 이야기니까 크게 신성모독은 안 될 것 같습니다. 얼마 전에 천당과 지옥 간에 큰 송사가 한 번 있었답니다. 아마 땅 문제였던 것 같습니다. 가톨릭에 있는 연옥을 개신교에서 없애면서 그 땅의 소유권을 두고 천당과 지옥이 건곤일척乾坤一擲으로 크게 한 판 붙었던 모양입니다. 모두 그 귀추를 주목했는데, 예상과 달리 승부가 너무 싱겁게 끝나고 말았습니다. 깨끗하게 지옥이 이겼습니다. 그쪽에 유능한 변호사들이, 전관前官들이 몰려 있었기 때문이랍니다. 아쉽게도 그들 전관들의 장로 임직 비율은 아직 통계로 잡히지 않고 있습니다. 물론 이건 그 친구만 들으라고 하는 소립니다. 다른 장로님들과는 일절 관계가 없는 농담이니 양해해주시면 고맙겠습니다.

우여곡절 끝에 학부생활을 마무리 짓고 대학원에 진학했습니다. 석사 논문은 신화문학론으로 써서 무난히 통과가 되었습니다. 한국 현대소설에 나타난 낙원회복의 원형적 모티프를 분석한 논문이었습니다. 내친 김에 박사과정에도 들어갔습니다. 박사 과정에 들어가서는 융 심리학 쪽에서 방법론을 한 번 구해보려고 이런저런 그쪽 책들을 읽었습니다. 그 무렵 아르바이트로 입시학원 강사 생활을 했습니다. 마침 고등학교 은사님들이 학교를 나와 세우신 학원이라 좋은 조건으로 공부도 하고 돈도 벌 수가 있었습니다. 저는 소위 인맥도 있고 주요 과목 강사라 '전임강사'였지만('전임'은 교육청에 채용보고를 하게 되어 있었습니다), 비슷한 처지에 있는 다른 박사과정생 강사들은 그냥 '강사'였습니다. 그 강사들 중에 대학 동기생이 한 명 있었습니다. 하루는 마침 같이 시간이 비어서 휴게실에서 담배도 한 대 피우며 학부 시절 이야기를 중심으로 담소를 나누고 있었습니다. 그러다가 문득, 그 친구가 대학 초년생 때의 그 '코가 예뻤던' 여학생과 같은 과라는 것이 생각이 났습니다. 왜 그때 그 여학생 생각이 났는지는 지금도 의문입니다. 이미 결혼도 했고 십 년은 저 편에 가 있는 옛날 일들이라 까맣게 잊고 있던 차였습니다. 갑자기 그 여학생의 후일담이 궁금해졌습니다. 그래서 물었습니다. 그 여학생(이제는 여선생)이 어떻게 지내는지 아느냐고요. 시집은 갔는지, 직장 생활은 어디서 하는지, 그 후의 연애는 무사히 잘 진행되었는지 궁금하다고 했습니다. 그 과 정원이 열다섯 명밖에 되지 않았기 때문에 자기들끼리는 잘 알고 있을 것 같았습니다. 가만히 제가 하는 소리를 듣고만 있던 그 친구가 씨익 웃으며 말했습니다.

"우리 집사람이잖아."

그러면서 아이가 어려서 지금은 휴직을 하고 집에서 아이만 보고 있다는 거였습니다. 그러면서 또 하는 말이 걸작이었습니다.

"그렇지 않아도, 며칠 전에 양형 소설평이 신문에 났다고 좋아하던데?"

그렇게 뒤통수를 한 대 딱하고 때리는 거였습니다. 이 친구도 옛날의 그 친구 못지않은 친구였습니다. 인정사정없이 그렇게 딱 타이밍을 맞춰서 한 방 먹이는 거였습니다. 아연실색啞然失色, 저는 그저 웃기만 했습니다. 가까스로 정신을 수습해서 제가 못 본 그 소설평을 좀 오려서 갖다달라고 부탁했습니다. 그 다음날 그 친구가 그걸 가져왔습니다. 이선영 선생이 동아일보에 졸작 「난세일기」를 평하신 것이었습니다. 너무 과찬을 해주시고 계셨습니다. 물론 지금도, 저에게 아낌없는 격려를 베푸신 그 평문은 제 일급 서류함에 보존되고 있습니다. 평생 잊지 못할 것입니다.

재미있는 이야기도 한 편 선물했으니(제게만 재미있는 이야기일지도 모르겠습니다), 공부도 좀 해야 할 시간이 왔습니다. 앞장에서처럼, 권택영 교수의 저서 『소설을 어떻게 볼 것인가』에 소개된 내용을 참조해서 우리가 '욕망하는 것들'의 진면목에 대해서 한 번 알아보겠습니다(좋은 차나 좋은 책은 두어 번 우려내야 합니다). 우리들 모두는 타인의 '시선'을 필요로 합니다. '시선' 없는 삶은 그저 허무한 삶일 뿐입니다. 욕망 없는 여백 투성이의 삶이지요. 모든 욕망의 중심에는 항상 '시선'이 존재합니다. 이념을 위해 싸우는 사람은 대중의 시선을 필요로 하고 파티를 즐기는 사람은 친근한 이웃의 시선을 필요로 합니다. 피할 수 없는 사랑을 얻기 위해 모든 것을 희생시킨 남자는 오직 한 여자의 시선을 필요로 하며 이룰 수 없는 사랑에 스스로를 던진 남자는 어디를 가나 무엇을 하든지 그녀의 시선을 지고 다닙니다. 종교에 몸을 바친 사람은 신의 시선을, 위대한 기법의 예술가를 꿈꾸는 사람은 카프카를, 조이스를 지고 다닙니다.

이처럼 우리의 의식은 이미 누군가에 의해 침투되고 얼룩져 있습니다. 처음부터 순수한 것이 아니었습니다. 이 세상에서 순수하고 고유한 원본은 존재하지 않습니다. 세르반테스의 돈키호테는 늘 아마디스의 시선을 느낍니다. 그가 지향하는 이상적인 기사의 용기와 사랑은 모두 아마디스에게서 나온 것입니다. 그가 하는 행동은 스스로가 선택한 것이 아니고 아마디스가 골라준 것이었습니다. 그가 욕망하는 어떤 대상은 자신의 내부에서 우러난 것처럼 여겨지지만 실은 아마디스가 욕망한 것을 모방한 것에 불과했습니다. 겉보기엔 대상을 향한 스스로의 욕망인 듯싶지만 욕망의 겉자락을 들추고 보니 아마디스라는 매개자가 있었습니다. 대상(혹은 삶의 목표)은 모험이 벌어질 때마다 바뀌지만 매개자, 아마디스의 시선은 바뀌지 않습니다. 매개자는 죽을 때까지 주체의 곁을 떠나지 않습니다. 그래서 모험은 계속되고 욕망은 늘 그대로 남아 있습니다.

주체는 어떤 대상을 자발적으로 원하는 것 같지만 사실은 그 사이에 매개자가 있습니다. 주체가 욕망하는 것은 이 매개자의 욕망입니다. 그는 매개자의 욕망을 모방합니다. 그러기에 대상은 결코 주체의 욕망을 충족시키지 못합니다. 매개자의 시선이 이동하면 언제든지 주체의 욕망은 바뀝니다. 스스로가 진정 원하는 게 아니기 때문입니다. 인생의 목표는 충족되는 순간 저만큼 물러나고 저만큼 물러나기에 우리는 가고 또 갑니다. 이것이 지라르의 욕망의 삼각구조(삼각형의 욕망), 모방적 욕망, 대상의 허구성, 욕망의 허구성metaphysical desire입니다.

플로베르의 '보바리즘'은 스탕달에게 '허영'이고 프루스트에게는 '속물주의'입니다. 그들 소설의 주인공들이 욕망한 실체가 바로 그런 것들입니다. 그들은 그것을 매개하고 있는 자들의 욕망을 모방합니다. 세르반테스와 플로베르의 소설에서는 욕망의 삼각구조가 겉으로 뚜렷하게 드러납니다. 주체는 자신의 욕망을 거침없이 드러냅니다. 신을 믿는 종교인이 스스로의 목표를 드러내듯 돈키호테는 이상적인 기사의 욕망을 모방하는 게 부끄럽지 않습니다. 그 점은 『보바리 부인』의 엠마도 마찬가집니다. 그러나 주체와 매개자와의 거리가 좁혀지는 『적과 흑』에서는 주체(줄리앙 소렐)가 자신의 욕망을 감추려듭니다. 매개자(귀족들, 연적들)의 위치는 자기와 비슷하여 흠모와 동시에 증오를 유발합니다. 그의 욕망을 모방한다는 것은 하나의 대상을 놓고 경쟁을 한다는 뜻이므로, 결국 욕망을 감추는 자가 승리하게 됩니다. 욕망을 선언하는 경우를 외적매개external mediation라 하고 욕망을 감추는 경우를 내적매개internal mediation라 합니다.

플로베르의 보바리즘, 스탕달의 허영, 프루스트의 속물주의는 모두 매개된 욕망, 즉 모방욕망입니다. 이 모방적인 욕망은 도스토예프스키의 경우 한층 더 내적이 되어 라이벌의 관계는 고통스럽고 폭력적이 됩니다. 주체는 그 고통 속에서 살인이나 자살의 충동에 이릅니다. 『카라마죠프가의 형제들』에서 아들과 아버지는 한 여자를 놓고 라이벌이 됩니다. 전형적인 오이디푸스적 구도입니다. 이런 나이브한 욕망의 대결장에서는 아예 대상의 의미가 없어집니다. 매개자와 주체의 거리는 그토록 가까워져 거의 닮은꼴에 이르므로 흠모와 질투, 사랑과 증오, 선망과 질시가 동시에 일어납니다. 고통은 심해져서 폭력으로 분출되고 살인과 자살의 충동이 날뛰게 됩니다. 대상의 존재가 이미 사라지고 매개자와 주체간의 갈등만 부각됩니다. 삼각구조는 하나의 점같이 되어 버립니다.[1)]

르네 지라르는 신비평이 다루지 못했던 긴 소설들을 위에서 본 '모방욕망이론'으로 보기 좋게 설명했습니다. 인간의 총체적인 인격을 포괄하지 못하는 일면적인 분석이라 비판받을 수도 있지만, 그의 분석은 설명적 가치가 충분한 것으로 평가됩니다. 그는 무모한 '해결'보다는 '설명'에 치중했습니다. 그렇게 '음모론'의 함정은 용케 피한 것 같습니다. 주지主旨의 자리에 놓지는 않았지만 윤리와 역사를 도외시하지도 않았습니다. 그는 구조에 역사와 상황을 끌어들여 욕망과 이념의 허구성을 드러내었

---

1) 이상, 권택영, 『소설을 어떻게 볼 것인가』, 문예출판사, 1996 참조.

습니다. 그래서 소설에 대한 이해가 인간의 이해로 직진해야 한다는 교훈을 버리지 않았습니다. 그로부터 후기구조주의시대의 소설이론이 그 싹을 틔운다는 것은 그래서 당연한 일이겠습니다. 지라르의 소설이론은 걸작으로 평가되는 다섯 작가의 작품들을 욕망의 삼각구조로 분석한 것이지만 '문법' 위주의 소설분석 이상의 함의를 갖습니다. 소설이 인간 정신의 보고, 정신분석의 무의식이 될 수 있는 가능성을 그는 발견합니다. 인간에게는 '심리'와 '사회'가 둘이 아니라는 것을 그의 분석은 여실히 보여줍니다.

진정, 남의 욕망만 모방할 것이 아니라, 진정한 자기 욕망 하나쯤은 꼭 가져야 할 것 같습니다. 젊어서, 특히 사랑과 관련해서는 꼭 그래야 할 것 같습니다. 그래야 이 '이어붙일 데 없는 허전한 한 목숨'[2]이 좀 덜 허무할 것 같습니다.

---

2) 시 「적벽에 다시」(조용미)에 나오는 구절 "적벽 와서야 허전한 한 목숨 겨우 이어붙였다는 느낌은"에서 원용한 표현임.

우청우탁(寓淸于濁) 6

보여주는 것들

: 이미지 시대의 소설

요즘 젊은이들은 정말 보기 좋습니다. 남녀 불문입니다. 우리 구식 인류와는 체형도 다르고 생각도 많이 다릅니다. 군살이나 구김살이 없습니다. 때로는 식스팩이니 꿀벅지니 해서 몸사람 특유의 그 부박浮薄스러움의 일단을 곧잘 드러내기도 합니다만 거침없는 말본새나 꾸밈없는 행투가 시원시원해서 오히려 보기가 좋을 때가 많습니다. 앞장에서 살핀 플로베르의 보봐리즘, 스탕달의 허영, 프루스트의 속물주의는 그들 몸사람들에게는 이제 한갓 수사修辭거나 노파심에 불과합니다. 그런 식의 매개된 욕망은 이제 설 자리를 잃었습니다. 중개자와 주체 간의 거리는 이미 다 사라지고 없습니다. 누가 누구를 모방한다는 개념 자체가 성립되지 않습니다. 그들은 몸이 "이거다" 외치면 너나없이 일제히 같아집니다. 대학에서도(대학에서 특히) 교복이 성행합니다. 스키니 바지에 플랫 슈즈, 헐렁한 야상(야전점퍼 스타일의 상의)으로 너나 할 것 없이 통일성을 추구하더니 이번에는 꿀벅지를 드러내는 핫팬츠로, 일제히 같이, 한여름을 납니다. 욕망의 매개자고 삼각형의 욕망이고 내적 중개고 외적 중개이고를 따질 틈이 없습니다. 그들의 욕망은 중개인 없이 직거래됩니다. 직접적이고 원초적인 욕망이 청춘을 불태웁니다. 그들 몸사람들의 속세는 이미 구세대들의 욕망의 시장을 뒷골목으로 밀어낸 지 오랩니다. 그들은 그렇게, 고개 숙인 채 눈치나 보고 귀동냥이나 하고 냄새나 맡는 '욕망의 허구성'을 헌신짝처럼 버리고 당당하게 '에덴동산'으로 귀환합니다. "보기에 좋았더라"라는 시각 로고스가 지배하던 천상의 낙원으로 다시 돌아갑니다.

언젠가, 한 TV 대담프로(〈힐링 캠프〉)에서 '베이글녀'가 무슨 뜻이냐는 물음이 나온 적이 있었습니다. 대선 주자 중의 한 분에게 패널 중의 한 사람이 그렇게 물었습니다. '베이글bagel'이라면 빵의 일종입니다. 사전을 찾아보면 "도넛형의 딱딱한 롤빵. 유대인의 전통적인 빵으로, 발효시킨 반죽을 살짝 데쳐서 구워낸다. 특유한 탄력이 있으며 크림치즈나 훈제한 연어를 곁들여 먹는 경우가 많다"라고 되어 있습니다. 저는 '그 빵처럼 탄력있는 몸매를 지닌 여성이 아니겠는가'라고 생각했습니다. 그러나 답은 '베이비 + 글래머 + 女'였습니다. 뜻은 거의 같았지만 동안童顔이 첨가되는 것이 달랐습니다. 젊은이들의 세대 언어를 얼마나 알고 있는지를 테스트하는 물음이었기에 그게 정답이었습니다. 저는 모르고 있었는데 환갑의 연치에 이른 그 출연자는 그걸 맞추었습니다. 얼굴은 앳되고 몸은 풍만한 여성이라는 뜻이랍니다. 세간의 풍속에 대해서 늘 관심 있게 체크하고 있는 모습을 보여준 것이라 생각되었습니다. 그런 말이 공공연하게 사용되고 있는 것이 지금 우리 시대입니다. 베이글녀라니, 그 말 안에 들어 있는 그 도발적인 변태의 에로티즘을 그렇게 공공연히 용납하는 것이 지금 우리가 사는 시대입니다. 한편으로는 명색이 소설가라면서(전직?) 그런 신종 유행어에 둔감한 제가 좀 한심스럽기도 했습니다. 더군다나, 그쪽은 전통적인 제 관심 영역이었습니다. 제 박사 논문의 주제가 에로티즘이었습니다. 황순원 소설을 소년기 에로티즘, 성년기의 각종 에로티즘(변태, 동성애 포함), 노년기 에로티즘으로, 일관되게 에로티즘 하나로 다 발라낸 것이 제 논문이었습니다. 그런 공인된 색광色狂(?) 연구자가 항간의 유행어 베이글녀를 모르다니, 참 한심한 노릇이 아닐 수 없었습니다.

언제부턴가 우리 사회는 관음증觀淫症, voyeurism이 지배합니다. 보는 에로티즘, 특히 남모르게 보는 에로티즘이 알게 모르게 문화 형성에 지대한 영향력을 행사합니다. 광고든 영화든 독서든 관음의 패러다임을 스스로 구비하지 못하면 오래 살아남지 못합니다. 관음증은 전통적으로 에로티즘의 지배주주 중의 하나입니다. 관음 문화를 조절하는 방식은 각 사회마다 다르지만 어느 사회든 나름대로 체계적인 방식을 통하여 그 수위와 행태를 조절하는 것이 상례입니다. 주류가 된 관음증은 어느 사회에서나 여러 가지 수단을 동원해 자신을 관철해 냅니다. 지금 우리 시대는 엿보기 음란증이 문화의 한 코드로 버젓이 자리 잡고 있는 형국입니다. 심미적 코드(예술)에서 사회적 코드(패션)로, 다시 논리적 코드(합리화)로 점차 자신의 숙주 영역을 넓혀 나간 결과입니다. 얼마 전 여성의 신체 노출이 정치적 목적성을 띠고 도전적으로 '노출'되었을 때 우리 사회가 보여준, 일견 당황스럽고 서투른, 양가적 반응이 인상적이었습니다. 같은 정치적 색채를 가진 사람들 중에서도 그런 행위에 대해서 서로 찬반이 갈렸습니다. 원 의도는, 관음증을 이용해서 그런 관음증 문화를 한 대 때리는 건데, 그래서 당사자로서는 선의의 정치적 의도를 관철해 내겠다는 것이었는데, 엉뚱하게도 파장이 다른 쪽으로 흐르는 느낌이었습니다. 그걸 보면서, 일종의 '관음증 콤플렉스'가 아직은 우리 사회에 잔존하고 있다는 것을 알 수 있었습니다. 비난의 물줄기가 '여성 비하 발언, 마초 시비'로 급선회하는 모양새를 보여주었던 것도 그런 자의식의 결과였던 것 같습니다. 어쨌든 우리 사회가 관음증의 지배를 받고 있다는 것을 여실히 보여준 한 '보기 좋은' 사례였다는 생각이 듭니다. 에로티즘에 관한 한, 그것이 우주적 생명의식의 발로든 아니면 의도를 지닌 정치적 공격행위든, 현재로는 관음증이나 관음증 콤플렉스를 배제하고는 설명되기 어려운 것이 작금의 우리 현실인 것 같습니다.

관음 문화는 엿보기를 전제로 합니다. 정면보다는 측면, 문을 활짝 열고 보는 것이 아니라 벌어진 틈을 통해 보는 것이 '엿보기'입니다. 보여주는 것을 보는 것이 아니라, 감추는 것을 보는 것입니다. 그런 '엿보기'는 '들추는 즐거움'을 제공합니다. 그것은 윤리를 비껴갑니다. 늘 미끄러집니다. 그렇게 보면, '엿보고, 들추고, 미끄러지는 것'이 관음 문화의 구조적 속성입니다. '관음'이 '문화'가 되면 그런 '엿보고, 들추고, 미끄러지는 것'이 일반화(보편화)의 과정을 거쳐 다른 사회적 행태의 내부 규율이 됩니다. 만약 그런 힘이 없다면 그건 '문화'가 아닙니다. 당연히 신문의 정치면도 늘 그런 '엿보기, 들추기, 미끄러지기'로 가득 차 있게 됩니다. 사실이나 진실보다는 '아니면 말고' 식의 '관음의 쾌'를 추구하는 가십거리가 넘쳐납니다. 남들이 보지 못하는 그 '관음적 쾌'의 소스를 캐는 것이 사회부나 정치부 기자들의 책무인 것 같다는 느낌마저 받습니다. 그러니 '하수도 문화'라 할 수 있는 곳들에서, 인간의 욕망과 갈등을 다루는 곳들에서(연예나 오락?), 관음증이 넘쳐나는 것은 하등 이상할 것도 비난할 것도 없는 일이겠습니다.

대중들의 관음에 대한 기대가 만들어내는 사회 현상 중의 하나가 가짜 프라이버시 복제품들의 범람 현상입니다. 유명인의 프라이버시를 도용한 합성된 가짜 사진(영상)들이 인터넷을 떠돕니다. 진짜가 올라와서 '폭로'의 문화를 선도하는 것과는 또 다른 현상입니다. 아마 그런 '막장문화'가 타락한 이미지 문명의 비극적 운명이 아닌가 싶습니다. 조금 더 이미지 문명의 특질에 대해서 살펴보겠습니다.

이미지의 문명은 세계를 알몸의 육체로 바꾸고 그 육체를 이미지의 형태로 소유한다. 이것이 오늘날 이미지의 세계에서, 사회관계와 소유관계에서 발생한, 역사적으로 보지 못한, 중대한 변화이다. 카메라(텔레비전, 영화, 비디오)는 세계를 이미지, 장면, 장경(場景)으로 바꾸어 분배와 소유의 평등을 실현하고(모든 눈 가진 자는 〈볼〉 수 있고 볼 수 있으므로 소유할 수 있다) 사물의 실체성*corporeality*을 순수한 이미지 또는 영상기호로 변환시켜 모든 눈들에게 제공한다. 이미지 앞에서 만인은 평등하다. 그러므로 오늘날 가장 중요한 감각기관은 눈이고 가장 중요한 기능은 시각기능이다. 눈이 원하지 않는 것은 손도 대지 않는다. 손은 더 이상 순수 촉각이 아니라 '눈 달린 촉각'이다. 손의 스침으로, 눈 달린 촉각의 부드러움으로, 창을 열게 하는 스마트 폰이 바로 그런 현상의 대표적인 물질적 현현이다. 이 문명의 담론 속에서 플라톤은 바보 멍충이다(?). 그의 철학은 모든 '보여주는 것들'의 가치를, 눈에 보이는 현세 이미지의 가치를, 모질게 부정하는 개똥(?)철학이었기 때문이다.

시각 쾌락의 원칙은 태초부터 존중받았다. 그것은 본디 하느님의 것이다. 그가 자신의 이미지를 따서 아담과 이브를 만들었을 때 그가 거둔 첫 번째 성과는 시각적 즐거움('보시기에 좋았더라')이었다. 알몸의 두 남녀는 무엇보다도 하느님의 눈을 즐겁게 하고, 하느님은 눈으로 그들을 소유한다. 두 남녀가 〈추락〉하고 부끄러움을 알게 되고, 그들이 '보여주는 것'으로서의 소임을 거부하고 알몸을 가렸을 때 하느님은 진노한다. '부끄러움'은 애초에 맺은 그들의 사회적 관계를 부정하는 것이었기 때문이다. 하느님은 그의 시뮬라시옹에 발생한 변화를 인정하지 않았다. 시각적 즐거움을 앗아간 행위에 대한 분노를 감추지 않았다. 그게 최초의 악이었다. 그것은 사탄의 유혹에 넘어간 인간이 하느님에게 자행한 하나의 '박탈'이었다. 이 '박탈'은 인간 추방의 충분한 사유가 된다. 거기까지는 태초의 신화다. 현대 신화는 문명의 신화다. 현대 문명은 '박탈' 이전의 에덴동산으로 돌아가자고 유혹한다. '보여주는 것들'의 천국, 태초의 낙원을 회복하는 것이, 문명의 소임이라고 주장한다. 이미지의 문명은 세계를 투명한 알몸의 이미지(순수 외설)로 바꿈으로써 최초의 시뮬라시옹을 향해 필름을 거꾸로 돌리고 원초의 낙원을 재생한다. 장 보드리야르가 포스트모던의 시뮬라시옹의 세계를 〈낙원〉으로 보는 이유도 그런 것이다. 그렇다면 누가 이 재현된 이미지의 낙원에 시비를 걸 것인가?

▶▶▶ 권택영, 『소설을 어떻게 볼 것인가』, 문예출판사, 1995 중에서
(인용자 일부 첨언)

루카치[1])가 소설을 가리켜 '타락한 세계에 대한 타락한 방식의 서사시'라 말했을 때 그가 제기한 것은 정확히 형식의 문제였습니다. 그는 새로운 인간의 삶이 새로운 이야기 방식을 불러왔다고 생각했습니다. 소설은 신이 떠난 비루한 인간세계에 내던져진, '출신 모르던' 부랑아들의 자서전, 뜬금없는 가짜 족보 만들기였습니다. 모두들 '왜 우리는 신이 사라진 이 세상에 내던져졌는가'에 골몰했습니다. 그게 바로 소설이라고 루카치는 말했습니다. 그렇다면 '보여주는 것들'의 범람을 겪고 있는 우리시대의 소설들은 과연 어떤 '가짜 족보 만들기'에 혈안이 되어 있을까요? 무엇이 우리의 당면 과제일까요? 「목신의 어떤 오후」(정영문)라는 소설을 차분히 읽어보는 것으로 그 해답을 한 번 모색해볼까 합니다.

어떤 이야기에서든 화자話者는 존재합니다. 꾸며진 이야기든 고백적 이야기든, 드러나든 감추어지든, 이야기가 화자를 가지는 것은 철칙鐵則입니다. 삼인칭이든 일인칭이든(드물게는 이인칭으로도) 작가는 화자를 통해서 자신을 드러냅니다. 물론, 그의 의도나 체취體臭는 과장되거나 은닉되어서 독자들에게 전달됩니다. 소설은 그렇게 우회의 방법을 사용합니다. 그러니 소설 속의

1) 게오르그 루카치(Georg Lukacs, 1885~1971): 헝가리의 마르크시스트 철학자이자 문예비평가. 그의 『소설의 이론』은 헤겔 철학의 결과를 미학적 문제에 구체적으로 응용한 최초의 정신과학적 저술로 평가된다. 공산주의자로 한 평생을 마감한 그의 『역사와 계급의식』은 공산주의 이론의 최고봉으로 꼽힌다.

모든 문장은 크게 보면 직, 간접적인 '나'의 기호가 되는 것입니다. 그런 까닭에 숙련된 독자가 하는 일은 주로 이야기 속에서 진짜 '나'의 기호가 어떤 식으로 매복되어 있는가를 밝히는 것이 됩니다. 화자의 말을 곧이곧대로 믿는 것만큼 어리석은 일이 없다는 것을 그는 누구보다도 잘 압니다. 그의 분석 행위는 해석학적 코드로 행간行間을 읽는 것에서부터 심리학적 코드(혹은 상징적 코드)로 텍스트의 무의식(작가도 모르는)을 탐색하는 것까지 다양한 스펙트럼을 형성합니다(롤랑 바르트,[2] 『S/Z』, 1970). 숙련된 독자가 좋아하는 말 중의 하나가 "텍스트는(화자는) 항상 자기가 알고 있는 것 이상을 말한다"라는 말입니다.

우리는 어느 평일 오후의 평온함 속에서 호숫가에 앉아 있었다. 호숫가의 물푸레나무 가지들은 수면에 닿을 것처럼 늘어져 있었는데, 실제로 그중에는 수면에 닿아 있는 것도 있었으며, 가을로 접어든 숲의 활엽수들에서 바람에 흩날린 낙엽이 이따금 수면 위로 떨어져 물위를 떠다녔다. 물은 깨끗하고 잔잔했지만 수영을 하기에는 너

---

2) 롤랑 바르트(Roland Barthes, 1915~1980): 프랑스의 철학자, 문예비평가. 1957년 일상생활의 이데올로기를 비판한 기고문을 모아 엮은 『신화론(Mythologies)』을 발표했다. 1960년대 기호학과 구조주의에 전념했지만(『기호학원론(Éléments de sémiologie)』, 1964; 『유행의 체계(Système de la mode)』, 1967), 곧이어 구조주의를 폐기하고 후기 구조주의로 넘어갔다(『S/Z』, 1970; 『텍스트의 쾌락(Le Plasir du texte)』, 1973). 다재다능했던 바르트는 『밝은 방: 사진에 대한 노트(La Chambre claire. Note sur la photographie)』(1982)에서는 본격적으로 사진을 다루었다. 1976년 콜레주 드 프랑스의 문학기호학 교수로 초빙되었다. 사후에 출판된 『작은 사건들(Incidents)』(1987)에서 동성애를 고백했고(미셸 푸코와 연인관계였다), 1980년 교통사고로 죽었다.

무 차가웠다. 서쪽 하늘에는 구름이 끼어 있었지만 하늘은 대체로 맑았다.

호수 바깥에는 숲이 있었는데 그 숲은 출입을 완강하게 거부하며, 일단 입장한 사람은 그 안에 꼼짝없이 가둬버리는 듯한, 모든 것이 뒤엉킨 것 같은 울창하고 사나운 모습의 숲은 아니었다. 그 숲에는 어떤 거인이 기분 내키는 대로 던져놓은 것 같은 바위들로 이루어진 작은 언덕이 있었는데, 언덕 꼭대기에는 거북처럼 생긴 커다란 바위가 자리하고 있었다. 실제로 그 바위는 거북바위라는 이름을 가진 것으로 우리가 있는 곳에서 봤을 때는 어떤 동물의 형태를 찾기 어려웠지만, 반대쪽에서 보면 마치 거북처럼 보이지는 않더라도 그것의 이름이 거북바위라는 생각을 하며 보면 거북처럼 보이기도 했다. 어쨌든 그 바위는 거북의 머리와 몸통에 해당되는 것 같은, 서로 붙어 있는, 크기가 다른 두 개의 바위로 이루어져 있었다. 이름을 가진 대부분의 바위들이 그렇듯, 그것이 거북바위라는 이름을 갖게 된 데에는 거북을 조금 닮은 형상 때문만이 아니라 어떤 전설 또한 있을 수도 있었지만 그것이 어떤 것인지는 알 수 없었다.

▶▶▶ 정영문, 「목신의 어떤 오후」, 『2008 이상문학상 작품집』, 문학사상사, 2008, 79~80쪽

인용 부분은 「목신의 어떤 오후」라는 소설의 서두 부분입니다. 첫인상이 매우 중요한 것은 소설 읽기에서도 마찬가지입니다. 이 소설은 서두를 공간적 배경(자연 환경)에 대한 자세하고(지

루하고?) 사념적인 묘사로 장식합니다. 그렇게 하는 이유는 분명합니다. 이 소설이 코미디나 활극이 아니라 고백이나 사색이라는 것입니다. 보통의 경우, 이런 식의 공간 묘사로 이야기를 시작하는 작가들은 '행동의 변화'를 통해 이야기의 재미를 선사하는 쪽보다는 '행동의 불화'를 통해 이야기의 성찰적 기능을 강화하려는 쪽에 섭니다. 이를테면 불연속적으로 제시되는 행동을 통해 그것들의 각별한, 숨겨진 '관계(의미)'를 독자들이 숙고해주기를 요구하는 경향을 보인다는 것입니다. 보통은 화자 스스로가 행동하는 인물이 되기보다는, 주로 관찰하고 평가하는 보고자의 위치에서 스토리텔링을 즐깁니다(만약 화자가 자신의 행동을 주로 서술한다면 이상의 「날개」와 같은 자기 패러디의 스토리텔링이 될 공산이 큽니다). 이런 이야기일 경우에는 일반적으로 '행동의 신기성新奇性'이 선사하는 재미가 극소량極少量이기 때문에, 문장文章(어떤 생각이나 느낌을 줄거리를 세워 글자로 기록해 나타낸 것)의 역할이 다분히 커집니다. 이럴 경우 가급적이면 불필요한 수사를 줄이고 일격필살, 촌철살인의 문장을 만들어내야 소설이 삽니다.

그런 관점에서 보자면 위의 인용문은 상당히 '너절한' 느낌을 주는 문장들을 꽤나 용납하고 있는 편입니다. '물은 깨끗하고 잔잔했지만 수영을 하기에는 너무 차가웠다'와 같은 문장은 차라리 빼 버리는 게 나을 뻔했습니다. 작가는 그 부분에서 모종의 '무의식', 혹은 '공감각적인, 전방위적 묘사의 힘'을 노렸을 수도 있겠습니다만 효과는 아주 미미합니다. 순기능보다는 역기능이 더 우세합니다. 문장들은, 언덕 아래로 구르며 점점 커지는 눈덩이와 같이, 다음 문장들과 연대하며 계속해서 의미의 폭과 깊이를 축적해 가야 하는 것인데 그 문장은 오히려 돌부리와 같아서 뭉쳐진 의미들을 해체해 버리는 장애물이 되고 있습니다(그 문장이 '물에 빠져 죽은 아버지'와 관련된 모종의 '물 트라우마'로 읽혀지기를 바란다면 그것은 작가 쪽의 지나친 기대라고 하겠습니다). 그 부분을 빼고 읽어보면 알 수 있는 일입니다.

그 다음으로 '거북바위 이야기'도 그렇습니다. 그 부분을 빼고 바로 인물 소개로 들어가는 편이, 그래서 바로 이어서 '그의 아버지 이야기'로 넘어가는 편이 훨씬 나았을 것입니다. 소설은 누가 뭐라 해도 '사람 사는 이야기'입니다. 사람이 주인공입니다. 백 보를 양보해서, 만약 거북바위 이야기를 통해 모종의 '사람 이야기'를 암시하려 했다면 '거북바위 전설'을 홀대해서는 안 될 일이었습니다. '이름을 가진 대부분의 바위들이 그렇듯, 그것이 거북바위라는 이름을 갖게 된 데에는 거북을 조금은 닮은 형상 때문만이 아니라 어떤 전설 또한 있을 수도 있었지만 그것이 어떤 것인지는 알 수 없었다'라는 문장은 아무리 이해하려 해도 이해될 수 없는, 그야말로 '백해무익'한 것이 되고 말았습니다(만약 그런 것을 '의식의 흐름'류의 자동기술적 표현으로, 부조리한 현실을 반영하는 것으로, 치부한다면 '프로'의 자격이 없다 할 것입니다). 그런 피상적인 상념이나 표현으로 독자들의 '불신의 장벽'을 허물어뜨릴 수 있다고 여겼다면 그건 선량한 독자들에 대한 심각

한 결례(무시?)가 되는 일일 것입니다. 인용을 하든 새로 만들어 내든, '거북바위 전설'에 대한 '평가'가, 어떤 식으로든, 있었어야 했습니다. 굳이 배경 묘사가 있어야 할 이유를 찾지 못할 지경입니다.

불만스러운 어투로 일관했습니다만, 소설의 서두만 보고 예측한다면 이 소설은 어떻든 앞으로 철학적 주제(인생론)를 다룰 공산이 큽니다. '인생에 대한 일반론적인 통찰'이나 '인생의 한 과정을 거쳐 온 소회'나, 아니면 '인생이 안겨주는 환멸감'이나 '허무를 딛고 살아내야 하는 것으로서의 인생' 따위의 내용을 담을 공산이 크다는 것입니다. 비록 첫인상에서 큰 만족은 얻지 못했지만 큰 상의 후보작까지 오른 작품이니 그런 '내용'에 대해 기대를 가지고 좀 더 음미해볼 필요가 있을 것 같습니다.

그리고 그녀는 명랑한 목소리로 전에도 한 적이 있는 어떤 얘기를 했다. 그녀가 어렸을 때 처음 남자 아이와 잤을 때의 일이었다. 어느 오후 텅 빈 집의 남자 아이의 방에서 알몸이 되어 사랑을 나누고 있는데 갑자기 나타난 그의 아버지가 문을 열고 뒤엉켜 있는 그들을 발견하게 된 것이었다. 발기된 남자 아이의 성기는 그녀의 몸속에 들어가 있었고, 둘은 무척 놀랐지만 그는 차마 성기를 빼내지 못했다. 결국 그 일은 그의 아버지가 남자 아이의 몸을 붙잡아 그를 사정없이 때려 둘을 억지로 떼어놓음으로써 끝이 났고, 그들의 최초의 사랑의 행위는 다소 어이없게 중단되어야 했는데, 그 남자 아이는 다름 아닌 우리와 함께 있는 그였는데, 그는 그녀의 사촌오빠였다.

그렇게까지 야만적으로 우리를 떼어놓을 건 없었어, 우리가 하던 일을 마저 끝낼 때까지 조금 기다릴 수도 있었을 텐데, 그가 이전에도 한 말을 다시 했다.

그 후로 우리는 사람들의 눈을 피해 숲 속으로 가 사랑을 나눠야 했지, 그녀가 말했다.

문득 그녀와 숲 속에서 사랑을 나누고 싶다는 욕망이 들었다. 어쩌면 그것은 조금 전 그녀가 말한 목신의 오후에 대한 시나 그녀의 사랑에 대한 이야기 때문일 수도, 아니면 내가 느낀 권태 때문일 수도, 아니면 조금 전 근처 나뭇가지에 있던 새 두 마리가 멀지 않은 숲 속 어딘가로 날아가 지저귀는 소리가 계속해서 들렸기 때문일 수도, 아니면 어쩌면 무질서하면서도 불경스러워 보이는 숲과, 숲에서 보내는 오후의 관능적인 느낌 때문일 수도 있었다. 나는 숲 속에서 사랑을 나누는 것을 상상했다. 두 사람이 다소 불편한 자세로 어떤 나무에 기대어, 어떻게든 서로를 애무하며, 어루만지는 것과 어루만져지는 것의 차이를 맛보며, 약간의 쾌감과 불쾌감을 동시에 느끼며 사랑을 나누고 있는데 문득 어느 순간 눈을 들자 근처 나뭇가지에 앉아 있는 새가, 혹은 수풀 속에 있는 들쥐가 우리를 이상하다는 듯, 혹은 놀랍다는 듯, 혹은 아무렇지 않다는 듯, 혹은 관심이 없다는 듯, 혹은 무섭다는 듯 쳐다보고 있는 것을 보며, 잠시 하던 일을 멈추고, 다른 건 몰라도 무서운 일은 아니니까 무서워하지는 말라고, 무섭게 할 생각은 결코 없었다고 소리치는 일이 일어날 수도 있었고, 그것은 기분 좋은 일이었다. 하지만 그녀와 숲 속으로 들어가 상상한 것을 실천하는 일은 무척 수고스런 것으로 여겨졌다. 그리고 내가 순간적으로 느낀 욕망은 그것이 일었다가 곧 사라지는 것을 약간 놀라워하며 지켜보는 식으로 그것에 대해 잊을 수 있는 것이었고, 나는 만약 가능하다면 오래전 그들이 숲에서 그랬던 것처럼 그가 나를 대신해 그녀와 숲에서 사랑을 나눠도 좋을 거라는 생각을 했다. 하지만 그 순간 그는 오래전 숲 속에서 나눈 사랑을 떠올리며 숲에서 사랑을 나누고 싶어 하는 것 같지는 않았다.

▶▶▶ 정영문, 「목신의 어떤 오후」, 『2008 이상문학상 작품집』, 93~94쪽

그러나 「목신의 어떤 오후」는 인간들의 이야기가 아니었습니다. 인간이 되기 전, '에덴동산'에서 추방되던 때의 이야기였습니다. 당연히 '인생에 대한 일반론적인 통찰'이나 '인생의 한 과정을 거쳐 온 소회'나, 아니면 '인생이 안겨주는 환멸감'이나 '허무를 딛고 살아내야 하는 것으로서의 인생' 따위의 내용은 다루어지지 않았습니다. 그것들은 사회나 역사와 같은 배경을 가지는 것인데 이 이야기는 그렇지 않았습니다. 「목신의 어떤 오후」라는 제목에서 이미 그런 사정이 밝혀져 있었는데 그 점을 간과했던 것 같습니다. '에덴동산'에서 노닐던 이야기를 하겠다고 미리 선포했는데 그 점을 애써 외면하고 인간의 관점에서, 기껏 인과를 만들어내는 문장 나부랭이나 들어, 왈가왈부한 것은 저의 실수였습니다.

그렇습니다. 이 소설은 신들의 이야기인고로 인간적인 인과因果의 사슬을 어떤 식으로든 끊으려 합니다. 그러니 인간들이 하는 '가짜 족보 만들기'에는 애초부터 관심이 없었습니다. 인간과 환경이 어떻게 엮여지는가에 대해서는 무심합니다. 그런 식의 인과의 사슬도 순연히 인간의 것이기 때문이지요. 과연, 본격적으로 '신들의 계보'를 밝히는 인용문의 후반부로 가면서 소설의 문장은 확연히 달라집니다. 전반부에서 얼핏 '가짜 족보 만들기'의 기미를 보일 때의 어조와는 사뭇 다릅니다. 노골적으로, 희언戱言의 어조로 돌변합니다. 부디 인간의 관점에서 자신의 이야기를 받아들이지 말라는 투가 됩니다. 그러니 앞서 우리의 불만을 샀던 화자의 장광설은 작가의 의도된 너스레였던 것입니다. '신들의 계보'는 그 자체로 신성한 것이니 인간의 관점에서 논리를 세워 토를 다는 것은 신성모독에 해당될 것입니다. 인간들이 만든 전설(거북바위 전설) 같은 것은 그저 '있으나 마나 한 것'이 될 뿐입니다. 그러니 결국 이 소설은 이 '근친상간'의 한 대목을 말하기 위해서 앞서의 그 많은 이야기들을 돌고 돌아 왔다고 할 수 있을 것입니다. 호수도 숲도 거북바위도 모두 이 한 장면을 말하기 위한 눈가림에 불과한 것들이었습니다. 우정 설치한 무대 위의 허술한 세트들에 불과했습니다. 그러니, 그것을 묘사하는 데 성의가 있고 없고는 아무런 문제가 되지 않는 것이었습니다. "사슴은 미인과 추인醜人을 구별하지 않는다"는 옛 성현의 말씀이 생각나는군요. 이 대목을 두어 번 읽고 나니 관능과 권태와 허무를 이 이상으로 표현하기도 힘들 것 같다는 생각이 들기도 했습니다(이상의 「권태」나 「날개」 정도면 또 모르겠습니다).

문득 문학상의 후보작으로 두고 이 작품을 심사한 이들의 생각이 궁금해졌습니다. 그런 것은 안 보는 것이 당초 속편한 일이긴 합니다만(터무니없는 언사로 간혹 읽는 이의 심사를 뒤집는 일이 있었습니다) 이번에는 예외를 두기로 했습니다. 저의 실수를 인정하지 않을 수 없으니까요. 작품집 뒤쪽으로 가니 '총평'이 있었습니다. "그러므로 이 소설에 등장하는 세 사람의 등장인물은 셋일 수도 있고 둘일 수도 있고, 아니면 하나일 수도 있다. 그리고 이들이 떠올리는 모든 이야기들은 무의식의 심층에 자리하고 있는 억압된 욕망의 표출에 해당한다고 할 수 있다. (…중략…) 일종의 '자동기술법'과 같은 서술 방식을 통해 인간의 내면에 억압되어 있는 욕망과 그 욕망의 어두운 그늘을 펼쳐 보이는 실험성이 돋보인다"라고 되어 있었습니다, 불만이 없는 건 아니지만 무난한 설명인 것 같았습니다. 그리고 최종 심사 과정에서는 "소설적 실험이 그 부자연스러운 문체와 함께 약점으로 지적되"어 대상 수상작이 되지 못했다는 친절한 안내도 나와 있군요. 제 입장에서도 문장에 좀 더 신경을 썼더라면 충분히 대상을 거머쥘 수도 있었을 것이라는 생각이 듭니다. 다만 '신들의 이야기'를 진짜로 원하는 자들은, 신도 아니고 인간도 아닌, '사이비 신'들일 수밖에 없다는 점도 항상 잊지 말고(성실한 독자들의 바람을 망각하지 않고) 기억해주었으면 하는 바람이 간절할 뿐입니다.

노파심에서 한 말씀만 덧붙이겠습니다. 모든 서사양식에서 여전히 중요한 것은 인과성과 전체성의 형식입니다. 소설은 인과의 질서에 대한 끝없는 변조와 왜곡이면서 '언제나 이미' 그 질서 속에 있습니다(롤랑 바르트). 소설은 언제나 질서를 만들어 내는 것이어야 합니다. 그래서 '보여주는 것들' 역시 항상 그 질서 안에서 나열되어야 합니다. 소설의 '질서'는 그 인과성이 처음부터 주어져 있는 것이 아니라 '서사전개를 통해' 만들어지는 것이라는 점에서 서사의 전체성에 다름 아닙니다. 이 만들어지는 인과성의 비밀을 우리는 '발견'이라고도 하고 '인지'라고도 합니다. 그것은 정보의 평면적 연기가 아니라 땀 흘려 캐내는 '발견되는 진실'입니다. 이 인지와 함께 없었던 전체성이 만들어지고 서사는 '이야기의 즐거움'을 제공합니다. 그 즐거움은 시각 쾌락의 원칙 이상의 것이며 그 즐거움 때문에 서사는 지금도 부단히 만들어지고 향유되는 것입니다. 당연히, 그 발견된 진실이 허구라는 사실은 중요하지 않습니다. 우리를 매혹하는 것은 그게 재미있게 만들어진 허구라는 사실이 아니라 그 허구에 도달하는 과정이 거부할 수 없는 진실성, 승복할 수밖에 없는 핍진성을 내함하고 있기 때문입니다. 다시 한 번 강조하지만, '보여주는 것들'은 오직 그 '발견의 과정'에 필요한 요소일 뿐, 그 자체로 '발견의 진실'을 구성하지는 않습니다. 관음증이야말로 그러한 진정한 '발견의 과정'을 도외시하는 이미지 문명의 사이비 질서, 도착적인 '발견의 진실'입니다. 그래서 우리는 그것을 버리고 떠나야 합니다. 관음증은 몰래 엿보는 것이기 때문에, 그저 들추고 미끄러질 뿐입니다. 그저 도착적인, 은밀한 즐거움에 그치는 것은 소설이 아닙니다. 문화가 관음으로 흐른다는 것은 우리에게 부족한 것을 보충할 기회를 포기한다는 뜻입니다. 문화의 힘에 대한 몰각沒却이 우리 시대의 한 징표라는 것을 의미하는 것이기도 합니다. 물론 그런 몰각의 문화를 선도하는 것은 정치문화입니다. 모든 책임은 정치에 있습니다. 그리고 그런 정치를 용인하는 우중愚衆에게 있습니다. 문화를 담당하는 자들의 소임은 다만, 언제나 문화의 발전방향에 대해서 깊이 고민하는 자세를 유지해야 한다는 것입니다. 그뿐입니다.

우청우탁(寓淸于濁) 7

걸으면서 빛나는 여자

: 그라디바

프로이트에 심취한 적이 있었습니다. 직업상 소설 작품을 분석할 때 요구되는 분석 도구의 필요성이 절박했습니다. 정신분석만한 논리가 없는 듯했습니다. 한 권 두 권 그의 저술(정확히는 그의 저술에 대한 주석)을 읽었습니다. 그러다가 그에게 빠졌습니다. 그에게 빠진 이유는 그가 밝혀내는 인간 심리의 도저到底한 측면 때문만은 아니었습니다. 그의 '말씀'이 주는 위안의 뉘앙스가 더 큰 이유가 되었습니다. 프로이트는 처세술處世術의 대가라 할 만했습니다. 노자에 버금가는 언변을 소지하고 있었습니다. 그는 무조건 이해하라, 누구와도 싸우지 말라고 타이릅니다. 심지어는 내 안의 질병과도 함께 잘 지내라고 권고합니다. 그러면서도 자기를 지킬 울타리를 만드는 법을 가르칩니다. 그 안에 들면 '모든 짐 진 자들'은 평안을 얻습니다. 그는 교주였습니다. 스스로를 구세주라 칭하지 않았을 뿐 그가 만든 것은 종교였습니다. 인간에게 고통과 상처를 면하는 방법을 가르치는 종교였습니다. 자신이 만든 종교를 지키기 위해 그는 사제들도 만듭니다. 속된 표현으로는 '타짜'들을 양성합니다. 그들이 울타리 안에서 하는 일들은 '게임의 룰' 혹은 교리教理에 따라 초보 입문자들에게 기도하는 법, 혹은 패 돌리는 법을 전수하는 것입니다. 만약 가르치는 대로 하지 않는 자가 있으면 울타리 밖으로 몰아냅니다. 울타리 밖으로 내몰린 자는 홀로 '미친 자'가 됩니다. 가진 것을 모두 잃고 도박판을 뒤로 하고 물러날 때의 심사 그대로입니다. 프로이트가 만든 종교, 혹은 도박판은 항상 그가 만든 교리, 그가 만든 게임의 룰 안에서만 승리합니다. 일반의 추측과는 달리 그가 가르치는 게임의 룰, 혹은 기도의 방법은 비교적 간단하고 요령이 분명합니다. 승부의 예측, 구원의 가능성이 선명하기 때문에 욕심이 있는 사람이라면 누구나 쉽게 덤빌 수 있습니다. 그러나 모두 타짜가 되고 사제가 될 수 있는 건 아닙니다. 많은 사람들이 마지막 승부를 내지 못하고 손을 빼고 맙니다. 구원을 포기합니다. 프로이트 심리학의 장점이자 단점이 바로 그것입니다. 이를테면 막판에 거는 판돈이 너무 큽니다. 모든 종교, 모든 도박판이 그렇듯이, 프로이트는 꼭 마지막에 자신의 전부를 걸라고 요구합니다. 그러나 전부를 거는 일은 누구에게나 불안한 일입니다. 인간이 가장 두려워하는 일 중의 하나가 '자신의 전부를 거는 일'입니다. 특히나 식자識者를 자처하는 자들이 가장 두려워하는 일이 바로 그것입니다. 그러니 진정한 사제, 인정받는 타짜들은 아주 소수가 될 수밖에 없는 일입니다. 제가 그 울타리를 제 것으로 만들지 못하고 쓸쓸히 패퇴한 것도 결국은 바로 그 '자신의 전부를 거는 불안' 때문이라고 말씀드릴 수밖에 없을 것 같습니다. 서론 치고는 너무 딱딱한 이야기만 늘어놓은 것 같습니다. 젊어서의 제 이야기 한 토막으로 물을 좀 타겠습니다(이 책은 '인문학 수프' 시리즈의 하나입니다).

청년기 때 고등학교 교사를 잠시 한 적이 있습니다. 도청道廳 근처에서 하숙을 했는데, 퇴직 공무원이었던 주인집 아저씨가 자식 같은 저를 보고 꼭 '선생님', '선생님' 하면서 밤마다 찾아와서는 마작麻雀 배우기를 권했습니다. 룰을 모른다고 하니까, 자기가 금방 가르쳐 줄 거니까 염려말라는 거였습니다. 선생님 같은 분들은 두어 판만 해보면 금방 재미있게 놀 수 있다고 줄창 꾀었습니다. 4명이 한 조가 되어야 하는데 자리가 마침 하나 비었다며 나중에는 거의 강권하다시피 했습니다. 마작 도구들을 제 방으로 가져와서는 허락도 없이 펼쳐놓고 '만萬'이 어떻고 '통通'이 어떻고 가르쳐댔습니다. 기품 있게 늙은 서울댁 아주머니를 아내로 둔 아저씨는 낮에는 빨래나 설거지 등으로 아주머니를 도왔고, 밤에는 그 마작판에서 본인의 잡비를 벌어 썼습니다. 처음 해보는 직장생활에다 평생 하지 않던 공부까지 한답시고 대학원 수업마저 듣느라 정신이 없었던 저로서는 아저씨의 형편에 일말의 동정심을 가질 여유조차 없었습니다. 아저씨가 마귀처럼 보였습니다. 끝내는 그 강요에 견디다 못해 눈물을 머금고(그만한 거주 환경이 없었습니다) 하숙집을 옮겨야 했습니다. 그리고는 그 하숙집에서의 악전고투를 금세 잊어 버렸습니다. 그런데 요즘 가끔씩 그때가 생각납니다. 아내가 오불관언, 방 바깥일에는 아예 눈귀를 닫고 책상에 앉아 버티고 있는 저를 보고 큰소리로 "좀 도와라, 하는 일도 없으면서!"라고 빨래 널기나 시장 봐 온 물건 들기를 강요할 때마다 불쑥불쑥 그때 그 시절이, 그 하숙집 아저씨가 생각이 납니다. 아직 설거지까지는 쳐들어오지 않고 있습니다만 조만간 그 일도 하청을 받을 날이 올지도 모르겠습니다(모든 '아저씨'들의 숙명이 아닌가 싶습니다). 물론 아저씨 생각이 나면 마작도 같이 떠오릅니다. 얼마 전 한 영화에서 마작하는 장면을 보면서(〈색계色界〉라는 영화였던가?) 불같이 '그때 좀 배워둘 걸'하는 염이 솟구쳤습니다. 그 동전 몇 닢이 아까워서 새로운 울타리 하나를 만들 수 있는 기회를 놓쳐 버렸구나 하는 자책감이 엄습해 오는 것이었습니다. 왜 그런 생각이 들었는지 꼬집어서 이유를 댈 수는 없습니다. 제가 지금 그때 그 하숙집 아저씨의 연배가 되어 있고 아내가 제법 기품 있게 늙어가고 있어서인지도 모르겠고, 제가 영락없이 하루하루를 지루함으로 보내는 준 실직상태에 놓여 있기 때문인지도 모르겠습니다. 어쨌든 사는 데에는 다 때가 있는 것 같습니다. 모든 것이 '때'에 달린 것이었을 뿐, 내 의지나 선택은 사실 아무것도 아니었습니다. 첫사랑의 때가 왔을 때 저는 제 곁의 한 소녀를 좋아했고, 결혼할 때가 왔을 때 저는 제 곁에 있던 아내와 사랑하고 결혼을 했습니다. 소설가가 될 때가 왔을 때 저는 소설 두어 편을 써서 투고를 했고 마침내 소설가가 되었습니다(저는 제가 소설가가 될 줄은 꿈에도 생각해보지 않았습니다). 결혼을 하고 아이를 낳고 직장을 가져야 했을 때 마침 저를 필요로 하는 곳이 있어서 직장다운 직장을 가지게 되었습니다. 결국 제 인생은 늘 그런 식이었습니다. 아저씨의 '마작'도 지금 제 곁에 있다면 저는 결코 마다하지 않았을 겁니다(제가 젊은 사람만 보면 '검도 한 번 해보지!'라고 강권하는 게 결국 하숙집 아저씨의 '마작 권하기'와 같은 것이라는 생각이 문득 드는군요).

마지막으로, 한 말씀만 더 드리겠습니다. 사실 말을 꺼내기가 좀 쑥스러운 것이기도 한데 어쩔 수 없습니다. 제가 지금 쓰고 있는 '인문학 수프'라는 이런저런 이야기들은 일종의 '버킷리스트'적 성격을 지닌 것입니다. 이것저것 가릴 여유가 없는 것들이라는 말씀입니다. 그래서 적는 것이니 부디 오해가 없었으면 좋겠습니다. 제가 앞에서 '때가 왔을 때 나는 그렇게 했다'라는 말씀을 드렸지만, 사실은 그 모든 일들이 어느 정도는 늘 예감되던 일이었습니다. 지금 이 글쓰기도 약 7~8년 전에 이미 뚜렷하게 그 전말이 어디로부턴가 전달되어 왔던 일입니다. 제 인생에서 중요한 일로 치부될 만한 것들은 예외 없이 그 몇 년 전이나 몇 달 전에 미리 통보가 왔습니다. 결혼과 등단, 첫 대학 직장, 그리고 지금의 직장, 지금의 제 신세와 아이들의 장래 등등 그 모든 것들이 그랬습니다. 불현듯 미래가 손에 잡힐 듯 다가옵니다. 개중에는 기록으로 남긴 것들(편지, 일기, 작품)도 있습니다. 일부는 가까운 사람들에게 말로 전하기도 했습니다. 물론, 그런 현상을 신경과학적 입장에서 본다면 측두엽 관련 발작의 일환(데자뷰?)으로도 볼 수도 있는 것일 것이고, 이성적 사유라는 입장에서 본다면 자신의 현실을 명확히 인식하고 그것을 토대로 앞으로 자신에게 다가올 미래에 대해 어느 정도 감지하는 경우라고 할 수도 있을 것입니다. 어떻든 상관없는 일입니다. 저는 이미 한바탕 살아본 처지이기 때문입니다. 예감이면 어떻고 망발이면 또 어떻겠습니까, 결과는 이미 다 나와 있는 걸요. 어쨌든, 젊어서 '마작'을 배우지 못한 게 못내 아쉽습니다. 모르는 척 몇 푼 잃고 그 룰을 배워둘 걸, 너무 야박하게 살았다는 후회가 듭니다. 언제든 기회만 닿으면, 몇 푼 그냥 날리더라도, 그 놀이를 제대로 한 번 배우고 싶을 뿐입니다.

각설하고 공부로 들어가겠습니다. 프로이트의 『옌젠의 「그라디바」에 나타난 정신착란과 꿈』(1906)은 명작名作 중의 명작입니다. 분석 대상이 되고 있는 소설도 재미있지만 프로이트의 해설이 훨씬 더 재미있습니다. 사계의 전문가들이 여러 사람 인정했습니다. 제가 본 '인증서'만도 서너 편이 되는 것 같습니다. '예술의 신비'를 말로 표현한 것 중에서는 아마 몇 손가락 안에 드는 글이 아닌가 싶습니다.

노르베르트 하놀트는 로마에서 어느 고미술품 콜렉션을 둘러보다가 어떤 얕은 돋을새김을 발견하고는 이례적으로 강한 인상을 받는다. 독일로 돌아온 그는 강한 인상을 받았던 문제의 얕은 돋을새김의 훌륭한 복제품을 구할 수 있었다. 그는 몹시 기뻐했다. 몇 년 전부터 그것은 사방의 벽이 선반의 책으로 도배되다시피 한 그의 연구실 한쪽에 얌전히 걸려 있었다. 햇빛이 이 얕은 돋을새김을 비추었으며 석양빛이 거기에 잠시 머무르기도 했다. 이 조각품은 걷고 있는 여인의 전신상을 표현한 것으로서, 실물 크기의 삼분의 일쯤 되었다. 그녀는 젊었다. 어린 소녀도 아니었으며 물론 성숙한 여자도 아니었다. 그녀는 스무 살 가량의 로마 처녀였다. 그녀는 비너스나 다이아나를 비롯한 올림푸스의 다른 여신들 또는 프시케나 님프가 표현된 그토록 흔한 다른 돋을새김을 전혀 상기시키지 않았다. 그녀에게는 결코 적의를 가지고 하는 말은 아니지만 보통 사람의 어떤 것, '실제의' 어떤 것이 있었다. 이를테면 마치 예술가가 오늘날처럼 종이에 대강 스케치를 하는 대신에 거리에서 살아 있는 사람의 옆을 급히 지나가면서 모델을 점토로 본을 떠서 만들어놓은 듯했다.

▶▶▶ 막스 밀네르, 이규현 옮김, 『프로이트와 문학의 이해』, 문학과지성사, 1997 중에서

인용문은 옌젠의 중편소설 「그라디바」의 서두 부분입니다. 이 소설의 주인공인 노르베르트 하놀트는 청년 고고학자입니다. 그래서 그의 진술이 지닌 고고학적 내포는 고도의 텍스트성을 지닙니다. 그는 싸우러 나가는 마르스라는 뜻의 로마 신 마르스 그라디부스Mars Gradivus의 이름을 따서 그 모델에게 '그라디바Gradiva'라는 별칭을 붙입니다('-부스'의 us가 남성형 접미사라면 '-바'의 a는 여성형 접미사입니다).

그는 이 젊은 여자의 얼굴 모습과 거동이 우아하고 세련된 점으로 미루어 그녀는 서민의 딸일 리가 없고 분명히 귀족 집안의 아가씨일 것이라고 생각합니다. 그리고 나름대로의 추론을 통해 그녀가 폼페이의 거리를 '비가 내린 날 신발이 물에 젖지 않도록 드문드문 놓인 포석鋪石만을 밟고 걸어가는' 모습이 가까운 곳에 있던 한 예술가에게 포착된 것이라고 결론짓습니다.

부조浮彫의 여인 그라디바를 찾아 꿈속과 거리, 나아가서 폼페이까지 떠나는 주인공은 우연찮게 조에 베르트강이란 여인을 만납니다. 사실은 그 여인과 주인공은 어린 시절 한때 서로 잘 알고 지내던 사이였습니다. 하지만 주인공은 그녀를 알아보지 못합니다. 단지 그라디바를 만났다는 사실에 기뻐 그녀가 사람인지 유령인지, 그녀를 만나는 일이 꿈인지 현실인지 헷갈려 할 뿐입니다. 주인공은 고고학에 몰두한 나머지(혹은 그녀가 지도교수의 딸이라는 점에서 모종의 억압을 당해) 그녀를 잊은 거였고, 그녀는 주인공의 이웃에 살면서 주인공 노르베르트 하놀트가 언젠가 자신을 알아주기만을 기다리고 있었던 것입니다. 주인공의 무의식 속으로 억압되어 잊혀졌던 사랑이 그 부조 작품으로 인해서 의식의 수면 위로 드러나게 되었고, 폼페이에서 그녀를 만나고 나서야 자신이 찾던 여인이 바로 그녀였음을 주인공은 알게 됩니다. 그녀의 이름 조에 베르트강이라는 말은 그라디바와 같은 뜻을 갖고 있는 '걸음걸이가 아름다운 여인'이라는 말이었습니다.

'그라디바'가 '조에-그라디바'를 거쳐 '조에 베르트강(걸으면서 빛나는 여자)'으로 밝혀지는 서사구조가 감칠맛 나게 재미있습니다. 거기까지는 옌젠이 선사하는 기쁨입니다. 지척에 두고 있으나 소원하기만 한 옛날 여자 소꿉친구를 '그라디바 환상'을 통해 다시 불러내는 과정이 아름답기 그지없습니다. 그 다음 그 서사구조를 원용해서 인간의 정신 구조를 하나씩 설명하는 프로이트의 이야기는 한층 더 깊은 재미를 선사하니다. 얼마나 재미가 있는지, 그 흔한 변태나 분열은 병이 아니라 어디까지나 누구나 겪을 수 있는 일상이라는 생각마저 들게 합니다.

그러나 제가 그토록 '그라디바'에게 열광한 것은 그러한 옌젠이나 프로이트의 능숙한 스토리텔링 실력 때문만은 아니었습니다. 정작 제가 열광한 진짜 이유는 따로 있었습니다. 오래 전에도 나와 같이, '걸으면서 빛나는 여자의 모습'에 열광한 사내들이 있었다는 사실이 놀라웠습니다. 그라디바를 묘사하는 대목을 처음 대했을 때 저는, '어쩌면 이렇게 내가 원하는 그림을 제대로 그려 놓았을까'라고 감탄해 마지않았습니다. 일종의 페티시즘이라고 해도 좋을 것입니다. 젊어서 한때, '걸으면서 빛나는 여자'의 그림이나 사진에 정신없이 매혹된 적이 있었습니다(사실 제가 젊은 시절의 아내에게 반한 것도 그녀의 그 '걸으면서 빛나는 자태' 때문이었습니다). 아마 외국 서적을 파는 가게에서 외국계 패션 잡지도 족히 십 수 권은 샀을 것입니다. 늘씬한 키에, 성장盛裝을 하고 활달하게 발걸음을 내딛는 여성들의 모습은 언제나 제게 황홀한 장면이었습니다. 특히 보일 듯 말 듯, 신체의 윤곽을 살짝 드러내면서 걷는 모습이 더 좋았습니다(아내와의 연애가 지상의 과제였던 시절, 청바지가 잘 어울렸던 아내의 뒤태와 함께 드물게 치마를 입은 채 활달하게 걸어오던 모습이 유독 지금도 저의 뇌리 속에 선명하게 저장되어 있습니다). 지금도 수집까지는 하지 않지만, 가끔씩 서점에 들렀을 때는 그때의 생각이 나서 꼭 한 번은 그쪽으로 눈길을 주는 정도의 관심은 가지고 있습니다.

생각이 거기에 미치자 조금 확대된 추리가 가능할지도 모르겠다는 염마저 듭니다. 혹시 '걸으면서 빛나는 여자의 모습'은 모든 사내들이 남모르게 가슴속에 품고 있는 불패의 환상이었던 것은 아닐까요? '그라디바'가 저만의 페티시즘이 아니라 모든 남성들의 '로망'인 것은 아닐까요? 그런 과감한 생각마저 듭니다. 옌젠이 「그라디바」를 쓴 것도, 프로이트가 그것으로 인간 이해의 새 장을 연 것도, 모두 그 '로망' 때문이었을 거라는 억측이 드는 것입니다. 참, 한 가지 빠트린 것이 있군요. 「그라디바」

라는 소설의 주인공 노르베르트 하놀트가 조에 베르트강을 만나는 과정과 제가 아내를 만나는 사정이 아주 흡사했다는 것을 아직 말씀드리지 않았군요. 우리는 어려서 한 동네에서 같이 자란 신세였습니다만, 십여 년 뒤 우연히 만났을 때는 서로를 알아보지 못하고 이내 흩어졌습니다. 아내는 저를 눈여겨보지 않는 것 같았습니다. 혼자서 첫 눈에 아내의 '걷는 자태'에 매혹된 채 저는 그날 밤 아내와 결혼하는 꿈을 꿉니다. 그것을 그 다음날 제 일기에 적었고요(그 일기장이 아주 깊숙하게 숨어 있어서 지금 당장 공개를 못합니다). 2년 뒤 다시 만난 우리는 마치 오래 헤어져 있던 연인들마냥 불같이(!) 서로를 탐닉합니다. 비로소 '그라디바'가 '조에 베르트강'이라는 것도 알게 되고요. 물론 '꿈인지 현실인지' 분간하지 못한 채 결혼하고 아이도 낳았습니다. 예감했던 대로요.

우청우탁(寓淸于濁) 8

환상의 가치

: 해피엔드

며칠째 신문에서 계속 우울증 이야기를 하고 있습니다. 조만간 모든 국민에게 우울증 정기검진을 실시한다고 합니다. 검사연령 3, 7, 18, 30, 45, 60세 국민이 살고 있는 모든 집에 검진표를 보내고, 회수한 검진표를 분석해 정신질환 가능성과 정신건강 상태를 알려주겠다는 겁니다. 검진표는 영유아의 경우 부모가, 청소년은 본인이 직접 응답하는 방식으로 하고, 청장노년층은 우편 검사와 함께 건강보험 정기 건강검진 때 관련 항목을 넣어 검사하는 방안을 검토하고 있다고 합니다. 영유아는 발달, 지적, 언어장애와 ADHD(주의력결핍 과잉행동장애), 초중고생은 인터넷 중독, 불안장애, 우울증을, 정신질환이 처음으로 발병하는 시기로 알려진 18세~20대 초반은 우울증, 조울증, 정신분열증 등을 중점 검사할 계획이라고 합니다. 직장인에 대해서는 스트레스와 우울증, 불안장애 진단에 초점을 맞추기로 했고, 최근 자살이 늘고 있는 노년층은 우울증과 자살 징후 등을 주로 검사할 방침이라는군요.[1)]

기사를 읽다 보니 만시지탄晩時之歎의 감이 없지는 않으나 시의 적절한 조치인 것 같습니다. 국가의 개인에 대한 통제 강화 등 여러 가지 우려도 있겠으나 그런 식으로라도 본인의 정신 상태가 누군가에 의해 체크되고 있다는 것을 환기喚起시켜 주는 것도 꽤나 유익한 일일 거라고 생각합니다. 본인이 직접 정신질환으로 고통을 받아본 사람은 차치하고서라도, 가정이나 직장에서 주위의 정신질환자들 때문에 견디기 힘든 심적, 물적인 고통을 받아본 사람들은 모두 공감할 것이라 믿습니다. 갈등 상황에서 스스로 자신의 분노를 통어하지 못해 주변에 엄청난 피해를 안기는 경우는 어디서나 목격됩니다. 세칭, '경계성 정신 장애'를 가진 사람들의 숫자도 꽤 많을 거라고 짐작됩니다. 평소에는 괜찮다가도 어떤 조건이 주어지면 180도 사람이 달라지는 경우도 심심찮게 봅니다. 그런 사람들은 자기 내면의 충동을 상황에 맞게 적절히 컨트롤하지 못하기 때문에 가정이나 직장 조직, 교우

1) ≪조선일보≫, 2012. 2. 20 참조.

관계 등에 큰 폐해를 끼칩니다. 모두들 쉬쉬 하면서 피해 다닐 수밖에 없는 형편입니다. 그런 사람들은 무엇이든 자기에게 거슬리는 상황을 '전부全部'로 여겨 그 하나에만 몰입하기 때문에 정상적인 사람들은 그들의 일관된 핍박을 견뎌내기 힘듭니다. 어떤 형태로든 그런 인사들에게는 공동체 차원의 경고 메시지가 전달되어야 합니다. 문제를 일으키면 공동체에서 소거된다는 것을 주기적으로 환기시켜야 합니다.

'경계성 정신 장애'라는 말이 앞에서 나왔습니다만, 엄격히 말하자면 인간은 누구나 '경계성 장애'를 지니고 살아갑니다. 사람들이 이야기 속에서 환상을 찾는 것도 달리 말하면 '경계성 정신 장애'의 일종이라고 볼 수 있습니다. 엄연히 없는 것, 불가능한 것을 있는 것처럼, 가능한 것처럼 호도하는 것이 이야기이기 때문입니다. 정신질환자가 되는 것도 불사하면서 우리가 이야기, 혹은 문학 속에서 환상을 찾는 것은 결국 '현실' 때문일 것입니다. 그렇게라도 하지 않으면 현실의 중압감을 떨쳐낼 방도가 없기 때문일 것입니다. 현실은 자신 안에서 꿈을 꾸고 위안을 구하는 것을 용납하지 않습니다. '현실원리'는 기브 앤 테이크give and take, 자업자득自業自得, 신상필벌信賞必罰, 이판사판理判事判, 공수래공수거空手來空手去는 인정해도 '네 이웃을 네 몸 같이 사랑하라', 고진감래苦盡甘來, 사필귀정事必歸正, 인과응보因果應報, 인자무적仁者無敵 같은 것은 인정하지 않습니다. 강한 자가 살아남는 곳이 아니라 살아남는 자들이 강한 자로 인정받는 곳이 현실입니다.

현실은 잔인해서 만약 자신의 규율에 순응하지 않으면 어떤 식으로든 생에 대한 애착을 끊게 만듭니다. 그래서 우리는 그가 잠들 때를 기다리거나(그가 잠든 틈을 타 몰래 꿈을 꿉니다) 아니면 그를 속일 궁리를 합니다(교묘하게 문화적인 장치를 이용합니다). 그러나 현실의 눈은 수천 마리의 번견番犬을 가지고 있기 때문에 쉽게 피하거나 속일 수 없습니다. 모두들 잠들어도 개중에는 반드시 몇 마리 눈뜬 개가 있기 마련입니다. 그래서 부득불 목숨을 건 도박을 합니다. 현실도 피할 수 없는 인간의 생명을 건 도박판을 벌입니다. 전부를 걸고 덤비는 자들이기 때문에 현실도 일단 자리를 내줍니다. 종교니 예술이니 혁명이니 민족이니 하는 것들에게는 현실도 한 발 물러섭니다. 본디오 빌라도처럼 "내 책임이 아니다"라고 손을 씻고 짐짓 물러나는 포즈를 취합니다.

예술의 한 갈래로서 이야기(문학)는 현실이 허용한 '공인된 환상'입니다. 그것 안에서는 마음껏 환상을 누려도 됩니다. 현실에는 '마법의 지팡이'가 없으나 이야기 속에서는 얼마든지 만들어낼 수 있습니다. 그래서 지상의 모든 이야기들은 하나같이 허황된 것에서 나와서 허황된 것으로 들어갑니다. 그런 측면에서 본다면 판타지야말로 이야기의 본향이요 도달점입니다. 그런데 어쩌다 마치 사실과 방불해야만(혹은 방불하기만 하면) 이야기 가치가 높아지는 것처럼 호도되던 때도 있었습니다. 플라톤 식 '이데아론'이 문학판에서도 기승을 부리던 때가 있었습니다. 한동안 그런 풍조가 기승을 부리다가 자진 물러앉더니 이번에는 또 아주 엇나가는 치들도 나타납니다. 어떤 이야기든 아주 재미있게만 늘어놓으면 된다는 식으로 덤빕니다. 언필칭 이판사판입니다. 물론, 이야기는 이야기 자체로 이야기만 되면 이야기입니다. 그걸 부정하거나 나무랄 사람은 아무도 없습니다. 그러나 그것을 우리가 '공인된 환상'으로 인정하고 서로 나누는 근본 취지가 있다는 것을 무시해서는 안 됩니다. 설혹 그것이 '공인된 속임수'에 불과하더라도 '마법의 지팡이'를 끝내 포기해서는 안 되는 것입니다. 이야기의 출신성분을 잊고 지나치게 현실을 닮으려고 하거나 그저 끝도 없는 신기성에만 집착할 때는 이야기가 죽습니다. 시스템에서 떨어져 나가 버립니다. 그러면 그동안 애써 만들어놓은 '환상' 하나를 그냥 포기해야 합니다.

우리가 슬픈 이야기를 찾는 것이 우리의 삶이 더 슬퍼지기를 원해서가 아니라는 것을 모르는 사람은 없을 것입니다. 더 이상 슬프지 않기 위해서, 슬픔을 밖에서 관조하고 넘어서기 위해서 그것을 찾는 것입니다. 애초에 환상을 인정하지 않거나 환상에서 시작해 환상으로 끝나는 이야기는 결코 현실을 구하지 못합니다.

> 해피 엔드 혹은 이야기의 비현실성: 자신의 소원의 실행을 위탁하고 있는 초자연적인 경이의 장치를 배제한다면, 동화, 판타지 소설, 옛날이야기들은 판에 박힌 하나의 도식으로 축소될 수 있다. 그 도식

속에서 모든 이야기 요소들은 필연적인 관계 속에서 행복한 결말이라는 목적을 향해 결합된다. '좋은 결말'은 이런 이야기의 주된 관심거리이기 때문이다. 수 천 가지 뜻밖의 사고, 그 이상의 예기치 않았던 장애물들은 오로지 그 성공을 지연시키는 데 그 목적이 있다. 많은 이야기들의 결말(좋은 결말)은 문자 그대로 그것의 '종국 목적'이다. 그것은 결국 이야기의 기원에 내포된 중핵적 요소이다. 제멋대로 연기된 그 대성공 이외에는 다른 어떤 할 말도 없는 것, 이 대성공은 그것이 실연되는 목적이고 의미일 수도 있다. 그렇다면 왜 '해피 엔드'인가? 저자의 설명은 이렇다. 기분 전환을 시키기 위해서, 또한 가장 친근한 사물들 속에 있는 불가해한 것과 금지된 것을 환기시키기 위해서 환경을 바꾸는 행위(낯설게 하는 작업), 즉 옛날이야기의 모든 비법은 바로 그 자리 옮기기 속에, 반드시 진실을 발견하도록 하기 위해 거짓을 과시하는 이 환상으로의 자리 옮기기 속에 들어 있다. 일반적으로 현실의 그럴듯한 이미지로 받아들여지는 것에 '꾸며진 것(허구)'을 부합시키려고 애쓰는 '사실적인' 소설과 반대로, 그것의 비현실성을 과시하고, 그것의 사실 같지 않은 일들을 자랑삼아 펼쳐 보이고, 믿어지는 데 대해서는 조금도 개의치 않고, 독단이라는 상상력의 절대 왕국의 법으로 자신의 요소들을 과장하고, 축소하고, 변형시키고 왜곡한다. 요컨대 전해 오는 이야기들에 내포된 익명의 화자는 이렇게 말한다. "오늘날에는 이런 일들이 더 이상 일어나지 않는다. 나는 그것을 믿지 않으며, 당신들도 믿지 않는다. 나는 그것들을 심심풀이로 말한다. 왜 그런 심심풀이 이야기를 늘어놓아야만 하는가? 삶은 너무 슬픈데, 삶을 치유하기 위한 마술 지팡이는 없다는 것, 바로 그것 때문이다." 그러므로 환상적인 것의 무책임으로 떠나는 이 여행에의 초대는 보다 심오한 사실주의의 알리바이가 될 뿐이다. 그것은, 그 끝에서 진실이 육체적인 시초를 되찾고, 정신이 그 호기심의 처음을 되찾는 지름길이다. 황당무계한 이야기들이야말로 가장 깨어 있게 하는 이야기들이다.

▶▶▶ 마르트 로베르, 김치수·이윤옥 옮김, 『기원의 소설, 소설의 기원』, 문학과지성사, 1999 중에서

인간은 본디 불량품이고, 불량품들이 만들어내는 현실은 어차피 우울합니다. 그게 인생의 진면목입니다. 인생은 늘 활기차고, 밝고, 즐거운 것이어야만 한다고 생각하는 것이 바로 정신병입니다. 문학이 다루는 것은 정신병이 아니라 인생의 진면목입니다. 진면목을 거부해서도 피해서도 안 됩니다. 우리가 찾을 수 있는 것은 고작해야 '마법의 지팡이' 한 자루일 뿐입니다. 해피엔딩이라는 마법의 지팡이 말입니다. 문학이 찾는 '마법의 지팡이'가 어떤 것인지 오정희 소설 「불의 강」을 통해서 한 번 살펴보겠습니다.

앞 장(「보여주는 것들: 이미지 시대의 소설」)에서 「목신의 어떤 오후」라는 소설을 분석하면서 사용된 '신들의 계보'라는 말이 좀 낯설었던 분이 계셨을 겁니다. 모든 신화적 이야기들은 그 시작 부분에 반드시 '신들의 계보'를 나열합니다. 신들의 출생과 성

장, 그리고 투쟁과 승리를 이야기하지 않고서는 세계의 출발을 설명할 수 없기 때문입니다. 그러니까. 소설을 논하면서 제가 그 말을 동원한 이유는 그 말이 '이야기의 원천'과 관련된 모종의 설명(비유)이 될 것이라 여겼기 때문입니다. 인간이 이야기를 하는 이유(목적)와 방법(기술), 그리고 그것이 초래하는 효과(효용)에 대해서 말하려면 무엇보다도 그 효시에 대해서 알지 않으면 안 될 것이기 때문입니다. 그러나 '이야기의 원천'에 속하는 것들은 다른 것들(목적, 기술, 효용)과는 달리 '설명'의 대상이라기보다는 '묘사'의 대상이 될 공산이 큽니다. 그것들은 설명하기에는 너무 멀리(뒤죽박죽?) 있습니다. 그런 '멀리 있는' 이야기 속의 주인공들, 그리고 그들의 행위를 뭉뚱그려서 '신들의 계보'라는 말로 표현한 것입니다. 인간적인 논리나 윤리로는 납득하기 어려운 행동, 그러나 '피할 수 없는' 울림이 있는 행동을 묘사하고 있는 작품에 대해서 "이 이야기는 결국 '신들의 계보'를 밝히고 있는 것이었군요"라고 말한다고 생각하시면 되겠습니다. 그런 '신들의 계보'를 밝히는 이야기가 꼭 '어색한 문장'으로만 가능한 것은 아닙니다. 앞의 결과를 계속 해체해 나가는 장황설로만 이루어질 수 있는 것도 아닙니다. 또박또박 인간의 언어를 사용하면서도 필요하고 충분한 만큼, 촘촘하고 쫄깃하게, 볼만한 '신들의 계보'를 기록해낼 수가 있습니다.

우리가 처음 이곳에서 살림을 시작했을 때 별다른 취미와 오락이 없었던 그와 나는 그의 밤일이 없는 저녁이면 강둑으로 산책을 나가곤 했다.

그때 그는 타지에서 온 손님에게 자기 고장의 명소를 소개하는 학생처럼 겸손하게, 그러나 자랑스러움을 가지고 발전소 건물을 가리키며 말했다. (…중략…) 전쟁이 끝났을 때 우리는 강둑에 천막을 치고 살았지. 우리뿐이 아니었어. 집을 잃은 사람들은 거적 하나만 들고 이곳으로 모여들었으니까. 아침에 눈을 뜨면 강을 향해 오줌을 깔기는 것으로 하루가 시작되곤 했어. 늘 배가 고팠지. 그래서 배가 참을 수 없이 고파질 때까지 강에서 헤엄을 치곤 했어. 섬까지 헤엄쳐 가서 설영근 땅콩밭을 두더지처럼 뒤집는 것이 일과였지. 그리곤 지쳐 늘어져 모래펄에 너부러져 하염없이 강 건너의 발전소를 바라보는 것이었어. 정신이 까무러칠 정도로 배가 고파진 눈에 발전소는 굉장해 보였어. 이상하게도 사람들은 그렇게 훌륭한 집을 두고도 움막에서만 살 뿐 아무도 그곳에 들어가 살 엄두를 못 내었어. 전쟁 때 그 안에서 대량 학살이 있었거든. 사람들을 한데 몰아넣고 그냥 개 패듯 때려죽였다는 거야. 벽에는 그때의 사람들의 핏자국과 살점이 남아 있다느니, 때로 우리들이 건져내는, 강물에 떠내려오는 갓난 핏덩이는 바로 거기서 나오는 것이라느니, 발전소가 돌아갈 무렵 감전되어 죽은 사람들이 밤마다 그 안에서 돌아다니고 있다느니, (…중략…) 상상 속에서 그것은 입구는 있되 출구는 없는, 수많은 방과 미로를 가진 유령의 성이었어. 그리고 점차 그것은 거대해져 가는 거야 아이들은 가끔 패를 지어 창문을 막은 판자를 뜯고 그곳에 숨어 들어갔고 그곳의 수많은 방과 미로에 대해 흡사 박쥐굴의 탐험담처럼 떠들어 댔지만 나는 망설이기만 할 뿐 들어가질 못했어. 망설이는 동안 그것은 더욱 거대해지고 견고한 적의의 상징으로 자리잡게 되었어. 자라면서 으레 건물에는 입구와 출구가 있게 마련이라는 것을 알게 되었지만 끝내 그곳에 들어가 볼 기회를 갖지 못한 채 강둑을 떠났지…….

나는 그때 허청허청 귓전에서 울리는 그의 말소리를 들으며 점차 스러져 가는 노을 아래 이제까지와는 전혀 다른 면모로, 암울하고 음흉한 적의로 새삼 활기를 띠며 검게 솟아오르는 발전소의 굴뚝을 보았다.

"발전소가 곧 헐리게 된다지요?"

나는 그의 시선이 머물고 있는 발전소 건물에 눈을 주며 말했다.

"응, 그렇다더군."

"잘됐어요. 진작 그랬어야지. 어차피 달리 이용도 못 할 건물을 오십 년 가까이 버려두다니. 부수는 작업도 쉽지 않을 거예요. 워낙 단단하지 않아요. 전쟁 때는 대포에 맞아도 끄떡없었다면서요?"

▶▶▶ 오정희, 「불의 강」, 『저녁의 게임』(한국소설문학대계 61), 두산, 1995 중에서

오정희 소설 「불의 강」은 그 제목에서도 알 수 있듯이 '불의 신神'들에 관한 이야기입니다. 그들의 삶은 강江처럼 흐릅니다. 그래서 '불의 강'입니다. 주인공 젊은 부부는 현실에서도 '불' 없이는 살 수 없는 사람들입니다. 아내가 감추고 있는 불은 담뱃

불입니다. 아내는 남편 몰래 성냥불을 숨겨놓고 담배를 피웁니다. 그녀는 담뱃불 크기만큼의 작은 불의 요정입니다. 가정을 지키려고 하고 남편의 안위를 염려하는 아주 작은 불입니다. 그녀의 불은 자기 일신을 억누르는 존재론적 억압에 대한 저항입니다. 그러나 남편은 그렇지 않습니다. 그가 아내에게마저 숨기며 살아가는 그의 불은 엄청 큰 불입니다. 그의 방화벽放火癖은 사회역사적인 억압 일반을 모두 불살라 버리는 혁명의 불입니다. 현실에서 그의 불은 50년 동안이나 방치되어온 화력발전소를 잿더미로 만듭니다. 그 안에서 이루어진 모든 증오와 분노와 불신과 갈등들을 남편의 불은 단번에 잿더미로 만들어 버립니다. 그만큼 큰 위력을 가졌습니다. 그는 공동체 전체를 살리는 큰불의 신입니다. 마침내 50년 억압의 사슬을 끊어냅니다.

먼 곳에서부터 울리는 사이렌 소리가 어지럽게 들려 왔다. 창문이 버얼겋게 달아오르고 있었다. 벨 울리는 소리가 계단에 설치된 화재경보기 소리로 들린 것은 창의 붉은빛 때문이었을 것이다.

그는 불에 탄 재 냄새를 풍기며 현관 앞에 서 있었다.

나는 계단 등의 흐린 불빛 아래 서 있는 그를 끌어들이고 급히 문을 잠갔다. 그리고 창문을 열고 밖을 내다보았다. 바로 눈 아래에서 발전소가 타고 있었다. 불꽃놀이처럼 불티가 날고 강은 온통 붉은빛이었다. 건물은 불길에 싸여 모습을 드러내지 않고 굴뚝만이 의연히 솟아 있었다.

"어디서 오는 길이에요?"

나는 짐짓 태연하게 물었다.

"발전소에서 불구경을 했어. 굉장히 큰 불이야. 빠져나오느라고 혼났어."

그는 허덕이며 더듬더듬 대답했다.

때로 불덩이는 솟구쳐 강물로 떨어져 내렸다. 주위는 낮같이 밝았다. 불길은 조금도 수그러지지 않고 더욱 밝고 기름지게 타올라 소방작업을 하고 있는 사람들은 오히려 장난을 하고 있는 듯 보였다.

"자, 주무세요, 이젠 괜찮아요."

나는 그의 옷을 벗겨 자리에 눕히고 턱에까지 이불을 끌어 올려 덮어주었다. 그는 이내 깊은 잠에 빠져 들어갔다. 나는 사이렌 소리가 울릴 적마다 흠칠 몸을 떨며 흐득이는 그를, 아이를 달래듯 팔에 힘을 주어 안았다.

▶▶▶ 오정희, 「불의 강」, 『저녁의 게임』(한국소설문학대계 61) 중에서

이 소설의 주인공들이 우리에게 선사하는 것은 다름 아닌 '해피 엔드'입니다. 그것이 비록 환상이라도 우리는 기꺼이 그 속임수를 믿습니다. 그들의 '불'이 우리가 이야기를 통해서 찾을 수 있는 '마법의 지팡이'라는 걸 모르지 않기 때문입니다. 이 소설은 '신들의 계보'를 밝히는 한 작은 문서에 불과하지만 그 울림은 지축을 흔들 만큼 큽니다. 구태여 우리가 '내면의 감추어진 욕망', 혹은 '의식의 흐름 기법', 아니면 '텍스트의 무의식' 운운

하며 이런저런 설명을 덧붙일 필요가 없습니다. 누가 봐도 이 소설은 '신들의 계보'를 밝히고 있는 이야기이기 때문입니다. 저는 젊어서 이 소설을 '야장신冶匠神 이야기'로 읽은 적이 있습니다. '불'이 문명의 이기를 만들어내는 매개체(원동력)였고, 그것을 다룰 수 있는 사람들이야말로 신적인 존재에 가장 근접해 있던 인물이었다는 역사적 사실을 토대로 그렇게 읽었습니다. 이 소설은 신화가 소설로 내려앉은 것이며 이른바 '야장신 모티프'를 사용해서 작가가 자기 쇄신의 '내면적 욕구'를 텍스트 심층 의미로 삼은 것이라는 분석을 내놓았던 적이 있었습니다. 지금 생각해보니 무슨 '귀신 씨나락 까먹는 소리'였나 싶습니다. 한갓 '현실원리', 한갓 '인간계의 계산법'으로 읽어내는 '신들의 계보'가 무슨 의미가 되겠나 싶습니다. 그저 '환상'일 뿐이다, 그렇게 요약하고 싶을 뿐입니다. 그래야 진정한 해피 엔드일 것 같습니다.

우청우탁(寓淸于濁) 9

비유를 몰아내는 현실

: 벌레들의 합창

십년

나이가 들면서 전에 없던 것들을 새로이 만날 때가 많습니다. 개중에는 좀 기특한 것들도 없지 않아 있는 것입니다. 책을 읽다 보면 간혹 '반가운 얼굴'들을 만날 때가 있습니다. 제 안에 벌써부터 들어와 있었지만 의식하지 못했던 것들입니다. 공감의 즐거움일 수도 있고, 일종의 '내적 정보의 환기(재구성)'에 따른 발견의 기쁨이라고도 할 수 있겠습니다. 최근에 읽은 정진홍 선생의 '차라투스트라는 이렇게 말했다' 감상문에서도 그런 경험을 했습니다. 특히, 선생이 인상적이었다고 해서 따로 빼내

기록해 두신 부분 중에 그런 게 많이 있었습니다. 그 중의 하나를 옮겨보겠습니다.

"내게 최선의 것은 혀를 아래로 늘어뜨리고 있는 개와 달리 아무 욕망 없이 생을 관조하는 것이다." 거짓말을 잘도 하는 너희들의 정신은 자기 자신에게 이렇게 말한다.

"그것은 관조 속에서 행복을 누리는 것, 의지를 죽이고 자기중심적인 음모와 탐욕에서 벗어나는 것이요, 몸은 차갑고 타다 남은 재와 같으면서도 취기어린 달의 눈을 하고 있는 것이리라! 나에게서 더없이 좋은 것은 달이 이 대지를 사랑하듯 이 대지를 사랑하고 달처럼 눈길로써만 그 아름다움을 더듬는 것이리라." 유혹당한 자는 이렇게 자신을 유혹한다.

"그리고 백 개의 눈을 지닌 거울처럼 사물 앞에 드러누울 뿐 그 사물들로부터 아무 것도 바라지 않을 때, 그런 것을 나는 온갖 사물에 대한 때 묻지 않은 앎이라고 부른다."

오, 성마른 위선자들이여, 음탕한 자들이여! 너희들의 갈망은 순진무구하지 못하다. 너희들이 그 갈망을 비방하는 것도 그 때문이렷다! 진정, 너희들이 창조하는 자, 생식하는 자, 생성을 기뻐하는 자들로서 이 대지를 사랑하는 것도 아니다! 순진무구란 것은 어디에 있는가? 생식의 의지가 있는 곳에 있다. 그리고 자기 자신을 뛰어넘어 창조하려는 자, 그런 사람이야말로 더없이 순수한 의지를 갖고 있는 자다.

▶▶▶ 정진홍, 『고전, 끝나지 않는 울림』, 강, 2003 중에서

정진홍 선생은 인용된 부분의 발언을 지나치게 '순진무구하다'라고 강평하십니다. 어떤 발언이든 모두 '제 자리에서만' 옳은 것이라고 말씀하십니다. "순진무구한 것이 반드시 옳은 것은 아니다"라고까지 강변하십니다. 아마 선생님께서는 독실한 유신론자(기독인)이신 것 같습니다. 저같이, 일견 유신론자이면서도 니체의 '순진무구'에 동조하는, 오래되어 너덜너덜한, '나일론 신자'와는 많이 다르신 것 같습니다. 그러나 그 모든 것을 무릅쓰고, 저는 이렇게 토를 달고 싶습니다. 맞습니다. 모든 발언에는 각기 자신을 옹위하는 '제 자리'가 있습니다. 신들에게도 그 율법을 거부할 자유는 없습니다. 그러나 다만, 하나는 그 율법의 강제에서 벗어나 있습니다. '순진무구'입니다. 그것은 그 어떤 율법의 손도 닿지 않는 곳에서 숨 쉽니다. '순진무구'는 그래서 어떤 자리에서든 옳습니다. 당연히 '순진무구'는 자리에 연연하지 않습니다. 그래서 '순진무구'인지도 모르겠습니다라고요.

서론이 길어졌습니다. 오늘은 '돈 이야기'를 한 번 해볼까 합니다. 그리고 끝 부분에 '순진무구'와 관련된 이야기 한 토막을 덧붙여서 수미일관의 구성이 이루어지도록 해보겠습니다.

대저 돈의 용도는 능히 물건에 따라 오르내리고 유무(有無)를 서로 교역하는 데 있으므로, 진정 국가의 큰 보배요 백성을 살리는 긴요한 물건이라고 할 수 있다. 옷감과 곡식은 무거움에 구애되고, 금은과 주옥은 희귀해서 걱정이므로, 귀천의 중간을 절충하고 빈부의 사이에 유통하기에는 돈처럼 편리한 것이 없다. 다만 그 수송이 편리해질수록 사기가 더욱 불어나고, 교역이 번창해질수록 사치가 더욱 넓어졌다. (…중략…)

오직 우리나라는 바다 한쪽에 위치하여 예부터 나라에는 돈에 대한 법이 없었으며, 백성들은 돈에 대한 이로움을 알지 못하였다. 그러나 국가와 병력은 부강하고 풍속은 순후하였으니, 이는 풍속이 소박하여 변통할 줄을 몰라서 그랬던 것일 뿐만 아니라, 그 지형도 삼면이 바다로서 뱃길이 교차되어 있으므로 교역할 때 수송이 어려움이 없기 때문에 여러 대를 내려오면서 돈을 사용하지 않은 것이다.

우리나라에 돈이 사용된 지는 이제 1백 40여 년이 된다. 맨 처음 오영청에서 쓰기 시작하여 수원과 강화에까지 파급되었으며, 드디어 태농(太農)에서 주조한 돈으로 탁지(육조 가운데 호조를 말함)의 비용을 충당하기에 이르렀다. 이에 수천 년 동안 막혔던 풍속이 이제 확 트이게 되었으니, 의당 백성들이 생업에 풍부해지고 국가의 재용이 넉넉해져야 할 것인데도, 어찌하여 1백여 년이래 공사(公私)의 창고가 모두 고갈되고 남북의 재화가 유통되지 않음으로써, 조그마한 이익을 다투어 풍속이 나날이 각박해지고, 뇌물이 공공연히 행해져서 벼슬아치의 탐내는 습관을 징계할 수 없는 실정에 이르렀는지 모르겠다. 진실로 그 까닭을 따져 보면 돈에 허물이 있는 것이다.

▶▶▶ 정약용, 『목민심서』 중에서

'돈(화폐)'이 하는 일이 무엇인가? 그것으로 인해 조그마한 이익을 다투어 풍속이 나날이 각박해지고, 뇌물이 공공연히 행해져서 벼슬아치의 탐내는 습관을 징계할 수 없게 되지 않았는가? 다산 선생은 그렇게 돈의 효용에 대해서 부정적으로 평가합니다. 요즘의 풍속에서 보면 어떻게 저런 발상을 할 수 있는가 싶을 정도로 우매한 논리 일색입니다. 지금 세상에 돈이 없다면 무엇 하나 제대로 이루어질 수가 없을 겁니다. 그것 없이 과연 하루라도 일상생활이 가능하겠습니까? 그러나 다산 선생은 우리 민족이 예로부터 '돈의 법'과 '돈의 이로움'을 모르고도 잘 살아왔다고 강변하십니다. 처음에는 엉뚱한 말씀이다 싶었는데 다시 한 번 생각해보니 전혀 일리가 없는 말씀은 아니었습니다. 이 글이 작성될 때는 그렇지 않았겠지만, 지금의 '우리 자리'에서는 이 글도 일종의 '순진무구'로 이해될 수도 있겠다 싶었던 것입니다. 편리함을 추구하다가 근본적인 것을 다치게 한 것이 아닌가, 목표가 될 수 없는 것을 목표 삼게 만드는 데 그것이 크게 기여한 것이 아닌가, 그런 반성을 촉구하는 글이라는 생각이 들었습니다. 그러고 보니, 저부터도 반성할 점이 많았습니다. 소위 인문학을 하는 자라 자칭하면서도 돈의 최면에서 한시도 벗어나지 못하고 있었습니다. 돈 되는 일이라면 어디든 발 벗고 나서고 있었습니다. 돈 때문에 부끄러운 줄 모르고 나댈 때도 많았습니다. 그런 차에 저 멀리서 들려온 다산 선생의 따끔한 훈계가 문득 저의 주변을 한 번 돌아보게 하는 계기가 되었습니다.

얼마 전에 『돈으로 살 수 없는 것들』이라는 책이 시중 서점의 베스트셀러 목록에 오른 적이 있었습니다. 아마 그 책이 독자들의 호응을 받았던 이유도 저의 그런 반성과 유사한 어떤 기대심리에 힘입은 바가 컸으리라 생각됩니다. 물론 그 반대 현상으로 볼 수도 있습니다. 사람들은 자기가 몹시 바라는 것들 중에서 제 손아귀에 잘 들어오지 않는 것들은 아예 무시해 버려야 속이 편합니다. 그런 입장일 때, 누가 '돈으로 살 수 없는 것들'이 많다고 주장한다면 자연스럽게 귀가 솔깃해질 수도 있는 것입니다. 그런 기분은 저도 이미 한 번 가져봤기 때문에 충분히 이해할 수 있습니다.

인용된 다산 선생의 말씀을 처음 접했던 당시에도(10여 년 전), '돈으로 할 수 있는 게 별로 없다'라는 말이 크게 한 번 나돈 적이 있었습니다. TV에서 "늙어보니 돈으로 할 수 있는 게 별로 없더라"는 말을 누가 해서 여러 사람이 그 말에 동조했습니다. 그때는 저도 그 말을 열심히 전파하고 다녔습니다. 한 번 그렇게 생각하니 정말이지 돈으로 할 수 있는 일이 별로 없었습니다. 돈으로 할 수 있는 일이라곤, 좀 더 넓은 집, 좀 더 크고 안락한 차, 좀 더 태깔이 나는 비싼 옷, 좀 더 달고 기름진 음식 정도를 가지는 일밖에 없었습니다. 건강을 살 수도 없고, 자식 공부도 살 수가 없고, 가정의 화평도 살 수가 없고, 돈독한 우정도 살 수가 없었습니다. 그때는 정말 돈으로 어떻게 해볼 수 없는 것들로 세상이 가득 차 있었습니다.

요즘은 좀 달라졌습니다. 나이 들어 바랄 게 점점 줄어들고 있습니다만 상황은 오히려 그 반대입니다. 돈이 없으면 나머지 인생도 없습니다. 나이 들어 궁핍한 삶은 젊을 때와는 달리 다른 생각을 할 여유를 주지 않기 때문에 오히려 더 각박합니다. 돈이 없으면 내 남은 인생에 일말의 행복감을 이식할 공간이 애초부터 마련되지 않습니다. 반드시 어느 정도는 돈을 꼭 가져야 합니다. 쌀독에서 인심난다는 말은 노년에서는 한 치도 어긋남이 없는 천고의 진리입니다. 자식이 공부를 못해도 돈이 있어야 먹여 살릴 수 있습니다. 앞으로는 '돈이 있고 없고'에 따라서 누릴 수 있는 수명도 달라질 추세입니다. 돈 없으면 친구들도 외면합니다. 가정의 화평은 아예 기대조차 할 수도 없습니다. '어렵게 다투며 사느니 쿨하게 갈라서자'가 우리 세대의 새로운 가정 윤리입니다. 모든 것들이 '돈이라는 관문關門'을 통과하지 않으면 얻을 수 없는 곳에 놓여 있습니다. 불과 10년 사이에 세상이 완전히 돈 중심으로 바뀌어 버렸습니다.

10년 만에 인간이 이렇게 바뀔 수가 있나 싶습니다. 제 일인데도 시원하게 그 까닭을 캐기가 어렵습니다. 잘 모르겠습니다. 바깥의 세상은 여태 그대로 있는 것 같은데 저 혼자서 전혀 다른 사람이 되어 있습니다. 앞으로 10년 뒤에는 또 무슨 소리를 할지 모르겠습니다(그때는 또 '헛되고 헛되도다'라며 뒤로 자빠질지도 모르겠습니다). 하여튼 지금은 돈이 소중한 것이라는 걸 부정하지 못하겠습니다. 다산 선생의 '돈'에 관한 말씀도 '세상모르는 말씀'으로 여겨질 뿐입니다. '돈'에 사로잡힌 인생이라 '돈'에 관한 이야기가 눈에 쏙쏙 들어옵니다. 다음 이야기도 아마 그래서 제 눈에 쏙 들었던 모양입니다.

"은유란 하나를 다른 것과 비교하는 거예요. 예를 들어……" 그녀는 손으로 입을 막고 기침을 했다. "러시아 수정주의자들과 미국 제국주의자들은 실제로는 쓰레기가 아니지만, 마오 서기장님은 그들을 쓰레기라고 부르고 있어요. 바로 이것이 은유라는 거예요."

"선생님, 질문이 있는데요." 가오 지앙이 일어서며 말했다. 그는 학급에서 가장 키가 큰 아이였다.

"질문이 뭐죠?" 웬리 선생이 흠칫 놀라며 물었다.

"선생님은 러시아 수정주의자들과 미국 제국주의자들이 쓰레기가 아니라고 하시지만, 마오 서기장님께서는 분명히 쓰레기라고 말씀하셨습니다. 왜 그렇죠?"

웬리 선생의 입술이 떨리고 있었다. 그녀는 가까스로 이렇게 말했다.

"그들은 쓰레기가 아니에요. 그들은 우리와 같은 사람들이에요. 우리가 그들을 쓰레기라고 하는 것은 그들을 경멸하기 때문이에요."

"그들도 인간이라는 말씀이신가요?" 니우 펜이 대들었다.

"그, 그래요." 웬리 선생이 말했다.

교실이 소란스러워졌다. 우리 중 많은 수는 웬리 선생이 틀렸다고 확신했다. 아니, 틀린 것만이 아니라 반동적이기까지 했다.

▶▶▶ 하진 「십 년」, 이남호, 『문학에는 무엇이 필요한가』, 현대문학, 2012 중에서

중국 문화혁명기의 초등학교 교실의 모습입니다. 갓 부임한 처녀 선생님은 은유를 가르치려다 사상이 불온한 반동분자로 몰려 학교에서 쫓겨납니다. 그녀가 범한 죄는 일종의 신성모독이었습니다. 그녀가 신성불가침의 절대자의 말을 비유로 해석한 것이 마오교의 신도들이었던 학생들에게는 이해가 되지 않았던 겁니다. 절대자의 말은 비록 비유로 사용되었어도 비유가 아니라는 것을 그녀는 몰랐던 것입니다. 돈이라는 것도 한갓 '비유'이지만 우리가 그것을 비유로 인식하지 않는 것처럼, 모든 절대적인 것들은 언제나 비유를 깔아뭉갤 수 있는 힘을 지니고 있습니다.

제가 이 대목에 끌린 것은 물론, 그런 뻔하디 뻔한 '비유론 놀음' 때문이 아닙니다. 우리 사회에는 아직도 그런 '비유를 깔아뭉개는 어떤 절대적인 힘'이 횡행하고 있기 때문입니다. 그런 '중국 문화혁명기의 인간적인(?) 에피소드' 정도로는 이 늙은 시골무사의 눈길을 끌지 못합니다. 정작 저의 눈길을 끈 것은 다른 곳에 있습니다. 이 소설의 제목이 「십 년」이라는 데에서도 짐작이 가는 일이지만, 순진했던 웬리 선생의 10년 후의 모습입니다. "대학을 갓 졸업하고 부임한 그녀는 말을 할 때마다 볼만이 아니라 귀까지 빨개졌다. 그녀는 늘씬하고 매력적인 젊은 여자였다. 손가락이 길고도 가느다란 그녀의 손은 정말 고왔다"라고 묘사되던 그녀는, 문화혁명도 끝나고 10년의 세월이 흐른 뒤 그 도시의 인민은행 책임자의 부인이 되어 있었고, 초등학교의 부교장이 되어 있었습니다. 뚱뚱한 몸과 살찐 얼굴을 가진 그녀는 달걀 하나 때문에 이웃 여자에게 욕을 퍼붓는 속물적인 중년여인이 되어 있습니다. 저는 그 통속적인 스토리텔링이 좋았습니다. '10년'이면 사람이 그렇게 바뀔 수 있다는 게 너무 좋았습니다. 비유를 몰아내는 그 가차 없는 세월의 힘이 좋았습니다. 모르겠습니다. 제 인생이 늘 그 정도의 기간을 두고 말 못할 변덕을 부려왔던 까닭이어서 그런 것인지도.

벌레이야기

동서양을 막론하고, 사람살이에 대한 가르침을 얻기 위해 만들어진 벌레 이야기 중 가장 유명한 것이 카프카의 『변신』일 것입니다. 벌레이야기는 우리에게도 친숙한 이야기입니다. 우리 전래 민담 중에서도 '우렁각시 이야기'나 '지렁이 낭군 이야기' 같은 것은 아이들 읽을거리로 널리 퍼져 있습니다. 그렇지만 성인을 대상으로 해서, 본격적으로 인간탐구의 목적 아래 만들어진 벌레 이야기 중에는 『변신』만한 것이 없을 것 같습니다. 인간성 통찰과 인간애에 바탕을 둔 충격적인 서사 전개와 세밀한 심리 묘사는 언필칭 타의 추종을 불허합니다. 그만한 문학적 성과를 낸 벌레 이야기를 앞으로 다시 찾기도 아마 꽤나 힘든 일이 될 것 같습니다.

『변신』의 주인공 그레고르 잠자는 "어느 날 아침 불안한 꿈에서 깨어났을 때, 자신이 잠자리 속에서 한 마리 흉측한 해충으로 변해 있음을 발견"합니다. "그는 장갑차처럼 딱딱한 등을 대고 벌렁 누워 있었는데, 고개를 약간 들자, 활 모양의 각질角質로 나뉘어진 불룩한 갈색 배가 보였고, 그 위에 이불이 금방 미끄러져 떨어질 듯 간신히 걸려" 있는 상태가 보였습니다. "그의 다른 부분의 크기와 비교해볼 때 형편없이 가느다란 여러 개의 다리가 눈앞에서 허우적거리고" 있는 모습도 보였습니다. 그는 자기도 모르는 사이에 커다란 지네와 같은 모습으로 변해 있었던 것입니다. 그때부터 그레고르는 벌레로서의 삶을 살아가게 됩니다.

카프카가 우리에게 들려준 벌레 이야기는 소위 판타지 소설의 한 전형을 이룹니다. 프랑스 구조주의 문예이론가인 토도로프는 우리가 어떤 이야기 앞에서 그것을 인정할 것인가를 두고 어쩔 수 없이 망설일 때 판타지가 된다고 설명했습니다. 그레고르가 자신이 벌레가 되었다고 보고하고 있는 것을 믿어야 할지 말아야 할지를 두고 우리가 꽤나 오랜 시간 망설였다면, 그리고는 결국 그의 말을 믿기로 했다면, 이 이야기는 판타지 소설이라는 것입니다. 맞는 말인 것 같습니다. 토도로프의 말도 그럴듯하고 『변신』의 내용들도 설득력이 있습니다. 스토리 전개가 절박하여 읽다 보면 꽤나 그럴듯하다는 느낌을 받습니다. 물론 믿기 어려운 내용이라는 걸 모르는 것이 아닙니다. 독자를 무시한 우격다짐 식 서사 전개라는 걸 모를 리가 없습니다. 그러나 작가 카프카는 그렇게 생각하지 않았던 것 같습니다. 세상에 없던 우리가 별안간 인간의 모습으로 이 우주 안으로 무작정 던져진 사실, 그렇게 아무런 이유도 없이(모른 채) 태어나고 무작정 지금껏 살고 있는 사실과 비교해본다면, 그 정도의 '변신'은 충분히 가능하고 마땅히 감수해야 할 것이라고 생각했던 것 같습니다. 그가 작품 안에서 그레고르의 '벌레적' 삶을 그렇게 충실히 묘사해내고 있는 것을 볼 때 그의 소설을 아끼는 독자의 한 사람으로서 그런 짐작을 하지 않을 수 없습니다. 실제로, 우리가 그의 소설을 읽다 보면 자신도 모르는 사이에 그런 카프카의 사색과 열정에 은근히 동조하고 있는 자신을 발견하게 됩니다. 그 정도는 그냥 믿어주어도 손해가 없을 것이라는 생각마저 든다는 것입니다. 그가 하루아침에 벌레의 몸을 가지게 되었다는 사실, 그것 하나만 인정하면 그 나머지 것들은 그야말로 하나 빠짐없이 곧이곧대로 우리들의 이야기였던 것입니다. 백 보를 양보해도 과장이 조금 되었을 뿐, 그의 '벌레 이야기'는 정말이지 다른 어떤 이야기보다 진솔한 것(표현)이었던 것입니다. 요즘 젊은이들 말대로라면, 우리의 삶을 곧이곧대로 비추어주는 순수 '레알'이 되는 것이란 말입니다. 다음과 같은 장면을 보면서 "만약, 저게 나라면?"이라고 한 번 생각해보지 않을 사람이 어디 있겠습니까?

「얘야」 하고 아버지가 동정에 차서, 그리고 눈에 뜨이게 이해심을 보이며 말했다. 「그러자면 우리가 무얼 해야겠니?」

누이동생은 조금 전에 확고하던 것과는 반대로 울다보니 사로잡히게 된 속수무책의 표시로 어깨를 움찔할 뿐이었다.

「혹시 저 애가 우리 말을 알아듣기라도 한다면」 하고 아버지가 반은 물으며 말하자, 누이동생은 울다 말고 그런 것은 생각조차 할 수 없다는 표시로 격하게 손을 내저었다.

「만일 저 애가 우리 말을 알아듣기라도 한다면」 하고 아버지가 되풀이했는데, 눈을 감음으로써 그것이 불가능하다는 누이동생의 확신을 받아들였다. 「그렇기라도 하다면 저 애와 협상이라도 되련만. 그런데 저렇게-」

「내보내야 해요」 누이동생이 소리쳤다. 「그게 유일한 방법이에요, 아버지. 이게 오빠라는 생각을 버리셔야 해요. 우리가 이렇게 오래 그렇게 믿었다는 것, 그것이야말로 우리의 진짜 불행이에요. 그런데 도대체 이게 어떻게 오빠일 수가 있지요? 만약 이게 오빠였더라면, 사람이 이런 동물과 함께 살 수는 없다는 것을 진작에 알아차리고 자기 발로 떠났을 테지요. 그랬더라면 오빠는 없더라도 계속 살아가며 명예롭게 그에 대한 기억을 간직할 수 있을 거예요. 그런데 이렇게 이 동물은 우리를 박해하고, 하숙인들을 쫓아내고, 분명 집을 독차지하여 우리로 하여금 골목길에서 밤을 지새게 하려는 거예요. 보세요, 좀, 아버지」 누이동생이 갑자기 소리쳤다. 「벌써 또 시작하네요!」 그레고르로서는 도무지 영문을 모를 놀라움에 사로잡힌 누이동생은, 마치 그레고르의 가까이에 있느니보다는 차라리 어머니를 희생시키겠다는 듯이, 어머니마저 저버리고 그야말로 안락의자를 박차고 일어나, 아버지 뒤로 달려갔고, 아버지 또한 누이의 태도로 한층 더 흥분하여 몸을 일으켜 누이동생을 보호하려는 듯이 두 팔을 누이동생 앞에서 반쯤 쳐들었다.

그러나 그레고르는 그 누군가를, 더구나 자신의 누이동생을 불안케 할 생각은 꿈에도 없었다. 그는 다만 자기 방으로 되돌아가기 위하여 몸을 돌리기 시작했었는데, 괴로운 상태여서 힘들게 몸을 틀다 보니 머리의 힘도 빌려야 했고 그러다 보니 여러 번 머리를 쳐들어 바닥에 찧었기 때문에, 그것이 결국 눈에 띄게 되었다. 그는 멈추고 주위를 둘러보았다. (…중략…) 그가 자기 방에 들어서자마자 문이 황급히 닫히고, 단단히 빗장이 질려 차단되었다. 등 뒤에서 난 갑작스러운 소음에 그레고르는 너무도 놀라 그의 작은 다리들이 휘청오그라들었다. 그렇게도 서둔 것은 누이동생이었다. 똑바로 벌써부터 거기 일어서서 기다렸다가는 가벼운 발걸음으로 앞으로 튀어 왔기 때문에 그레고르는 누이동생이 오는 소리조차 못 들었던 것이다. 그러고는 문 속에 꽂힌 열쇠를 돌려 잠그며 누이는 「마침내!」하고 부모를 향해 소리쳤다.

▶▶▶ 프란츠 카프카, 전영애 옮김, 『변신·시골의사』, 민음사, 2009 중에서

벌레가 된 그레고르는 고립된 방안에서 쓸쓸하게 죽어가고 그의 죽음을 확인한 그의 가족들은 교외로 나들이를 나갑니다. 오래 지속되는 불편과 고통은 쇠마저 녹이고 천륜마저 내팽개치게 합니다. 보무도 당당하게 때 묻고 거추장스러운 과거의 윤

리를 버리고 새 윤리를 찾아 그들은 밖으로 나섭니다. 과거의 가족은 잊고 새 가족의 발대식을 가집니다. 그레고르와 관련된 기억을 모두 깨끗하게 잊고 밝은 새 출발을 다짐합니다. 그레고르가 죽고 나서부터의 가족들의 동태를 묘사하는 『변신』의 결구結句는 가히 절창絶唱입니다. 인간의 실존을 그렇게 잘 묘사한 글은 여태 보질 못했습니다(물론 제 좁은 견문 안에서입니다). 그에 비해서 아쉬웠던 것은 그레고르의 마지막 순간에 대한 묘사였습니다. 너무 볼품이 없었다는 느낌이 들었습니다. 지나치게 그레고르를 이상화시키고 있다는 느낌도 받았습니다(혹시 예수 그리스도와 관련된 '희생양의 피와 인류의 대속代贖'이라는 서구적(기독교적) 주제를 암암리 염두에 두었던 것이었을까요?). 다음과 같은 대목이 그랬습니다. "감동과 사랑으로써 식구들을 회상했다. 그가 없어져 버려야 한다는 데 대한 그의 생각은 아마도 누이동생의 그것보다 한결 더 단호했다. 시계탑의 시계가 새벽 세시를 칠 때까지 그는 내내 이런 텅 비고 평화로운 숙고의 상태였다"라는 이른바 '임종臨終의 변辯'은 어딘가 모르게 좀 작위적인 끼워맞춤이라는 느낌을 선사합니다. 혹시 급하게 결말을 짓고 싶어 하는 조급성이 개입된 것은 아닌가라는 의심마저 듭니다. 물론 작가가 의도한 것이 '살아 있으나 어쩔 수 없이 죽음으로 내몰리는 소외'를 그려내는 것이었다면 그런 소략한 임종 묘사가 오히려 작품의 텍스트성을 옹호하는 것이 될 수도 있을 것입니다. 의식은 여태 인간인데 그 외의 것들은 모두 벌레인 그레고르의 무력감이라든지 벌레로 변한 그레고르가 어쩔 수 없이 인간적 차원에서 느껴야 하는 가족들에 대한 배신감 같은 것들을 너무 길게 나열했을 때 부득불 초래될 수도 있는 '주제의 분산'도 생각해볼 수 있었을 것입니다. 제가 이런 아쉬움을 느끼는 것 자체도 어쩌면 작가가 의도한 효과의 일부가 되는 것인지도 모르겠습니다만.

어쨌든 카프카의 『변신』은 촌철살인寸鐵殺人, 우리의 폐부를 찌르는 명名 묘사 장면을 숱하게 내장하고 있는 소설입니다. 벌레로 바뀐 것은 그레고르 잠자이지만 정작 벌레인(벌레로 묘사되고 있는) 것은 인두겁을 덮어쓴 그 주위의 인간들입니다. 통렬한 도치倒置입니다. 그런 아이러니는 소설의 양보할 수 없는 자존심입니다. 그 비슷한 느낌의 아이러니가 뼈대가 되고 있는 또 한 편의 소설이 있습니다. 벌레 이야기는 아니지만 '벌레 이야기'라는 제목을 가진 이청준의 「벌레이야기」는 아예 그런 인간의 삶에 내장된 '도치', 인간이 직면하는 삶의 아이러니 그 자체를 소설적 주제로 삼고 있는 소설입니다.

유괴범에게 자식을 잃은 부모들에게는 산다는 것이 너무 고통스러운 일이었습니다. 그런데 새로운 고통이 찾아옵니다. 정작 자신들은 아들을 죽인 범인을 용서하지 못하고 있는데 유괴범은 이미 종교 안에서 죄 씻음을 받고 새로운 삶을 살고 있다는 것입니다. 피해자는 죽음보다 더한 고통을 받고 있는데 가해자는 "누구의 허락도 없이" 이미 스스로 평안을 얻고 있었습니다. 그는 "주님의 사랑에 대한 보답으로 사후의 신장과 두 눈알을 다른 사람에게 바칠 약속까지 해놓고" 있었습니다. 그 모순이 너무 가혹한 형벌이라고 여긴 '아내'는 신이라고 해서 자기보다 먼저 '용서'를 베풀 수는 없는 일이 아니겠느냐고 울부짖습니다. 그 어떤 노력도 물거품이 되고 말 뿐이었고, 결국 자식을 잃고 부조리의 늪에서 헤어 나오지 못한 '아내'는 스스로 목숨을 끊습니다. 그 어이없는 '도치倒置' 역시 비유를 몰아내는 가혹한 현실의 힘에서 비롯된 것이었습니다.

하지만 나는 그럴 수가 없었다. 내게는 다른 힘이 없었기 때문이었다. 아내가 그럴 수 있다고 믿지도 않았다. 내게는 다만 그 아내의 절망과 아픔을 안타까워하면서 귀에도 들어가지 않을 부질없는 소리들로 그녀의 심사만 어지럽혀댔을 뿐 다른 위로의 길이 없었기 때문이었다.

아내는 과연 마지막 절망 속에 자신을 힘없이 내맡겨 버리고 있었다. 김집사나 나의 어떤 소리도 도대체 의식에 닿는 일이 없는 것 같았다. 그날 이후로 다시 입을 까맣게 다물어 버린 아내는 물 한 모금을 제대로 마신 일이 없었다.

하지만 아아, 아내의 그 절망과 고통의 뿌리가 어디까지 닿아 있는지를 차마 짐작이나 했을 것인가. 아내는 결국 그러다 스스로 목숨을 끊어 버린 것이었다. 그리고 그것으로 인간이고 섭리고 모든 것을 포기하여 절망의 뿌리를 끊어 버린 것이었다.

그 사람 김도섭의 사형집행 소식이 아내를 거기까지 자극했었는지도 모른다.

해가 바뀌고 2월로 접어들어 김도섭은 마침내 교수형이 집행됐고 그 소식이 라디오에까지 방송된 때문이었다. 그리고 그때 김도섭이 마지막으로 남기고 간 몇 마디는 내게까지 어떤 새삼스런 배신감으로 몸이 떨려 견딜 수가 없었을 정도였다.

"이제 와서 제가 왜 죽음을 두려워하겠습니까. 제 영혼은 이미 아버지 하느님께서 사랑으로 거두어주실 것을 약속해주셨습니다. 영혼뿐 아니라 제 육신의 일부는 이 땅에서 다시 생명을 얻어 태어날 것입니다. 저는 저의 눈과 신장을 살아 있는 형제들에게 맡기고 가니까요."

형장에서 그가 마지막으로 남기고 간 말이었다.

▶▶▶ 이청준, 『벌레이야기』, 열림원, 2002 중에서

저는 이 소설을 재미있게 읽지 않았습니다. 읽은 '동기'도 따로 없었습니다. 소설을 공부하는 입장이었고 좋아하는 작가의 작품이었던 탓에 거의 의무감에서 읽었습니다(이 소설을 원작으로 했다는 〈밀양〉이라는 영화는 끝내 보지 않았습니다. 어려서 빈천지교를 나눈 사이인 대학선배 이창동 감독의 영화는 〈박하사탕〉 한 편으로 충분했습니다). 『변신』이든 「벌레이야기」든, 젊어서는 그런 이야기를 읽는 것 자체가 고통이었습니다. 그런 작품들이 보여주는 우리 삶의 부조리가 너무 싫었습니다. 인습과 습관에 젖어 무탈하던 세계가 갑자기 사지에서 힘을 빼 버리는 무중력 상태로 내던

져지는 것을 보는 일이 너무 싫었습니다. 그런데 세월 앞에 장사 없다고, 그런 식의 '거부감'은 나이가 들면서 조금씩 줄어들기 시작했습니다(얼마 전에 TV에서 며칠 상간으로 〈초록물고기〉와 〈밀양〉을 방영하기에 힐끔힐끔, 이 방 저 방 들락거리면서, 대충 보기도 했습니다). 부지불식간에, 왜 작가들이 그런 소설들을 써야 했는지가 어렴풋하게나마 용납되기 시작했습니다. 따로 깊은 생각을 요구하는 것은 아니었습니다. 결국은 그나저나, 나이 들면 들수록, 우리가 벌레일 수밖에 없다는 것을 인정하지 않을 수 없었기 때문이었습니다. 그리고 또 그렇게라도 해야 무엇으로든 우리가 존재하는 것이 되는 것 아니겠습니까? 그 모든 게 고작 '벌레들의 합창'일지라도 말입니다, 한여름 땡볕 아래의 매미소리 같은.

우청우탁(寓淸于濁) 10

사랑의 열병 혹은 중독의 힘

: 소설의 규율

사랑의 열병

사람이 살아가면서 피할 수 없는 것 중의 하나가 바로 이성異性에 대한 사랑, 좀 더 구체적으로 말해서 연애戀愛의 욕구일 것입니다. 그 중에서도 첫사랑이야말로 인생 최초로 몸으로 경험하는 '오묘한 화학반응'이 아닐 수 없습니다. 그 최초의 '변화(열병)'를 치르지 않고 누가 감히 어른이 될 수 있겠습니까? 삶을 온전히 자기의 것으로 만들려면 반드시 타자他者와의 영원한 합일을 꿈꾸는, 이성理性의 마비를 초래할 정도의, 그 '첫사랑'이라는 '타자에의 몰입'을 거쳐야만 합니다. 그것을 출발점으로 진정한 자기로 향한 인생 도정이 시작됩니다. 그것 없이는 내 앞의 삶이 한 치도 앞으로 나가지 못합니다. 인간으로서의 존재 가치를 확인받지 못합니다. 그러니까, 연애 없는 인생은 얼음 위를 미끄러지는 자동차 바퀴처럼 제 자리에서만 공회전하는 것입니다. 서머싯 몸의 『인간의 굴레에서』라는 성장소설에 그런 이치가 잘 묘사되고 있습니다. 아무리 누추하고 너절한 것일지라도 사랑이 있는 인생은 그것이 없는 인생보다는 곱절로 아름다운 것이라는 걸 그 책은 보여줍니다. 사랑은 언제나 그것 없는 것들을 내려다 볼 수 있는(동정할 수 있는) 것이라는 생각이 들게 합니다. 최악의 사랑이라도, 그것 없는 인생보다는 항시 곱절로 행복한 것이라고 작가는 강조합니다.

저 역시 연애를 달콤한 것만으로 여기지는 않습니다. 힘들 때가 더 많았던 것으로 기억됩니다. 나이 들어 생각해보니 헌신보다는 욕망이 늘 앞섰던 것 같습니다. 타자에의 몰입에 앞서 자기에의 탐닉이 늘 먼저였던 것 같습니다. 젊어서 참여했던(자의 반 타의반) 모든 연애사업이 악전고투 일색이었다고 기억되는 것도 다 그 때문이었던 것 같습니다. 당연히 안타까운 오해, 못난 이기심, 분별없는 변덕, 속악스런 타산 같은 것으로 점철되어 있는, '죄 많은 내 청춘' 시리즈가 되고 말았습니다. 연전에 "악마는 디테일에 있다"라는 말이 횡행한 적이 있습니다. 큰 문제에는 시원하게(?) 합의해놓고 세부적인 타협에서 한계(본색)를 드러내 결국 서로 등을 돌리게 되는 상황을 비유한 말입니다.

그 말을 듣고 보며 저는 젊은 날의 제 연애 사업을 떠올렸습니다. 그 말이 사용된 맥락과 관계없이 제게는 그 말이 저의 '죄 많은 청춘'을 질타하는 말로 들렸습니다. 그랬습니다. 디테일에 가서는 언제나 악마의 유혹에 시달렸습니다. 비교를 일삼았고 공연한 트집거리에 휘둘렸습니다. 오직 '질투는 나의 힘'이라고만 여겼습니다. 그때는 몰랐습니다. 젊어서의 사랑에는 반드시 그 '디테일의 악마'와 대적하기 위한 '싸움의 기술'이 필요하다는 걸 몰랐습니다. 자기를 일망타진하는 '싸움의 기술'을 끊임없이 연마해야 된다는 걸 몰랐습니다. 그런 자명한 사실도 모르고 연애를 그저 싸움판으로 몰고 갔습니다. 저의 연애는 천사와 악마가 하루씩 배역을 나누어서 공연하는 블랙코미디와 진배없었습니다.

서머싯 몸의 『인간의 굴레에서』를 보면 젊은 날의 제 연애를 연상시키는 '최악의 사랑'이라 할 수 있는 장면이 나옵니다. 주인공 필립이 사랑했던 여인은 불행히도(불행히도!) 저급하고 오갈 데 없는 외로운 영혼의 소유자, '디테일의 악마'에 사로잡힌, 밀드레드였습니다. 그것이 필립의 운명이었습니다. 주인공의 구애를 마다하고 떠난 그녀는 충동과 타산으로 점철된 불행한 결혼생활(동거)을 청산하고 다른 남자의 아기를 안은 채 다시 주인공을 찾아옵니다. 그들의 재회가 보여주는 장면은 너무 통속적이고 전형적이지만 그럴수록 리얼하게 다가옵니다.

「도대체 내게 무슨 일로 왔지?」 이윽고 그가 물었다.

여자는 대답 대신 울기 시작했다. 두 손을 축 늘어뜨린 채 흘러내리는 눈물을 닦으려 하지도 않았다. 일자리를 구하러 온 하녀 같아 보였다. 한없이 기어들어가는 태도였다. 무슨 감정이 북받쳐오르는 것 같았지만 필립은 그것이 무슨 감정인지 알 수 없었다. 불현듯 그대로 돌아서서 달아나버리고 싶은 충동을 느꼈다.

「다시 만나보게 되리라고는 생각지 못했어」 마침내 그가 말했다.

「죽어 버리고 싶어요」 신음하듯 그녀가 말했다.

필립은 그녀에게 앉으라고 권할 생각도 나지 않았다. 그 순간에는 마음을 진정시켜야 된다는 생각뿐이었다. 다리가 후들후들 떨렸다. 그녀를 바라보며 그는 절망적인 기분으로 신음하듯 내뱉었다.

「웬일이야?」

「에밀이 가버렸어요」

가슴이 뛰기 시작했다. 필립은 그 순간, 자기가 그녀를 아직도 열렬히 사랑하고 있다는 사실을 깨달았다. 한 번도 잊은 적이 없었다. 그런데 지금 그녀가 자기 앞에 얌전하고 다소곳이 서 있는 것이 아닌가. 당장 부둥켜안고 눈물로 얼룩진 그 얼굴에 키스를 퍼부어대고 싶었다. 아, 그 동안 얼마나 오래 헤어져 있었던가. 그 동안을 도대체 어떻게 견뎌낼 수 있었단 말인가.

「좀 앉지 그래. 마실 것 좀 갖다줄게」

그는 의자를 불 곁에 끌어다주고 그녀를 앉혔다. 위스키 소다를 만들어 갖다주자 그녀는 흐느끼면서 마셨다. 그녀는 슬픔이 가득 어린 커다란 눈으로 그를 바라보았다. 눈 아래 커다란 주름이 깊이 나 있었다. 마지막 보았을 때보다 더 여위었고 더 창백했다.

「당신과 결혼할 걸 그랬어요. 당신이 청혼했을 때」 그녀가 말했다.

그 말이 왜 그렇게 가슴을 벅차오르게 하는지 필립은 알 수 없었다. 그때까지 간신히 그녀 가까이 가지 않았지만 이제 참아낼 수 없었다. 그녀의 어깨에 손을 얹었다.

「안됐어. 사정이 어렵게 되어」

그녀는 얼굴을 필립의 가슴에 파묻고 발작적으로 울음을 터뜨렸다. 모자가 방해가 되자 벗어 버렸다. 그녀가 그처럼 울 수 있으리라고는 필립은 꿈에도 몰랐다. 그는 키스를 또 하고 또 했다. 그러다 보니 그녀도 얼마간 마음이 놓이는 모양이었다.

「당신은 내게 항상 잘해 줬어요. 필립」 그녀가 말했다. 「그래서 당신을 찾아올 수 있었죠」

「어떻게 됐는지 얘기해 봐」

「아녜요. 말할 수 없어요. 난 못해요」 몸을 떼어놓으며 그녀가 소리질렀다.

필립은 그녀 곁에 꿇어앉아 그녀의 볼에 얼굴을 갖다댔다.

「당신도 알잖아. 내게 말 못할 게 뭐 있어. 무슨 일이 있대도 난 당신을 탓하지 않겠어」

그녀는 조금씩 그간의 이야기를 꺼내기 시작했다.

▶▶▶ 서머싯 몸, 송무 옮김, 『인간의 굴레에서』, 민음사, 1998 중에서

필립에게는 그녀(밀드레드)가 생애 최초로 경험한 '화학 반응'이었던 모양입니다. 지상의 모든 '설명'이 그의 '몰입의 경험' 앞에서는 무용지물이 되고 맙니다. 다른 남자와 결혼해서 아이까지 생긴 여자가 그 남자에게 배신당하고 울면서 자신을 찾아온 사실과 그간의 사정은 그의 사랑에 아무런 장애물이 되지 않습니다. 그는 오로지 그 행복했던 첫 경험이 복원될 수 있었으면 좋겠다는 자신의 감정에만 몰두합니다. 자기의 모든 것이 실려있던 그녀와의 연애가 다시 자신의 눈앞에서 재현된다는 것이 꿈만 같을 뿐이었습니다. 그는 기꺼이 그녀를 받아들입니다.

그런데 문제가 있습니다. 그녀가 떠났을 때 그녀의 빈자리를 메꾸어주고 있던 현재의 연애 상대(노라)를 어떻게 할 것인가라는 현실적인 고민입니다. 그녀는 그에게 고맙고 필요한 존재임에 분명했지만 필립은 '눈 먼 사랑의 열정'을 택한 채 매정하게 그녀를 버립니다. 필립은 그녀와의 관계를 청산할 방법에 골몰합니다. 그게 자기에게나 그녀에게 윤리적인 결단이 될 것이며, 돌아온 연인 밀드레드와의 사랑을 좀 더 소중한 것으로 만드는 것이라고 확신합니다. 못난 짓이 될 것이라는 예감은 애써 무시합니다. 그는 노라와의 연애에서 짐짓 묻어두고 있던 '디테일의 악마'를 우정 다시 불러내면서(그녀에게 가졌던 불만을 되새깁니다) 그녀와의 절교를 실행에 옮기려고 합니다. 오랫동안 그녀를 회피한 연후에 마음을 다잡고 이별 선언을 하기 위해 그녀를 찾아갑니다.

「발소리 듣고 당신인 줄 알았어요」 그녀는 소리쳤다. 「그 동안 대체 어디 숨어 계셨어요, 이 망나니 아저씨?」

반색을 하면서 다가와 목을 껴안는다. 그녀는 다시 보게 되어 기쁘다고 한다. 필립은 그녀에게 키스를 한다. 그런 다음, 마음을 진정시키기 위해 우선 차를 좀 달라고 한다. 그녀는 부산스럽게 불을 붙이고 차를 끓인다.

「그 동안 정신없이 바빴어요」 그렇게 말해 놓고 보니 멋쩍기만 하다.

그녀는 명랑하게 재잘거리기 시작했다. 새로 일거리를 하나 맡았는데, 지금까지 거래가 전혀 없던 어떤 출판사와 계약을 하고 짧은 소설을 한 편 써주기로 했다는 것이었다. 십오 기니를 받는다 했다.

「하늘에서 뚝 떨어진 돈이에요. 그걸로 뭘 했으면 좋을지 말해 볼까요? 간단한 여행을 다녀오는 거예요. 옥스퍼드에 가서 하루쯤 놀다오는 게 어때요? 대학 구경을 하고 싶어요」

필립은 그녀의 눈에 혹 책망하는 빛이 있나 살펴보았다. 여전히 솔직하고 즐거운 눈빛이었다. 그를 오랜만에 만나 너무 기쁜 모양이었다. 필립은 오히려 맥이 탁 풀렸다. 도저히 그 무참한 이야기를 꺼낼 수 없었다. 그녀는 토스트를 만들어 여러 조각으로 나눈 다음, 마치 어린아이에게나 주듯 한 조각 한 조각 그에게 건네주었다.

「우리 강아지, 이제 배가 불러요?」

그는 웃으며 고개를 끄덕였다. 담배를 물자 그녀가 얼른 불을 붙여주었다. 그러고는 여느 때 곧잘 그러듯이 필립에게 다가와 무릎

위에 걸터앉았다. 몸이 아주 가벼웠다. 그녀는 필립의 팔에 안긴 채 몸을 젖히며 행복해 죽겠다는 듯 한숨과 같은 콧소리를 냈다.

「듣기 좋은 말 한 번 해봐요. 내가 맘에 든다고 말할 수 있잖아요?」

「당신도 알잖아」

이렇게 되어서는 도저히 말할 용기가 나지 않았다. 이 날만은 어쨌든 그녀를 마음 편하게 두고, 나중에 편지를 쓰면 되리라. 그게 더 나을 것 같았다. 노라를 울린다는 것은 생각만 해도 견딜 수 없었다. 그녀는 키스를 해달라고 했고, 그는 키스하면서 밀드레드를, 그리고 그녀의 창백하고 얇은 입술을 생각했다. 밀드레드에 대한 기억이, 실체는 없으나 허깨비는 아닌, 그보다는 분명한 어떤 모습을 하고 내내 그를 떠나지 않았다. 그 모습이 자꾸만 정신을 어지럽혔다.

▶▶▶ 서머싯 몸, 송무 옮김, 『인간의 굴레에서』 중에서

필립은 노라가 밀드레드보다는 '열 배는 낫다'라고 생각합니다. 그녀는 머리도 좋고 성품도 착했고, 대담하고 정직한 여자였습니다. 그러나 필립은 노라와 "한 나절을 보내기보다 단 십 분이라도 밀드레드와 같이 있고" 싶었고 그에게는 "노라의 어떤 키스보다도 밀드레드의 그 차가운 키스 한 번이 더 좋은 것"이었습니다. 그는 고민 끝에 노라를 버리고 밀드레드를 선택합니다. 밀드레드가 "설령 박정하다 한들, 그녀가 사악하고 저속하다 한들, 설령 미련하고 욕심이 많다 한들 어찌하랴. 이 사랑의 마음을 어찌하랴. 노라와 행복해지고 싶기보다 밀드레드와 불

행해 지고 싶다"고 거듭 다짐합니다.

물론, 이들의 연애는 순탄한 결말을 보이지 않습니다(흥미진진하고 자세한 '디테일'들은 소설을 직접 읽어서 확인하시기 바랍니다). 제대로 된 성장소설에서 연애의 순탄한 결말을 찾는다는 것은 우물가에서 숭늉 찾는 일이나 진배없으니까요. 밀드레드에게 다시 상처를 받은 필립은 노라를 찾아갑니다. 그러나 그녀에게는 이미 새로운 약혼자가 생긴 뒤였습니다. 그들에게는 더 이상의 '열병熱病'이 허여되지 않았습니다. 그들의 성장통은 거기까지만 허용되는 것이었습니다.

젊어서는(어려서는) 당장의 눈앞의 성공만이 의미 있는 것이라고 여겼습니다. 누가 '실패는 성공의 어머니'라고 말해도 곧이듣지 않았습니다. 연애든 사업(직장일이나 학업이나 글쓰기)이든 한 번 성공은 한 번 성공이고 한 번 실패는 한 번 실패일 뿐이라고 믿었습니다. 오직, 성공만이, 그것이 의지의 소산이든 운명의 시혜이든, 내 인생에서 의미 있는 것이라 믿었습니다. 그것들만이 기억되어야 한다고 믿었습니다. 그러나 실패 중에서도 성공 못지않은 의미를 지닌 것들도 많이 있다는 것을 나이 들면서 어쩔 수 없이(뼈저리게?) 알게 되었습니다. 그것이 오히려 제 인생을 따뜻하게 위로해줄 수 있는 것들이라는 것을 알게 되었습니다. 실패만이 저를 따듯한 인간으로 만든다는 것을 어쩔 수 없이 믿게 되었습니다.

당연히 연애의 경험, 그 실패한 '몰입의 경험'에서도 실패한 성공의 자취를 요즘 들어 자주 보게 됩니다. 이루어진 연애만 각별한 것은 아닙니다. 실패한 연애도 예외 없이 각별한 사랑입니다. 우리 모두는 누구에겐가 필립도 되고(또 그에게서 밀드레드를 가로채 가는 그리피스도 되고), 에밀도 되고(극소수겠지만), 밀드레드도 되고, 노라도 되며(그녀의 새로운 약혼자 킹스포드도 되며), 그렇게 살아갑니다. 어쩔 수 없습니다. 우리는 그때그때 주어진 배역에 충실히 열중하며 살아야 합니다. 그래야 됩니다. 승리의 희열도 느끼고 패배의 좌절도 겪어야 합니다. 그래야 진짜 인생입니다. 인생은 누구에게나 '설명'이 아니라 '묘사'입니다. 필립의 사랑이 그러하듯이 말입니다.

중언부언이겠지만, 서머싯 몸의 『인간의 굴레에서』에서 제가 가장 재미있게 읽은 대목은 연애를 다루는 작가의 정직한 태도입니다. 연애에 관한 것인 한 그는 절대적으로 '묘사'에 충실하고 있습니다(다시 찾아온 밀드레드가 필립에게서 떠나며 부렸던 그 끔찍한 패악질과 그녀에게 버림받은 필립이 노라를 다시 찾아가 사랑을 구걸하는 모습, 그리고 그녀에게 거절당한 후의 심리 묘사를 그대로 옮겨 적고 싶은 충동이 솟구칩니다만 자제하겠습니다). 그는 인간을 설명하려고 하지 않았습니다. 누가 누구를 설명할 수 있다는 말입니까? 인간에게는 그런 권리가 주어져 있지 않습니다. 서머싯 몸은 그렇게 말합니다. 그래서 그의 소설이 좋았습니다(물론 모든 좋은 소설들은 다 그렇습니다만).

중독의 힘

살아오면서 여러 가지 중독中毒들과 함께 했습니다. 중독이란 몸이나 마음이 무엇에 치여서 의지대로 움직여주지 못하는 상태를 말합니다. 태생적으로 의지가 약했던 저의 경우는 어쩔 수 없이 그렇게 '매여 사는 상태'를 속수무책으로 받아들이지 않을 수 없었던 것 같습니다. 한 번 헤아려 보겠습니다. 현재의 페이스북 중독을 비롯해서, 음식남녀[食色] 중독, 문학(소설) 중독, 음악 중독, 종교 중독, 운동 중독, 끽연喫煙 중독, 친구 중독, 도박 중독, 탄산음료 중독, 커피 중독, 단팥(탄수화물) 중독, 과시誇示 중독, 이사移徙 중독, 글쓰기 중독, 책사기 중독, 마누라 중독 등등, 그동안 저와 함께 했던 중독 증세들이 결코 만만치 않은 수효입니다. 꽤나 다양합니다. 가히 중독증 환자의 일생이라고 해도 과언이 아닐 것 같습니다. 물론 개중에는 지금껏 제 곁에 머무르고 있는 것들도 다수 있습니다. 그나마 돈 중독, 자식 중독, 출세(감투) 중독, 음주 중독, 시기질투 중독 같은 것들이 없는 것이 '불행 중 다행'(?)인 듯싶습니다.

중독증 환자로 살아본 것이 딱히 후회스럽지는 않습니다. 한번씩 중독증세를 겪으면서 그 방면의 전문가(선무당?) 행세도 하기도 했으니까요. 다만 부끄러운 점은 없지 않아 있습니다. 중독증이 무슨 자랑거리라고 그런 증세를 마다하는 이들을 나무라고 무시했던 일이 비일비재했습니다. 막신일호莫神一好니 뭐니 떠들어대면서 그들을 집중하지 못하고 자기를 버리지 못하는 이들이라고 마구 매도했던 일이 종종 있었습니다. 혼자서 취해서 남을 업신여기기가 다반사였습니다. 이 자리를 빌어서 그때 그런 결례를 범했던 분들에게 심심한 사과의 말씀을 드립니다. 한 중독증 환자의 철부지 행색이었다고 여겨주시면 고맙겠습니다. 일전에도 한 번 말씀드린 적이 있는 것 같습니다만, 저의 그런 중독증은 일종의 측두엽 이상증세의 일환일 수도 있는 것입니다. 과도하게 하나의 물건이나 행동에 집착하는 것은 모두 뇌신경과학의 질병상태라고 하니 그런 차원에서 너그럽게 양해해주시면 감사하겠습니다.

각설하겠습니다. 제가 젊어서 소위 문학중독자로 살아갈 때 탐닉했던 한 소설을 소개하겠습니다. 최인훈 선생의 『가면고』라는 소설입니다. 4·19 세대들의 '아름다운 고민'이 한껏 녹아들어 있는 소설입니다. 저는 개인적으로 '4·19 세대'를 좋아합니다. 그분들은 한때나마 '나는 누구인가'라는 고민을 집단적인 테제로 삼아서 살아본 분들입니다. 그 전이나 그 후나 그런 집단적인 테제 아래서 공통의 삶을 살았던 세대는 없었습니다. 마침 연령상으로 그분들은 저희들의 '젊은 스승들'이 되기도 했습니다(그렇게 '세대 정신'은 스승-제자의 관계가 성립하는 약간의 세월을 격隔해서 승계되는 것 같습니다).

이러한 첫 번째 실험에 이어 두 번째 세 번째…… 오늘까지 벌써 몇 차례가 되는지 모른다. 왜냐하면 첫 번을 비롯하여 모든 실험이 실패로 돌아갔기 때문이다. 내가 의식을 되찾고 얼굴에 씌워진 탈을 손으로 당겼을 때 그것들은 힘없이 떨어져 나왔기 때문이다. 죽음으로써 호령하는 나에게 마술사 부다가는, 차갑게 대답하는 것이다. 제가 무어라고 처음에 여쭈었습니까. 왕자의 가장 높은 것과 그 낮가죽 임자들의 가장 낮은 것이 한 치 어긋남도 없이 들어맞는 때에만 엉겨붙는다고 말씀드리지 않았습니까.

나는, 그의 말을 믿는 나를 가끔 돌이켜 보았다. 그러나 그를 죽이지는 않았다. 무서운 굿을 몇 번이나 거듭하는 가운데, 못된 기쁨이 그 속에 있는 것을 알았으며, 그것이 나를 사로잡고 놓지 않을뿐더러, 마법사 부다가의 조형적 논리 속에는 지금의 나로선 끝까지 매달리고 싶은 쉬운 힘과 설득성이 있었다. 나의 방법은 무형적인 것이었다. 부다가의 방법은 뚜렷한 방법이 있었다. 사막의 신기루처럼 자꾸 달아나면서도, 여전히 뚜렷한 목표임에는 틀림없었다. (…중략…)

그 무렵 나는 서울을 향하여 달리고 있었다. 마치, 한때 육체의 열반에서 허무를 느꼈던 것처럼, 전쟁의 흥분도 허무를 메우지 못하는 것을 나는 마지막으로 알았다. 싸움이 끝났을 때, 나는, 천막으로 돌아와서 거울을 들여다보았다. 짐승이 보였다. 휘번뜩이는 눈과, 부푼 콧구멍과, 더 한층 거짓이 짙게 새겨진 그 탈이 더욱 흉하게 그곳에 어리어 있었다.

달리는 말 위에서 나는 눈을 감았다. 감은 눈 속에 살아 있던 때의 마가녀공주의 얼굴이, 환히 떠올랐다. 쟁반에 담겨왔던 그녀의 얼굴은 웃고 있었다. 그때까지도 나는, 모진 마음이 허물어지지 않았다고 생각했다. 드디어 바램이 이루어지는 기쁨에 목이 메어 있는 것이라고, 내 가슴의 격동을 자신에게 일러줬었다. 그 얼굴을 아주 제가 가지는 것으로 그녀에 대한 사랑으로서의 빚을 넉넉히 갚을 수 있다고 다짐하려 들었다. 그 얼굴을 쓴 순간의 기쁨과 두려움.

그리고 떨리는 손으로 다시 그 얼굴을 당겼을 때, 힘없이 손을 따라 묻어나온 얼굴을 두 손바닥에 받았을 때, 내게는 모든 것이 마침내 끝났던 것이다.

머리를 곱게 빗고 금방 부스스 눈을 뜰 듯이 웃음 띤 그 얼굴은, 목숨을 모독당한 그 자리에서까지도 끊임없이 소리 없는 사랑을 호소하고 있는, 사람 얼굴의 모양을 하고 쟁반에 담겨진 사랑의 모형이었다. 나는 오늘 싸움에서 죽기를 바랬다. 그러나 나는 죽지 못하고 다시 한 번 흥분 뒤에 오는 덩그런 허전함을 겪었다. 이제는 스스로 죽는 길만이 남아 있었다. 죽기 전에 한 가지 할 일이 있었다. 그 일을 마치려고 나는 서울로 달리고 있었다.

마술사 부다가의 집에 닿았을 때는 새벽이 가까웠다.

나는 말에서 내려 문을 두드렸다.

한참만에, 문이 열리며, 등불을 한 손에 든 부다가의 모습이 문간에 나타났다. 나는 말없이 집 안으로 들어서서 뒤에 남아 빗장을 잠그는 부다가를 기다리지 않고 〈얼굴의 방〉으로 걸어갔다. 기다란 복도에는 아직 바깥의 흐릿한 새벽빛이 들어오지 못하고 있었다.

나는 문을 열고 방에 들어섰다. 전혀 앞이 안 보이게 캄캄하였다. 나는 마가녀의 얼굴이 놓였을 자리를 어림하여 눈을 돌렸다. 부다가가 걸어오는 소리가 들린다. 그가 문을 열면 그 손에 들린 횃불이 말없는 얼굴들을 대뜸 밝혀 줄 게다.

나는 마루에 풀썩 무릎을 꿇며 두 손으로 낯을 가렸다. 처음으로, 이 많은 얼굴들에 대한 공포가 덮쳐들었다. 나는 죄어드는 가슴과 찢어질 듯한 머리의 아픔 때문에 신음했다. 방 안에 부다가가 들어서는 기척이 나고, 낯을 가린 내 손가락 사이로 붉은 기운이 흘러들었다.

나는 오래 그런 대로 앉아서 두려운 듯이 조금씩 손을 아래로 물러 내리다가, 홱 손을 떼 버리며 앞을 바라보았다. 행여나 사라졌을까 한, 턱없는 내 바램에 아랑곳없이, 바로 앞에는 시렁의 맨 마지막 자리에서 마가녀공주의 얼굴이 웃고 있었다. 나는 고개를 돌려 얼굴들을 차례로 훑어보았다. 모든 얼굴이 금시 눈을 뜨고 「여보시오!」 하면서 말을 걸어올 것 같다. 나는 낯을 가리며 신음했다. 내 등 뒤에서 마술사 부다가의 말소리가 들려왔다.

「왕자, 후회하십니까?」

나는 벌떡 일어나며 부르짖었다.

「후회한다……」

나는 숨을 모으기 위하여 잠깐 말을 끊었다.

「내 탈을 벗지 못해도 좋다. 영원히 깨닫지 못한 채 저주스런 탈을 쓰고 살아도 좋다. 만일 이 끔찍한 일을 하지만 않았다면, 이 죄만 없어진다면……」

나는 칼을 뽑아들고 마술사 부다가에게 달려들다가, 문득 그 자리에 서 버렸다.

부다가는 손에 든 횃불을 왕녀 마가녀의 얼굴에 바싹 들이댄 것이다.

어찌된 일일까? 그 얼굴은 금시 얼음 녹듯 철철 녹아내려 그 뒤에 받친 틀과 더불어 질펀히 괸 촛물이 되고 말았다. 부다가는 그 다음 얼굴도, 또 그 다음도, 돌아가면서, 방 안에 있는 모든 얼굴을 모조리 녹이고 있었다.

처음에 나의 머릿속에서 불덩이가 어지럽고 뜨겁게 맴돌아가다가, 마술사 부다가가 일을 거의 끝낼 무렵에는, 그 덩어리에 한 표현을 주고 있었다.

〈가짜, 가짜였구나!〉

그 생각은 입으로 그대로 흘러나왔다. 부다가는 천천히 이편을 바라보았다.

「그렇소 왕자. 이 얼굴들은 모두 가짜요. 아교와 초로 잘 만든 탈바가지들이오.」

나는 짐승 소리를 질렀다.

「저기를 보시오.」

마술사 부다가가 가리키는 쪽 문이 열리고, 왕녀 마가녀가 두 팔을 벌리며 걸어 들어오고 있었다.

상상을 벗어난 일에 얼이 빠진 나는 떨리는 손으로 왕녀의 따뜻한 몸을 자꾸 쓸어 보았다. 그녀의 목에 걸린 눈 익은 진주 목걸이를 몇 번이나 만져 보았다. 그러다가 퍼뜩 마술사 부다가 쪽으로 몸을 돌렸다.

「오 당신은……」

내 말과 동시에 우리 두 사람의 눈앞에서, 허리가 꾸부정하던 부다가는, 처음에 옛 스승 사리감으로 모습이 바뀌고, 다시 변신하여 저 그림 속에서 본 브라마의 신으로 바뀌었다.

「왕자 다문고, 너의 한 마디가 너의 업(業)을 치웠다. 탈은 벗겨졌다.」

나는 발밑에 떨어진 것을 보았다. 흉하게 이그러진, 주름으로 얽히고, 떨어지면서 비틀려 오그라진 나 자신의 업의 탈을.

▶▶▶ 최인훈, 『크리스마스 캐럴·가면고』, 문학과지성사, 1991 중에서

이 소설은 프로이트식 심리학적 담론을 주된 메시지로 함유하고 있습니다. 겉으로는 업의 탈이 벗겨지는 '사랑'을 이야기하고 있지만 속으로는 초자아의 압박에 비명을 지르는 자아의 우울을 그리고 있습니다.

『가면고』는 순진무구한 이상적 세계를 꿈꾸던 '순진에 중독된 의식' 안에서 초자아가 자아를 가혹하게 몰아세우는 한 장면을 의인화한 것으로 볼 수 있습니다. 모든 중독은 사실 '자아의 학대'라는 측면이 있습니다. 동병상련, 『가면고』는 '학대받는 자아'를 경험하고 있던 모든 그 시대의 젊은 영혼들에게 큰 위로가 되었던 소설이었습니다. 수십 년의 세월이 지나고, 두 차례의 군사쿠테타와 엄청난 자기 파괴의 살육사태를 겪고난 지금의 시점에서 보면, '왕자 다문고'의 '탈'을 매개로 한 정체성 탐구는

유치하기 짝이 없는 '엄살 중독자'의 행색에 불과한 것일 수도 있습니다. 그를 다루는 '마술사 부다가'도 엉성하기 그지없는 '순진한 스승'일 뿐이었습니다. 그러나 한때 문학(소설) 중독자였던 저에게는 이들의 유치한 단막극이 아름답기만 했던 한 편의 계시啓示였습니다. 문학이라는 낙원, 그 아름답고 먼 곳으로 저를 불러내는 한 장의 볼 만한 초대권이었습니다.

우청우탁(寓淸于濁) 11

죽음까지 파고드는 삶

: 에로티즘 미학

어린 오이디푸스

이니시에이션 스토리initiation story(통과제의 소설, 입사식 소설)라는 말이 한때 크게 유행한 적이 있었습니다. 사람은 태어나서 죽을 때까지 몇몇 문턱을 넘을 수밖에 없는데 그 '문턱'을 넘는 아슬함을 묘사한 것들은 모두 이니시에이션 스토리로 지목이 되었습니다. '조자룡 헌 칼 쓰듯' 여기저기에서 유용한 '해석의 도구'로 활용되곤 했습니다. 마치 요즘 '스토리텔링'이라는 말이 도처에서 약방의 감초 격으로 등장하는 것과 흡사했습니다. 분수에 넘치게 대접을 받는다는 느낌을 주더니 급기야 '성장소설'과의 경계도 허물어뜨리고 말았습니다. '이니시에이션 스토리는 다른 말로 성장소설이라고도 한다'라는 설명을 인터넷에서 어렵지 않게 찾아볼 수 있게 되었습니다. 중고등학교에서도 그렇게 가르치고 있는 것 같습니다.

성장소설은 이니시에이션 스토리와는 그 개념의 범주가 사뭇 다른 것입니다. 그 사전적 의미는 다음과 같습니다.

> 주인공이 어린 시절부터 어른이 되기까지 정신적으로 성장해 나가는 과정을 다룬 소설이다. 괴테의 〈빌헬름 마이스터〉, 토마스 만의 〈마(魔)의 산〉, 헤세의 〈유리알 유희〉 등이 이에 해당한다.
>
> ▶▶▶ Daum 사전

이니시에이션은 주인공이 정신적인 성숙을 꾀하면서 어느 한 시기에 겪을 수 있는 실존적이거나 역사적인 특별한 경험(도전과 응전의 형식) 중의 하나일 뿐입니다. 인간은 늘 많은 시련에 노출되면서 성장합니다. 성장소설에서 중요한 것은 그런 '문턱'이 아닙니다. 성장소설이라는 용어에 나와 있는 것처럼, 성장소설에서 중요한 것은 문자 그대로, '성장'입니다. 성장의 현상학, 혹은 성장의 파노라마, 나아가서 성장의 필요성을 보여주는 것이 '성장소설'의 목적이자 효용입니다. 이니시에이션 스토리는 '성장'의 필요조건은 될 수 있는 것인지는 모르겠지만, 그것의 충분조건은 될 수 없는 것입니다. 그 '문턱'을 넘는 과정(험하고 고된)을 거쳐 선인善人이 될지, 악인惡人이 될지는 아무도 모르는 일이기 때문입니다. 한 주체(주인공)에게 닥친 이니시에이션이 그를 교양인으로 성장시키는 계기가 될지 아니면 타락한 문제적 개인으로 내모는 계기가 될지는 아무도 모른다는 것입니다.

그러면 어떤 소설이 이니시에이션 스토리에 해당될 수 있을까요? 황순원 선생의 「소나기」가 가장 먼저 떠오르는군요. 「소나기」는 이니시에이션의 외피外皮 안에다 미분화된 원초적인 심리를 잘 갈무리해서 넣어놓은 당의정 스타일 소설이라고 할 수 있습니다. '미분화된 원초적인 심리'의 내용은 이른바 '모성 콤플렉스mother complex'입니다. '소녀'의 완전하고 영원한 사랑은 '소년'이라는 '작은 인간'의 탈을 쓰고 나타난 뭇 남성들의 '모성 콤플렉스'에 다름 아니라는 것입니다(자세한 것은 「벌레 같은 사랑, 소나기」, 『장졸우교』 참조). 어쨌든 「소나기」는 이니시에이션 스토리라고 부를 수 있습니다. 서사의 표피적 층위이긴 하지만, 어린 주체는 '사랑과 죽음'이라는 성인의 조건(가치)에 속수무책으로 노출됩니다. 그리고 그 뒤의 '실존의 변화'에 대한 언급이 전혀 없으므로 해서 이니시에이션 자체에만 포커스를 맞추고 있다는 포즈도 그럴 듯하게 취해 내고 있습니다.

황순원 소설에서 문자 그대로 이니시에이션 스토리로 꼽을 수 있는 것은 「늪」이라는 소설입니다. '태섭'이라는 청년이 자의 반 타의반으로, 최초로 만난 육체적 에로티즘의 문턱에서 비참하게(속수무책으로) 좌절하고 마는 과정이 아주 섬세한 필치로 그려지고 있습니다. 이 소설 역시 그 '사건' 이후의 '실존의 변화'에 대해서는 언급이 없습니다. 다만, 그 이니시에이션(입사식)의 고된 시련의 과정을 거치면서, 그것에서 얻은 상처로 인해, '태섭'의 자아는 차후 육체적 에로티즘에 대해서 극히 소극적인 태도를 취하게 될 것이라는 짐작만 해볼 수 있을 뿐입니다.

서론이 너무 길어졌습니다. 황순원 소설 「별」에서 그려내고 있는 '신들의 계보'에 대해서부터 말씀을 드리려고 합니다. 에로티즘 미학을 살피는 데에는 그게 순서인 것 같습니다. 우선 작품을 조금 읽어 보겠습니다.

동네 애들과 노는 아이를 한동네 과수노파가 보고, 같이 저자에라도 다녀오는 듯한 젊은 여인에게 무심코, 쟈 동복(同腹) 누이가 꼭 죽은 쟈 오마니 닮았디 왜, 한 말을 얼김에 듣자 아이는 동무들과 놀던 것도 잊어버리고 일어섰다. 아이는 얼핏 누이의 얼굴을 생각해 내려 하였으나 암만해도 떠오르지 않았다. 집으로 뛰면서 아이는 저도 모르게, 오마니 오마니, 수없이 외었다. 집뜰에서 이복동생을 업고 있는 누이를 발견하고 달려가 얼굴부터 들여다보았다. 너무나 엷은 입술이 지나치게 큰 데 비겨 눈은 짭짭하니 작고, 그 눈이 또 늘 몽롱히 흐려 있는 누이의 얼굴. 아홉 살 난 아이의 눈은 벌써 누이의 그런 얼굴 속에서 기억에는 없으나 마음속으로 그렇게 그려오던 돌아간 어머니의 모습을 더듬으며 떨리는 속으로 찬찬히 누이를 바라보았다. (…중략…)

마침 노파는 새로 지은 저고리 동정에 인두질을 하고 있었다. 늘 남에게 삯바느질을 시켜 말쑥한 옷만 입고 다녀 동네에선 이름난 과수노파가 제손으로 인두질을 하다니 웬일일까. 그러나 아이를 보자 과수노파는 아이보다도 더 의아스러운 눈치를 하면서 인두를 화로에 꽂는다. 아이는 곧 노파에게, 아니 우리 오마니하구 우리 뉘하구 같이 생겠단 말은 거짓말이디요? 했다. 노파는 더욱 수상하다는 듯이 아이를 바라보다가 그러나 남의 일에는 흥미없다는 얼굴로, 왜 닮았디, 했다. 아이는 떨리는 입술로 다시, 아니 우리 오마니 입하구 뉘 입하구 다르게 생기디 않았이요? 하고 열심히 물었다. 노파는 이번에는 화로에 꽂았던 인두를 뽑아 자기 입술 가까이 갖다 대어보고 나서, 반만큼 세운 왼쪽 무릎 치마에 문대고는 일감을 잡으며 그저, 그러구 보믄 다르든 것 같기두 하군, 했다. 아이는 인두질 하는 과수노파의 손 가까이로 다가서며 퍼뜩 과수노파의 손이 나이보다는 젊고 고와 보인다는 생각을 하면서, 우리 오마니 닛몸은 우리 뉘 닛몸터럼 검디 않구 이뻤디요? 했다. 과수노파는 아이가 가까이 다가와 어둡다는 듯이 갑자기 인두 든 손으로 아이를 물러나라고 손짓하고 나서 한결같이 흥없이, 그래앤, 했다. 그러나 아이만은 여기서 만족하여 과수노파의 집을 나서 그달음으로 자기 집까지 뛰어오면서, 그러면 그렇지 우리 오마니가 뉘처럼 미워서야 될 말이냐고 속으로 수없이 되뇌었다. 안뜰에 들어서자 누이가 안 보임을 다행으로 여기며 방안으로 들어갔다. 그리고 책상 앞으로 가 란도셀 속에서 산수책을 꺼내다가 그 속에 인형을 발견하고 주춤 손을 거두었다. 누이가 비단 색헝겊을 모아 만들어준 낭자를 튼 예쁜 각시인형이었다. 그리고 아이가 언제나 란도셀 속에 넣어가지고 다니는 인형이었다. 과목은 요일을 따라 바뀌었으나 항상 란도셀 속에 이 인형만은 변함없이 들어 있었다. 아이는 인형을 꺼내 들었다. 그러나 지금 아이는 이 인형의 여태까지 그렇게 이쁘던 얼굴이 누이의 얼굴이나처럼 미워짐을 어쩔 수 없었다. 곧 아이는 인형을 내다버려야 한다는 걸 느꼈다. 그걸 품에 품고 밖으로 나섰다. 저녁 그늘이 내린 과수노파가 사는 골목을 얼마 들어가다 아이는 주위에 사람 없는 것을 살피고 나서 주머니에서 칼을 꺼냈다. 칼끝으로 땅을 파가지고 거기에다 품속의 인형을 묻었다. 그리고는 그곳을 떠났다. 인형인가 누이인가 분간 못 할 서로 얽힌 손들이 매달리는 것 같음을 아이는 느꼈다. 그러나 아이는 어머니와 다른 그 손들을 쉽사리 뿌리칠 수 있었다.

▶▶▶ 황순원, 「별」, 『황순원 전집』 1, 문학과지성사, 1980 중에서

「별」이라는 소설의 서두 부분입니다. 일찍 어머니를 여읜 두 살 터울의 오누이는 서로 돈독한 혈육의 정을 나눕니다. 그런데 어느 날 동네 과수노파에게서 청천벽력과 같은 소리를 듣습니다. 어린 오이디푸스에게 '신탁神託'이 내린 겁니다. 과수노파의 '어머니와 누이는 같다'라는 말은 아이에게는 '어머니와 누이를 빨리 갈라놓아라'라는 '신탁'의 의미였던 것입니다. 아이는 그 '신탁'에 따라 '어머니'와 '누이'를 갈라놓아야 했습니다. 그 일이 그에게는 '주체의 분열分裂'을 강요하는 고된 작업이었습니다

(분열상을 그리고 있는 자세한 내용은 직접 소설을 읽어보시고 파악하시기 바랍니다. 필요 이상의 요약적인 설명은 소설에 대한 예의가 아니기 때문입니다). 누이가 만들어준 각시 인형을 땅에 묻고 돌아서는 아이는 그 이후로 지상의 모든 육체적 에로티즘과의 작별을 결행합니다(누이와의 결별은 그의 모성콤플렉스의 본격적 발현을 예고하는 것이었습니다). 그 대가로 그는 유미주의를 얻습니다. 오직 '보기에 아름다운 것'에만 매달립니다. 이 소설의 많은 분량이 그런 아이의 탐미적 기행奇行을 묘사하는 것에 할애되고 있습니다. 이를테면, 위대한 예술가의 탄생 설화를 보는 듯한 느낌을 줍니다.

이 소설이 이니시에이션 소설이라는 말은 당연히 거짓말입니다. 그 중에서도 미추美醜 인식과 관련되어 이 소설이 이니시에이션 스토리가 된다고 말하고 있는 것이 가장 큰(새빨간) 거짓말입니다. 이 아이의 미감美感은 벌써부터 예외적입니다. 어머니의 이른 상실이 불러온 부어 오른 아니마의 작용이지 싶습니다. 이 아이는 자신의 모성 콤플렉스(혹은 아니마)에 대해서 이야기하고 있을 뿐, 자신의 입사식이나 성장에 대해서 이야기하지 않습니다. 그가 내비치고 있는 자신의 '경험'은 일상인의 입장에서는 그 콤플렉스가 빚어내는 '부작용'으로 인식될 것이고 예술을 하는 사람 입장에서는 충분히 동병상련할 그런 이야기입니다. '신탁'을 받기 이전에도 그는 이미 과수노파의 깔끔한 옷차림을 보고 인상 깊은 관찰담을 남긴 아이였고, '신탁'을 받은 당일에도 그녀의 나이보다 젊어 뵈는 손을 보고 감탄했던 아이였습니다.

'신탁' 이후에 아이가 바뀌는 것은 오직 하나뿐입니다. 어머니의 정을 느끼게 해주던 누이를 '밉게 생겼다'라고 박대하는 일뿐입니다(누이는 사실상의 '살아 있는 어머니'였습니다. 아이에게 모정을 느끼게 한 것은 누이였습니다. '어머니'는 관념적 존재로서 '별'로 표상되는 존재였습니다). 당치 않은 미의식을 드러낸다거나(땅따먹기 일화) 육체적 에로티즘 연애를 박대하는 장면(연애 실패 일화)들은 모두 '미운 누이'에 대한 자신의 사랑을 가학적으로 압박한 에피소드에 불과한 것이었습니다(앞장 『가면고』 감상에서의 '초자아의 자아에 대한 가학적 학대' 참조).

아홉 살 난 아이가 열한 살 난 누이를 두고 벌인 일들은 그러므로 모두 신神들이나 할 수 있는 것들이었습니다. 무의식의 자기 탄생설화였습니다. 그런 의미에서 이 소설은 '신들의 계보'를 적고 있습니다. 시집간 누이가 일찍(어머니처럼) 세상을 버렸다는 후반부 이야기는 그 '신들의 계보'를 희석시키기 위한 얕은 속임수(고육지책)로 읽힙니다. '그렇게까지 소년을(독자들을) 울릴 필요가 있었나'라는 의문마저 듭니다. 「소나기」든 「별」이든, 끝까지 그런 식으로, 우리가 좋아했던 여인네들을 꼭 죽여야 했던 황순원 선생님의 속내가 참 궁금합니다.

그레이트 마더

앞에서 "끝까지 그런 식으로, 우리가 좋아했던 여인네들을 꼭 죽여야 했던 황순원 선생님의 속내가 참 궁금합니다"라고 끝을 맺었습니다. 그 '궁금한 속내'를 조금이나마 엿볼 수 있게 하는 것이 선생의 「왕모래」(1953. 10)라는 작품입니다. 「소나기」(1952. 10)와 꼭 1년의 터울을 지니고 태어난 작품입니다. 「별」과 「소나기」에서는 막幕 뒤에 숨어 있던 '어머니'가 이 소설에 와서는 무대 전면으로 나섭니다.

> 그해 살구꽃이 흩날리기 시작한 어느 날이었다.
>
> 새벽녘이면 으레 돌아오던 어머니가 이날은 낮이 기울도록 돌아오지 않았다. 돌이는 울음을 참아가며 머리맡에 놓인 요강만 바라보곤 했다.
>
> 새벽녘에 돌아오는 어머니는 먼저 요강을 찾았다. 그 소리에 돌이는 잠이 깨곤 했다. 어느새 그렇게 잠귀가 밝아진 돌이였다. 머리위까지 이불을 뒤집어쓰는 어머니의 가슴을 더듬곤 했다. 홱 손이 뿌리쳐졌다. 왜 넌 세상에 나와가지구 이 성화냐. 술냄새가 끼얹혔다. 그런 어머니의 몸은 무슨 열기까지 띠고 있었다. 돌이는 저리 돌아눕는 어머니의 등 뒤에서 숨을 죽이며, 어머니는 어디가 아파서 그러는지도 모른다는 생각을 해보곤 한다.
>
> ▶▶▶ 황순원, 「왕모래」, 『황순원 전집』 3 중에서

'돌이'는 결국 어머니에게 버림받습니다. 어린 자식을 두고 어머니는 돈 많은 이의 소실로 들어가고 맙니다. '돌이'는 야박한 세상에 내던져집니다. 홀로 남습니다. 애지중지하던 요강마저

뺏기고 맙니다. 그 요강은 사금판 삯일을 다니던 아버지가 앉아서 피똥을 싸던 요강이었고(그 속에서 금빛 왕모래를 고르곤 했습니다) 새벽녘에 돌아온 어머니가 시원하게 소리 내어 오줌을 누던 요강이었습니다(그 소리가 '돌이'에게는 세상의 불안을 잠재우는 자장가였습니다). 요강은 '돌이'에게 부모의 존재를 상기시키는(확인시키는) 유일무이한 사물이었습니다. 당연히 돌이에게는 페티시즘의 대상이 될 만한 물건입니다. 돌이는 훗날 아편쟁이가 되어 돌아온 어머니에게 요강을 사다주면서 그때 일을 다시 한 번 되새깁니다.

> 어머니가 비틀걸음으로 대문을 들어선다. 아주 심한 환자의 걸음걸이였다. 변소를 찾아나갔었다고 한다. 돌이는 아차 하는 생각이 들었다. 요강을 하나 사올 걸 잘못했다. 손님이 돈을 잃었다고 난리를 벌이는 그 경황 속에서도 돌이는 어머니의 요강이 급했다.
>
> 사기점에서 그중 좋은 요강 하나를 사들고 돌아오며 돌이는 즐거웠다. 지난날 셋방 안주인이 자기네 요강마저 내갔을 때, 정말 자기 어머니는 돌아오지 않으리라 생각한 것처럼 오늘부터는 이 요강으로 해서 어머니를 완전히 자기 것으로 만든다는 생각에 절로 가슴이 두근거려졌다.
>
> ▶▶▶ 황순원, 「왕모래」, 『황순원 전집』 3 중에서

그러나 어머니는 이미 몸과 마음이 많이 상해 있었습니다. 이

미 옛날의 어머니로 되돌아올 수 없는 지경에 이르렀습니다. 아편쟁이에다가 남의 돈까지 마구 훔쳐댑니다. 열일곱 살의 '돌이'가 튼실하게 자라 자기 앞가림을 잘 하고 있는 것과는 너무 대조적입니다. 그런데 이 작품을 읽다 보면 '어머니'만 그렇게 타락해 있는 게 아닙니다. 「별」이나 「소나기」에서처럼 '이상화된 여성성'의 존재('소녀'나 '누이')는 「왕모래」에서는 일절 등장하지 않습니다. '안주인', '새어머니', '곰보 아주머니' 등 주인공에게 영향을 미칠 수 있었던 모든 여성들은 다 부정적인 인물로 묘사됩니다. 이런 도식성, 그러니까 여성 이미지가 선과 악으로, 극단적으로 이분화되는 현상은 황순원 소설의 한 특성이라고도 할 수 있을 것입니다(『내일』이 그중에서는 그런 도식성을 가장 덜 보이고 있는 소설이지 싶습니다). 어떻든, '돌이'는 어머니를 그냥 둘 수가 없었습니다. 아편쟁이 어머니가 겪는 고통이 그냥 두고 보기에는 너무 큰 것이었습니다.

> 다시 아까의 약방으로 달려갔다. 주인을 만났다. 돈은 얼마든지 낼 테니 한 대만 꼭 파세요. 주인은 눈물어린 돌이의 얼굴을 지그시 바라보다가, 그럼 단골로 늘 약을 팔아주는 값으로 이것 한 대만 준다고 했다.
>
> 어머니는 돌이의 손에서 약병을 빼앗듯이 하여 미리 간수해두었던 주사기에 옮기기가 바쁘게, 후들거리는 손으로 가죽만 남은 젖가슴을 찔렀다. 오, 역시 내 아들이구나.

돌이는 슬픈 얼굴이면서도 무엇을 결심한 낯빛이었다. 여관 주인한테 가서, 오늘 저녁 잃은 손님의 돈은 자기가 갚겠노라고 했다.

돌아와 보니, 어느새 어머니는 숨소리도 고르게 잠이 들어 있었다. 전등을 끄고 자기도 그 곁에 누웠다. 그리고 팔로 조용히 어머니의 목을 안았다. 손이 뿌려쳐지지 않았다. 돌이는 팔에 점점 힘을 주었다. 여윈 어머니의 몸이 목 비틀린 잠자리모양 떨렸다. 숨이 괴로운 것이다. 그러나 돌이는 그냥 팔에다 힘주기를 멈추지 않았다.

▶▶▶ 황순원, 「왕모래」, 『황순원 전집』 3 중에서

너무 이상화되는 것도 문제지만, 애인이든 어머니든 지나치게 악녀惡女 취급을 받는 것도 문제입니다. 사람을 지나치게 한쪽으로 몰아세우는 것은 어디서나 좋지 않습니다. 작가도 아마 그 점을 중시했던 것 같습니다. 자기 안의 그런 충동에 대해서 따끔하게 주의를 줍니다. 일단 작품이 되어 위로 올라온 것들은 일종의 '의식화 과정'을 거치면서 순치된 것들입니다. 그러니까 그 숱한 '여인네들의 죽음'은 그러한 '내면의 극단적인 이분법'에 대한 모종의 처방(창작심리학적)이 아닌가 싶다는 것입니다. 이를테면, 자신의 모성 콤플렉스에 대한 의식, 무의식적 층위에서의, 그러니까 창작심리학적 층위에서 이루어지는, 모종의 대처 방법이 아니었던가 싶다는 거지요. 물론 이런 유추적 독서에는 정답이란 게 없습니다. 그저 이런 식의 '독자 쪽에서의 능동적인 읽기'가 독서에 활력을 불어넣는다는 것을 서로 인정하기

만 하면 될 일일 것입니다.

「왕모래」가 '신들의 계보'를 밝히는 소설이 되는 이유에 대해서는 소략하나마 어느 정도 말씀드린 것 같습니다. 몰락(타락)한 부성이나 모성을 제거하는 것은 신화적 영웅(탐색영웅)들의 주된 임무입니다. '돌이'의 모친살해matricide 역시 그런 신화적 맥락 안에서 읽혀질 수 있습니다. 신화는 인류의 꿈이며 꿈은 개인의 신화라고 융학파에서는 말하지요. 지금껏 제가 드린 말씀은, 「별」, 「소나기」, 「왕모래」는 한 개인의 신화가 소설이라는 형태를 빌어 세상에 나온 것이라는 이야기였습니다.

앞에서 살펴 본 것처럼(「별」, 「왕모래」), 황순원 소설은 인간 심리의 세부를 절묘하게 묘사해냅니다. 특히 발생기 인간 심리에 대한 탁월한 통찰력을 보여줍니다. 「별」, 「닭제」, 「소나기」, 「왕모래」 등 황순원의 주옥같은 단편들이 보이고 있는 심리소설로서의 미학적 수준은 언어로 표현할 수 있는 하나의 최고치에 이르고 있다고 해도 과언이 아닐 것입니다.

그러한 심리적 언어로서의 황순원 소설은 그 본령을 에로티즘에 두고 있습니다. 그의 소설은 항상 사랑을 다룹니다. 그는 여러 방향에서 그것을 탐구합니다. 그리고 그 다양한 탐구의 양상은 당연히 일정한 패턴을 만들어냅니다. 그것도 '사람이 하는 일'이기 때문이지요. 작가 황순원이 주로 다루는 사랑의 양태는 소년기 에로티즘, 삼각관계 에로티즘, 나르시시스트 에로티즘 등으로 나타납니다(세 가지 에로티즘 유형은 주체의 아니마 갈등이 현실적으로 만들어내는 에로티즘의 양상을 설명의 편의를 위해 임의적으로 나누어 본 것에 지나지 않는다. 그것들은 본질적으로 하나의 원인에서 비롯된다[1]). 그리고 이 모든 에로티즘 미학의 근저根底에는 창작심리학 층위의 아니마 갈등(모성 콤플렉스)이 자리 잡고 있습니다(황순원 소설의 에로티즘 미학은 모성 콤플렉스를 건너가기 위한 무의식적 자기실현 행위가 소설창작이라는 상징화 작업을 통해 표출된 것으로 본다는 것[2]). 모성애에 대한 무의식적 집착을 다양한 에로티즘 미학으로 창작과정에 반영함으로써(의식화함으로써) 그 부정적 에너지를 상징화 혹은 승화를 통해 소산燒散한다는 자기실현의 텍스트무의식이 관찰된다는 것입니다. 이를테면, 다른 작가들이 자신의 내면에 고착된 모성성을 절대적인 그 무엇으로 두고 그것에 동화되거나 이화異化되어야 할 것으로 묘사해 나가는 양상을 보인다면, 황순원은 그러한 수준은 물론, 그것을 넘어서서 자신의 모성콤플렉스를 소설미학의 근본 동인動因으로 삼고 있는 양상을 보인다는 것입니다.

소년기 에로티즘

황순원 소설이 내면에 고착된 모성성과 관련하여 소년기 에로티즘에 관심을 집중하는 것은 주로 그의 초기작에서입니다.

---

1) 황순원 소설의 에로티즘 미학과 나르시시즘 미학에 대해서는 양선규, 「황순원 소설의 분석심리학적 연구」, 경북대학교 박사논문, 1991 참조.

2) 황순원 소설에 대한 연구사적 접근은, 『작가세계』(황순원 특집), 1995년 봄, 세계사 참조.

「별」, 「늪」(「늪」의 주인공 '태섭'은 청년이지만 그가 보여주는 에로티즘의 양상은 소년기 에로티즘에 속한다), 「소나기」, 「왕모래」 등에서 다채롭게 소년기 에로티즘이 조명됩니다.

그러나 이때 소녀는 또 자기만 말끄러미 바라보고 있는 아이에게 느껴지는 어떤 부족감을 못 참겠다는 듯한 기색을 떠올렸는가 하면, 아이의 어깨를 끌어당기면서 어느새 자기의 입술을 아이의 입에다 갖다 대고 비비었다. 아이는 저도 모르게 피하는 자세를 취하였으나 서로 입술을 비비고 난 뒤에야 소녀에게서 물러났다. 벌떡 일어났다. 그리고 아이는, 거친 숨을 쉬면서 상기돼있는 소녀를 내려다보았다. 이미 소녀는 아이에게 결코 아름다운 소녀는 아니었다. 얼마나 추잡스러운 눈인가. 이 소녀도 어머니가 아니라는 생각이 불현듯 떠올랐다.

▶▶▶ 황순원, 「별」, 『황순원 전집』 1 중에서

「별」의 주인공은 모성애에 대한 무의식적 집착을 '어떤 부족감을 느끼게 하는 연애'로 대리보상 받으려 합니다. 육체적 접촉은 모성성에 대한 자신의 애착을 더럽히는 것으로 간주됩니다. 그것을 '소녀'는 견디지 못합니다. '아이'가 추구하는 에로티즘이 육체의 그것이 아니라 아니마 갈등의 결과로 선택된 '심정心情의 에로티즘'임을 알지 못하는 '소녀'는 자신의 육욕을 행동으로 옮기고 그 결과 '아이'와의 결별을 자초합니다. 일상에서의 기억에서든 소설텍스트에서의 서사 패턴에서든, 소년기 에로티즘은 대개 이니시에이션 서사의 형태로 나타나는 것이 통상적입니다. 성에 대해 무지하던 상태에서 어떤 계기를 얻어 자신도 모르는 사이에 성인의 성으로 입문하는 것이 소년기 에로티즘 서사의 일반적 패턴입니다(「소나기」). 그 점을 고려한다면 이 부분은 소년기 에로티즘 중에서도 하나의 이상異常 형태라 볼 수 있습니다. 작가가 의도적으로 설정한 장면인데 그 나름 상당한 심리학적 내포가 엿보입니다. 이 부분에서 황순원 소설의 소년 주인공들이 이니시에이션 서사에만 봉사하는 것은 아니라는 점을 알 수 있습니다. 왜 육체의 에로티즘에 도달하지 못하는가가 초점이 된다는 겁니다. 연령이나 신체 발육의 문제가 아닌 또 다른 원인이 있다는 것을 텍스트는 강조합니다.

「늪」에서는 그 반대의 양상이 묘사됩니다. 화자 주인공이 여성의 건강한 육체에 대한 강렬한 호기심을 드러냅니다. 여체女體에 대한 페티시즘적 집착이 남성 주인공의 육체적 열등의식의 프리즘을 통해 독자들에게 효과적으로 제시됩니다. 여기서도 역시 황순원 소설 특유의 심리학적 에로티즘 미학의 출현을 목도합니다.

> 태섭은 소녀의 오른 손목에 감긴 붕대를 지켜보다가 다시 빙그르르 돌려고 하는 소녀의 팽팽한 가슴에서 호크가 벗겨지면 어쩌나 하고, 원반을 피하듯이 물러나 앉았다. 그러자 물러나 앉는 태섭의

> 무릎에 소녀의 몸뚱이가 와락 와 쓰러졌다. 태섭이 미처 팔로 소녀의 몸뚱이를 받을 새도 없이 태섭의 약한 몸은 소녀의 풍만한 육체를 감당하지 못하고 뒹굴고 말았다.
>
> ▶▶▶ 황순원, 「늪」, 『황순원 전집』 1 중에서

'태섭'은 「별」의 '아이'가 성인으로 성장한 모습에 다름 아닙니다. '심정의 에로티즘'을 추구하게 했던 아니마 갈등은 어느 정도 해소된 듯합니다. 이제 그는 '육체적 에로티즘'으로 나아가려는 출발선에 서 있습니다. 여체의 육감적 형체에 대해 굳이 눈을 감지 않습니다. 그것을 자세히 바라보며 에로티즘의 세계를 동경하기까지 합니다. 그러나 아직은 두려움이 앞섭니다("팽팽한 가슴에서 호크가 벗겨지면 어쩌나"). 그래서 그의 에로티즘은 육체를 완전히 소유할 수 없습니다. 초대는 받았지만 그는 여전히 에로티즘의 성문城門 앞에서 서성거릴 뿐입니다. 몸은 성인이지만 마음은 아직 '아이'에게서 완전히 빠져나오지 못하고 있습니다. 그리고 그 상황이 자신을 '늪'으로 빠져들게 한다는 자의식 속에서 허우적거립니다.

「늪」에서는 육체적 에로티즘에 눈뜨는 한 청년의 내면 묘사가 정밀하게 이루어집니다. 성性에 대한 동경과 여체에 대한 관심을 거침없이 표현하기도 하지만, 동시에 강하고 풍만한 여체 앞에서 위축되고 압도되는 나약한 남성성을 드러내기도 합니다. 외형적으로 이니시에이션 서사의 전형적인 틀을 갖추고 있

습니다. 그러나 「늪」은 그것 이상입니다. 소설의 서두에서 묘사되는 '소녀'의 집은 모녀만 사는 집으로 일종의 우로보로스적 환경에 놓여 있습니다. 그리고 그 안에 들어서는 '태섭'의 눈에는 '소녀'보다 그녀의 어머니가 먼저 들어옵니다. '소녀'의 어머니는 에로티즘의 성城에서 추방당하여 홀로 유폐되어 있는 숲속의 마녀, 그레이트 마더입니다. 그녀는 '태섭'의 친구 부인을 흠잡으며 자신의 그런 사정을 묵시적으로 드러냅니다.

> 소녀의 어머니는 숨찬 음성으로, 부인과는 한 고향이어서 서로의 집안 사정을 잘 안다는 말로 부인의 집에서는 지금 남편과 결혼하는 것을 반대하여 오랫동안 말썽이 많다가 종내 부인이 자기의 마음대로 붙고 말았다는 말을 하였다. 붙었다는 자기 말에 소녀의 어머니는 스스로 귀밑을 붉히고 이어서, 부인은 여태까지 본가에는 가지 못한다는 말을 하고, 그런 일을 저지른 것은 어려서 어머니를 잃고 후모 밑에서 자라난 탓이라고 하였다.
>
> ▶▶▶ 황순원, 「늪」, 『황순원 전집』 1 중에서

'소녀'의 어머니는 '태섭'을 소개한 친구의 부인을, 머리 모양과 복장에 대한 규탄에서부터 시작하여 종내에는 야합의 당사자로, 불륜의 주체로, 매도합니다. 그런 매도는 오히려 성과 인습에 자유로운 그녀에 대한 선망의 표현일 수도 있는 것이었습니다. '붙었다'라는 표현으로 그녀는 자신의 그런 처지와 속내를

결정적으로 드러냅니다. 그런 그녀가 딸에게 젊은 가정교사를 '붙이고'는 둘 사이를 "흘깃거리는 시선"으로 엿봅니다. '태섭'은 그 다음날부터 그녀의 '흘깃거리는 시선을 받아가며' 성과 인습에서 자유롭기를 원하는 '소녀'에게 개인교습을 합니다. 그리고는 그녀의 "건강한 혀와 입술"과 "풍만한 무릎"과 "팽팽한 가슴"에 시선을 빼앗기고 있는 자신을 발견합니다. 작가는 '소녀'가 그녀의 어머니에게서 방출된 에로티즘 에너지까지 합해서 곱으로 '태섭'에게 그것을 전하고 있다고 강조합니다. 그리고 텍스트무의식은 '소녀'가 그녀의 어머니의 대리자이거나 대용품일지도 모른다는 의심을 품어보라고 권합니다.

의심은 거기에서 그치지 않습니다. '태섭', '소녀', '눈썹이 검은 소년'의 삼각관계도 미심쩍습니다. '태섭'과 '소녀', 그리고 '눈썹이 검은 소년'이 만들고 있는 삼각관계를 무의식의 아니마 갈등이라는 측면에서 보면, '소년'은 '태섭'의 그림자일 공산이 큽니다. 그가 '소녀'(어머니의 몸)와 함께 사랑의 도피행각을 펼친다는 것은 그러므로, 페르조나의 일방적인 독선에 저항하는 내적 인격으로서의 그림자가 취하는 '전체의 균형을 유지하려는 행동'이 될 수도 있는 것입니다. 그러한 텍스트무의식은 '소녀'가 '태섭'의 "소년과 함께 떠난대도 멀지 않아 불행해질 것"이라고' 하는 말에 '태섭'의 뺨을 갈기며 "악마, 악마 하고 두어 번 부르짖"는 장면을 보면 거듭 확인될 수 있는 일입니다. 텍스트무의식은 균형을 깨는 페르조나의 일방적 독주를 '악마'로 간

주합니다. 여기서도 '소녀'는 '어머니'가 보낸 척후병의 역할을 합니다. 앞에서도 그녀의 역할은 여체(여성)의 실존을 '태섭'에게 보여주는 것에 머물렀습니다. 그래서 '태섭'이 두려워하던 '늪'이 '소녀'의 어머니일지도 모른다는 것, 주체의 아니마는 유폐된 모성의 추방된 에로티즘 욕구에 구원의 손길을 내밀어야 한다는 의무감 속에서 그녀의 대리자에게, 그녀의 몸에, 관심을 드러내지만 정작 그녀 자체와의 결합에는 관심이 없었다는 것, 이때 여체의 심리학적 내포는 모성애에 집착하는 주체가 돌아가고자 하는 '어머니의 몸'일 것이라는 유추가 가능해지는 것입니다.

텍스트무의식의 차원에서 본다면 이 소설의 제목이 '늪'인 것도 그러한 맥락화에 결정적인 기여를 합니다. 소녀의 집이 늪이고, 그녀의 어머니가 늪이고, 여체가 늪이고, 그 앞에 선 태섭의 마음도 늪입니다. 모든 것이 늪, 즉 우로보로스Uroboros라는 것이지요(연금술사들이 태초의 근원 물질 상태를 지칭하던 '우로보로스'는 본디 이집트에서 태양신의 순회巡廻를 표상하던 우주적 원이었다. 융심리학에서는, 자기 꼬리를 물고 있는 뱀의 형상ring-snake이 표상하듯, 시작과 끝이 따로 존재하지 않는 시초로서, 반대 짝들이 각기 분리되기 이전의 공존을 가리키는 용어이다. 무의식의 심연으로서의 그레이트 마더는 우로보로스가 인격화된 것이다). 모럴의 간섭도 없고 이성의 명령도 없는 곳이 우로보로스입니다. 태섭은 우로보로스의 강한 흡인력에 빠져서 허우적대다가 겨우 빠져나옵니다. 마지막 장면에서, 태섭이 화분에 물을 주며 안정을 되찾는다는 묘사는 '소녀'가 떠난 후, 자신이 비로소 늪—우로보로스적 에로티즘—에서 벗어나 새 생명(아니마 갈등에서 벗어난 주체적 에로티즘)의 출발선에 서게 되었다는 고백으로 읽혀집니다.

황순원 소설이 이니시에이션 서사의 완벽한 자태를 갖추고 본격적으로 소년기 에로티즘에 대한 묘사로 나선 작품이 「소나기」입니다. 이 소설에서 황순원은, 정공법으로, 모든 에로티즘은 육체의 그것일 뿐이라는 점을 강조하는 한편, 또한 역설적으로(부족한 것이 최고의 만족이라는) 소년기 에로티즘을 전경화시킴으로써 자신의 에로티즘 미학의 실체를 극명히 드러냅니다.

그러나 이상한 일이었다. 소녀의 그림자가 뵈지 않는 날이 계속될수록 소년의 가슴 한구석에는 어딘가 허전함이 자리잡는 것이다. 주머니 속 조약돌을 주무르는 버릇이 생겼다.

소녀의 오른쪽 무릎에 핏방울이 내맺혔다. 소년은 저도 모르게 상채기에 입술을 가져다대고 빨기 시작했다. 그러다가 무슨 생각을 했는지 홱 일어나 저쪽으로 달려간다.

…비에 젖은 소년의 몸내음새가 확 코에 끼얹혀졌다. 그러나 고개는 돌리지 않았다.

소년이 등을 돌려댔다. 소녀가 순순히 업히었다. 걷어올린 소년의 잠방이까지 물이 올라왔다. 소녀는, 어머나 소리를 지르며 소년의 목을 그러안았다.

소녀가 분홍 스웨터 앞자락을 내려다본다. 거기에 검붉은 진흙물 같은 게 들어 있었다. 소녀가 가만히 보조개를 떠올리며,

「이게 무슨 물 같니?」

소년은 스웨터 앞자락만 바라다보고 있었다.

「내 생각해냈다. 그날 도랑 건늘 때 내가 업힌 일 있지? 그때 네 등에서 옮은 물이다.」

소년은 얼굴이 확 달아오름을 느꼈다.

▶▶▶ 황순원, 「소나기」, 『황순원 전집』 3 중에서

"주무르는 버릇이 생겼다", "입술을 가져다대고 빨기 시작했다", "목을 그러안았다"와 같은 술부는 그것의 목적이나 대상을 떠나, '소녀'와 '소년'이 나누는 에로티즘의 '육체적' 속성을 드러내는 것이었습니다. 그런 부분들에서도 황순원 소설이 묘사의 힘으로 관념을 압도한다는 것을 확인할 수 있습니다. 소년기 에로티즘이 성인의 그것에 못 미친다는 관념은 그런 '묘사의 힘' 앞에서 무릎을 꿇어야 합니다. 오히려 그것은 '육체를 넌지시 바라다보는 포즈'를 취함으로써 타나토스(죽음 충동)의 침범을 받지 않는 신성불가침의 영역을 드러냅니다. 에로티즘의 끝은

항상 죽음입니다. 육체도 그렇고 정신도 그렇습니다. 그러나 「소나기」의 '환상'은 그 끝을 영구히 봉인합니다. 죽음으로 죽음을 봉인합니다. 현실은 그 '환상'에게 완전히 압도됩니다. 불패의 환상이 되는 것입니다. 그런 의미에서 황순원 소설에서 묘사하는 소년기 에로티즘은 그 마지막에 있어서는, '신성의 에로티즘'을 지향한다고도 볼 수 있습니다.

그러한 절대성을 가능케 하는 자양분은 어디에서 오는 것일까요? 중간 결산을 할 때가 온 것 같습니다. 앞에서도 말씀드린 바 있지만, 황순원 소설의 에로티즘 미학은 황순원 문학의 텍스트무의식이 자신의 젖줄을 대고 있는 곳, 즉 모성성를 향한 집착과 염원에서, 혹은 그것에서 비롯된 아니마 갈등에서 나오는 것이라는 게 지금까지의 텍스트 분석이 가져다 준 결론이었습니다. 「왕모래」는 그런 의미에서 황순원 소설 이해의 한 중요한 이정표가 됩니다. 타락한 어머니를 살해하지 않을 수 없었던 한 아들의 이야기인 「왕모래」 역시 탁월한 묘사의 힘으로 '모성 살해'의 동기와 진정성을 드러내고 있습니다. 마성魔性의 모성을 제거함으로써 모성성의 영토성을 정화하겠다는 무의식의 의지를 읽을 수 있습니다.

'모성 살해'라는 극단적인 서사로까지 발전하는 모성성에의 집착, 혹은 아니마 갈등이 에로티즘 미학의 원동력이 된다는 것은 초기 황순원 소설에 나타난 텍스트무의식 분석을 통해 설명될 수 있는 것이며, 그러한 특별한 시기의 특별한 감정을 세밀하게 포착하는 것이 바로 초기 황순원 소설의 한 특징이기도 한 것이라는 점이 지금까지의 행한 논의의 요점이라고 할 수 있을 것입니다.

삼각관계 에로티즘

모성콤플렉스, 혹은 아니마 갈등은 소년기 에로티즘과 같은 '특별한 시기'에 대한 관심뿐만이 아니라 '특별한 관계'에 대해서도 집착하게 합니다. 앞서 살펴본 「늪」에서도 일부 언급되었지만, 황순원 소설은 삼각관계에 대해서도 특별한 관심을 드러냅니다.

황순원 소설은, 장편일 경우, 예외 없이 삼각관계의 에로티즘을 추구합니다. 『카인의 후예』(오작녀와 박훈/오작녀의 남편)와 『나무들 비탈에 서다』(장숙과 동호/현태)에서는 한 여자를 둘러싼 두 남자의 갈등이, 그리고 『나무들 비탈에 서다』(동호와 장숙/옥주), 『일월』(인철과 다혜/나미), 『움직이는 성』(준태와 지연/창애), 『신들의 주사위』(한수와 진희/세미)등에서는 한 남자를 둘러싼 상극적인 두 여자의 갈등이 서사의 중심축을 이루고 있습니다.

황순원 소설이 삼각관계의 에로티즘을 추구할 때 일반적으로 보이는 경향은 '상극적인 대립관계'입니다. 인물이 선과 악이라는 이분법적인 구분에 의해 선명하게 나누어집니다. 남자든 여자든 한 사람의 대상을 두고 서로 경합하는 인물들은 어느 한 쪽이 선善이면 다른 한 쪽은 반드시 악惡으로 묘사됩니다. 남자

인물 중에는 『카인의 후예』의 '박훈'과 오작녀의 남편이 가장 그렇고, 여자 인물 중에는 『일월』의 '다혜'와 '나미'가 대표적입니다. 본디 삼각관계 에로티즘이 그레이트 마더의 아들 연인son-lover이 즐겨 택하는 애정의 구도이며, 그레이트 마더가 가지고 있는 선과 악이 각각의 상대에게 분리되어 투사되는 경우가 일반적이라는 것을 생각해볼 때, 황순원 소설의 그러한 특징은 이른바 아들 연인의 아니마 갈등을 보다 현실적인 층위에서(의식의 국면에서), 묘사한 것이라 볼 수 있는 것이기도 합니다.

그레이트 마더의 구속을 받는 주체(자아)는 자신의 여성적 영혼(아니마)을 분열시켜 이원화합니다. 선과 악으로 이원화된 아니마 표상은 동정의 대상이며 동시에 증오의 대상입니다. 그것들과 갈등하며 사랑하고, 사랑하며 파멸하는 주인공은 「늪」에서처럼 우로보로스적 상황에 놓이기도 하지만, 그러한 경험의 구체성을 통과하면서 궁극적으로는 그레이트 마더의 흡인력으로부터 자신을 분리시켜 나갑니다. 텍스트무의식이 추구하는 자기실현은 그러한 '의식화의 과정'을 서사의 맥락 속에서 정위定位시키는 의지에서 발견됩니다. 갈등하며 사랑하고, 사랑하며 파멸하는 서사 그 자체가 바로 그레이트 마더로부터의 독립을 꾀하는 주체의 등장을 말하고 있는 것입니다. 황순원 소설의 에로티즘 미학이 삼각관계의 에로티즘을 통해 주체의 내면에 고착된 모성성을 탐구하는 양상은 장편소설이라는 장르적 속성과 접속되면서 사회 역사적 맥락과도 활발한 교섭交涉을 이루어냅니다. 단편이 보여주지 못한 총체적인 인간의 삶에 대해서도 일정 부분이지만 적극적으로 의견을 개진합니다(황순원은 기본적으로 초역사주의적인 입장을 취한다. 『카인의 후예』 이후, 사회 역사적 층위의 인간의 삶은 극히 일부분(종교적·문화적 방면)에 한해서만 황순원 소설의 관심사가 된다. 황순원이 『움직이는 성』과 『신들의 주사위』에 이르러 비로소 형식의 구애를 받지 않고 자신의 기량을 마음껏 펼치는 대가大家의 면모를 보여주게 된다는 세간의 평은 그의 그런 입장을 이해하는 관점에서 나온 것이다).

『나무들 비탈에 서다』에서 '동호'는 '숙'과 '옥주' 사이에서 갈등합니다. '동호'에게 '숙'은 정신적 삶을 표상하는 존재이고 '옥주'는 육체적 삶을 표상하는 존재입니다. '동호'는 그러나, 그것들을 하나의 전체성으로 통합하는 데 실패합니다. 자신의 성숙을 매개로 상대에게 맞는 사랑의 태도와 방법을 찾아내야만 진정한 사랑을 성취할 수 있는데 그 '통합작업'에 실패하는 것입니다. 그 결과 '숙'에게 육체를 요구하다 실패한 것처럼 '옥주'에게 정신을 요구하다 실패하고 좌절합니다. 그의 실패와 좌절은, 자신을 던져 적극적으로 문제해결에 나서지 못하게 하는, 자신의 무의식에 내재한 아니마 갈등에 그 원인이 있는 것이었습니다. 나르시시스트로 전락한 '아들 연인'은 무슨 일이 있어도 자신의 책임이 될 판단을 내리지 않기 때문입니다(삼각관계의 에로티즘은 기본적으로 나르시시스트를 중심축으로 성립된다. 그레이트 마더의 '아들 연인'이 자신의 내면의 고착(모성콤플렉스)을 의식화하는 데 실패하면 나르시시스트로 전락한다. 황순원 소설이 그들에 관심하는 것은 텍스트무의식 차원에서 행하는 의식화의 일종으로 볼 수 있다). 결정은 항상 그레이트 마더의 몫이며 자신은 그 계시가 있기까지 어디까지나 그 안에서 갈등하는 존재로만 있어야 하는 것입니다.

이러한 '동호'의 나르시시스트적 행태는 『일월』의 '인철'에게도 그대로 답습됩니다. 인철은 백정의 후예라는 굴레를 지고 삽니다. 그러나 인철을 구속하는 것은 그러한 외부적 조건이 아니라 모성 콤플렉스라는 내부적 조건입니다. '동호'에 비할 때 그는 사회 역사적 조건이 부여하는 속박에서 훨씬 자유롭습니다. 그는 그 앞에 등장했던 황순원 소설의 어떤 인물보다도 자유롭고 앞으로 등장할 모든 남자 주인공들의 속성들 거의 모두를 이미 함유하고 있는 인물입니다. 정신과 육체의 분리, 무책임성, 과단성의 상실, 연애지상주의, 수동적 여성관 등 황순원 소설의 나르시시스트 주인공이 지니고 있는 공통적인 요소들이 총망라되어 있는 인물이 '인철'입니다.

'인철'의 여자는 '다혜'와 '나미'입니다. 전자는 조화, 평정, 지속, 정신 등의 관념으로 요약되는 성격이고, 후자는 부조화, 열정, 변화, 육체 등으로 요약되는 인물입니다. 즉 선한 모상母像과 악한 모상의 대립을 반영하고 있는 인물들입니다. 그러한 양상으로 성립된 피투사체들은 당연히 삼각관계를 유발합니다. '인철'은 그러한 삼각관계를 유지하면서 그것이 해소되어야 한다는 절박감을 전혀 내색하지 않습니다. 오히려 그에게는 그것이

쾌감으로 다가옵니다. ‘다혜’와 만나면 어머니 같은 푸근함이 있고, ‘나미’와 만나면 거부할 수 없는 사랑의 열정에 사로잡힙니다. ‘인철’에게는 이 두 사람을 가늠하는 어떠한 의지적 실천도 가동(실행)되지 않습니다. 그 결과, 『일월』은 소설이 출발할 당시 추구했던 바, 사회 역사적 조건과 실존적 조건 사이의 함수관계를 포착하는 데 실패하고, 그저 하나의 수단으로 사용하고자 했던 삼각관계의 에로티즘이 본말전도, 후반부로 갈수록 서사의 중심부로 진입하는 모습을 보여줍니다.

『움직이는 성』은 그런 의미에서, 『일월』의 한계를 넘어선 작품으로 볼 수 있습니다. 이 작품에서는 사회 역사적 조건과 결부될 수 있는 개인의 삶이 원천적으로 배제되어 있습니다. 그런 만큼 비교적 자유롭게 애정 실현의 문제가 중심 소재로 다루어질 수 있었습니다. 이 소설에서는 ‘성호’, ‘민구’, ‘준태’라는 세 남성 주인공과 ‘홍여사’, ‘명숙’, ‘은희’, ‘박수무당 변씨’, ‘지연’, ‘창애’라는 여성 주인공 사이의 다양한 애정 실현 문제가 다루어지고 있습니다. 그것들이 서사의 중심축을 이룹니다. 본격적인 애정소설이라 할 만한 것입니다.

등장인물 가운데 황순원 소설 특유의 아니마 갈등에 기인하는 삼각관계 에로티즘을 구현하는 인물은 ‘성호’와 ‘준태’입니다. 그 중에서도 ‘준태’가 더 문제적인데 그는 삼각관계 에로티즘과 나르시시스트 에로티즘의 경계에 서서 양쪽 영역에 모두 발을 담그고 있는 인물입니다(나르시시스트 에로티즘은 삼각관계의 한 축이 현실적인 인간이 아니라 그레이트 마더 자체라는 점에서 삼각관계 에로티즘의 한 특별한 경우라고도 볼 수 있다). '준태'는 제자였던 아내 '창애'와의 결혼생활을 청산하기로 합의하면서도 자신에 대한 반성은 물론이고 아내에게도 아무런 불만을 토로하지 않습니다. '창애'는 그의 그러한 무관심에 대해 다음과 같이 말합니다.

> 「전에두 말했지만 선생님은 사랑을 받을 줄만 알구… 아녜요, 사랑을 받을 줄두 모르구, 사랑을 할 줄두 모르는 분예요.」 창애는 가볍게 웃었다. 이미 지나가버린 일이어서 이런 웃음을 웃을 수까지 있는 것이다. 준태도 따라 웃으며,
>
> 「그렇게 생겨먹은가부지 아마.」
>
> 「그저 자기자신만을 사랑하구 있는 것 아녜요?」
>
> 「그럴까?」 준태는 창애의 말을 잠시 되씹다가, 「나 자신두 사랑할 줄 모르는 인간야 난. 거기 비하면 창앤 너무 사랑을 많이 하는 편이지.」
>
> ▶▶▶ 황순원, 『움직이는 城』, 『황순원 전집』 9 중에서

'준태'가 자기애에 빠져 있다는 '창애'의 지적은 그의 성격을 제대로 파악한 것이었지만, '준태'는 그것마저 부정합니다. 일종의 자기기만입니다. 그는 이미 '지연'과의 사랑을 진행시키고 있었습니다. '준태'는 자기 말대로 사랑의 금치산자이긴 하지만, 그것은 어디까지나 대상애에 한정된 것이며, 아니마에 대한 애착도 포함한, 자기 자신에 대한 사랑마저 불가능한 인물은 아니

었습니다. 자학적인 제스처는 자기애의 도착적인 표현이라고 할 수 있는 것이었습니다.

나르시시스트 에로티즘

황순원 소설의 에로티즘 미학이 연출하는 세 번째 장면이 나르시시스트 에로티즘인데, 상대가 누가 되었든, 나르시시스트 주인공의 사랑을 얻으려면 그레이트 마더와의 힘겨운 싸움을 거쳐서 반드시 '승리'를 쟁취해야만 합니다. 황순원 소설『움직이는 성』의 '준태'는 그런 비정한 '에로티즘 왕국'의 이치를 분명하게 가르쳐주는 인물입니다. '승리' 없이는 아무 것도 가질 수 없다는 것을 그는 잘 보여줍니다. '창애'와 헤어지고 '지연'에게서마저 도피한 '준태'는 옥구군의 한 개간지 초막에 그의 마지막 거처를 마련합니다. 얼핏 보기에는 그가 자학의 공간으로 선택한 곳같이 여겨지지만 실상은 그의 무의식이 유폐되어 있는 '모태적 공간'에 다름 아닌 곳입니다. 그를 찾아간 '지연'에게 그 '모태'는 충격적인 장면을 선사합니다.

「여기가 함선생님 계신 곳이죠?」

좀전부터 빨래손을 멈추고 이쪽을 지켜보고 있던 여인이 지연의 물음에는 대답 않고, 「서울서 오셨구만이라우?」한다.

「네… 지금 안 계신가요?」

여인이 그냥 빤히 지연을 치어다보기만 한다. 꽤 큰 체구인데, 핏기 없고 수척한 얼굴에서 퀭하니 큰 눈이 초점 잃은 광채를 발하고 있다.

「안 계신가요?」 지연이 재차 물었다.

「우리 돌이아빠 집에 없어라우.」 옆의 사내애를 턱으로 가리키며 여인이 말했다.

▶▶▶ 황순원, 『움직이는 城』, 『황순원 전집』 9 중에서

『움직이는 성』에서 가장 신화적인 인물이 위의 인용문에 등장하는 '여인=돌이엄마'입니다. 그녀는 '신神이 실린' 채 '준태'를 찾아와 '돌이아빠'가 되기를 강요합니다(그녀의 등장에 대한 텍스트 내적 사전 설명은 없습니다). 그녀의 육욕과 풍만한 육신이 '준태'의 밤을 거침없이 침범하는 대목에 대한 자세한 묘사는 그녀(혹은 그녀의 행태와 그런 그녀를 떠나지 못하는 '준태'의 행태)가 바로 '준태'를 놓아주지 않는 무의식 속의 그레이트 마더라는 것을 뜻하는 것이었습니다. 작가는 나르시시스트 에로티즘의 본향이 어딘지를 보다 분명히 보여주기 위해서 그녀를 등장시킵니다. '준태'가 '지연'이 이해할 수 없는 온갖 핑계를 대면서까지 그녀를 떠나지 않는다는 것을 보여줌으로써 나르시시스트 에로티즘의 유혹이 얼마나 강한 것인지를 효과적으로 전달합니다.

나르시시스트 에로티즘에 대한 황순원 소설의 본격적인 탐구는 「내일」이라는 중편에서 이루어집니다. '본격적'이라고 하는 것은 주인공 남녀 모두가 나르시시스트로 그려지고 있기 때

문입니다. 이 소설은 화자 주인공 '나'가 자신이 대학교수 시절에 쓴 영문학 노트를 읽은 적이 있다는 한 '젊은 여자'가 혼자 술에 취해 앉아 있는 자기를 보고 관심을 가지게 되었다고 보고함으로써 시작됩니다. 그 '보고'와 함께 본격적인 나르시시스트 에로티즘 스토리텔링이 펼쳐집니다. 일찍 아버지를 여읜 그녀가 부적 권위(자신의 전공에 절대적인 지향을 보여준 '영문학 노트')와 외로운 모습(혼자 술에 취해 있는 모습)을 같이 보여준 '나'에게 관심을 가지는 것은 어쩌면 당연한 일일 것이라고 미리 전제하면서 두 나르시시스트가 벌이는 온갖 변태적 행위(?)들을 자연스럽게 열거합니다.

이야기를 마친 젊은 여자는,

「이상한 여자죠? 상대방은 아주 착하고 얌전한 사람이었는데…」

했다.

「이상할 것두 없지. 짐작할 수 있는 일이야.」

이 젊은 여자도 인생의 어떤 면에서 권태와 무관심을 맛본 것이다. 이러한 젊은 여자라면 서로 만나도 피차 아무런 부담을 느끼지 않아도 될 것이다. 그래서 다음에도 다시 만날 약속을 했다. 그저 거기에는 조건이 있었다. 첫째 상대방의 생활에는 절대로 관여하지 말 것, 그리고 어느 편에서든지 약속한 시간에 나타나지 않을 때는 그 한 번만으로 서로가 다시는 만날 필요가 없다는 선언이 된다는 것. 이 의향에 젊은 여자도 찬의를 표하면서 한 가지 조건을 더 첨가

했다. 약속한 시간에서 반 시간 이상은 기다리지 말자는 것이다. 좋다고 했다.

▶▶▶ 황순원, 「내일」, 『황순원 전집』 4 중에서

이상한 여자와 이상한 남자일 수도 있는 '젊은 여자'와 '나'는 "이상할 것두 없지"라며 자신들을 합리화하며 본격적인 나르시시스트 에로티즘 행각에 나섭니다. 자신들이 서로에게 성 상대자라는 것을 의식하면서도 성적 욕망을 제어하는 생리적, 문화적, 윤리적 요소들을 조심스럽게 점검하고 그런 '점검'을 토대로 그 욕망을 제어하는 데서 성감性感을 추구하는 역설적인 사랑을 합니다. 서로의 나이 차를 점검하고('나'의 흰머리와 관련된 일화), 서로가 지닌 연인으로서의 존재가치를 점검하고(인생의 대합실이라는 비유적 언어와 관련된 대화), 서로의 삶이 조화될 수 있는지 점검합니다(대작 모티프). 그러한 점검이 어느 정도 진행되었을 때, '나'는 '젊은 여자'의 입술을 찾게 됩니다.

그러나 더 이상의 진전은 없습니다. '나'는 자신의 성적 욕망이 억압되는 갈등상황을 '순수한 감정'의 옹호라고 합리화합니다. 그러면서 자기애의 '늪'에서 벗어나지 못합니다. '젊은 여자' 또한 마찬가지입니다. 이들은 자신을 다 드러내는 사랑, 상대의 모든 것을 받아들이는 사랑을 두려워합니다. 대상애에 마지막 지점까지에는 도전하지 못합니다.

「내일」이 보여주는 나르시시스트 에로티즘은 무의식 속의 모성 콤플렉스가 현실 속에서 어떤 경로와 과정을 거쳐 '불완전한 사랑'을 만들어내는지를 상세히 보여주는 것이기도 합니다. 그것은 소년기 에로티즘이 보여줄 수 있는 한 속성이기도 하고, 미숙한 성인들이 곧잘 사랑에 실패하는 원인이기도 하지만, 「내일」의 주인공들은 끝까지 그 사실을 인정하려고 하지 않습니다.

반복되지만, 황순원 소설이 그러한 다양한 사랑의 모습 즉, 실패와 혼란과 결핍의 사랑들에 대해 집중적인 관심을 드러내는 것은, 표면적으로는, 에로티즘 미학의 영토성 확장에서 그 의의를 찾을 수 있는 것이기도 하지만, 그보다는 그것이 주체가 행하는 텍스트무의식 차원의 의식화 작업이라는 의미를 띤다는 점을 더욱 주목해야 할 것입니다. 심리주의 문학으로서의 황순원 소설이 차지하는 문예사적 위치에 대한 이해는 물론이고 개별 작품을 이해하는 보다 심층적인 안목을 기를 수 있는 한 기회도, 그러한 관점은 제공하고 있기 때문입니다.

지금까지 황순원 소설의 본령이 '에로티즘'이라는 전제하에, 텍스트무의식상의 주체의 자기실현이 그러한 에로티즘 미학을 어떻게 구현해내는지에 대해서 살펴보았습니다. 황순원 소설이 주로 관심하는 것은 소년기 에로티즘, 삼각관계 에로티즘, 나르시시스트 에로티즘이었는데(지면 관계상 노년기 에로티즘은 생략되었습니다), 그것은 텍스트 무의식이 노정하는 '그레이트 마더'와 '어린 오이디푸스'의 존재 때문이었다는 설명이었습니다. 당연한 말이겠지만, 그것 이외에도 주제적 차원에서 논의될 수 있는 황순원 소설의 특성은 여전히 많습니다. '에로티즘 미학' 안에서도 마찬가지일 것입니다. 창작 심리학상의 '모성콤플렉스' 하나만 가지고 한 작가의 '소설미학'을 일도양단, 가타부타 논하는 것은 결국 견강부회, 아전인수가 될 수밖에 없는 일입니다. 지금까지의 제 이야기는 그런 '유보와 양해'의 관점 위에서 이루어진 것임을 양해해주시면 고맙겠습니다.

우청우탁(寓淸于濁) 12

유쾌하지 않은 내 이야기

: 성장소설

자연의 단 한 번뿐인 시도

회상回想, 혹은 회고回顧 없는 삶이 있을 수 있을까요? 사람이라면 누구나 지난날을 생각하며 삽니다. 과거의 일들을 회상하며 생각나는 것들을 하나씩 '의미의 저울' 위에 올려놓습니다. 그동안 겪은 경험들에 각각의 무게에 합당한 의미의 저울값을 매깁니다. 저울을 달다 보면 알게 됩니다. 의미 없는 것은 없었습니다. 무거운 것은 무거운 것대로, 가벼운 것은 가벼운 것대로, 내 삶의 무게를 기꺼이 감당했던 것들이었습니다. 만족감을 주는 것도, 아쉬움을 남기는 것도 있습니다. 더하고 싶은 것도, 깎아내고 싶은 것도 있습니다. 그러나 모두가 다 사랑스러울 뿐입니다. 모두가 다 '단 한 번뿐인 내 인생'이었습니다. 결국은 그런 '의미'들이 모여서 내 인생의 '내용 증명'이 되는 것이었습니다.

어떤 작가에게든 그의 이야기가 중요한 것 이상으로 중요하다. 내 자신의 이야기이기 때문이다. 또한 그것은 한 인간의 이야기, 즉 그 어떤 가공의 인물, 있을 수 있는 인물, 이상적인 인물, 어떻든 존재하지 않는 인물이 아니라 현실적이고 일회적인, 살아 있는 인간의 이야기이기 때문이다. 아무튼 현실적으로 살아 있는 인간이란 무엇인지, 지금은 어느 때보다도 더 혼미해져 버렸다. 그 하나하나가 자연의 단 한 번의 소중한 시도인 사람을 무더기로 쏘아 죽이기도 한다. 만약 우리가 이제 더 이상 단 한 번뿐인 소중한 목숨이 아니라면, 우리들 하나하나를 총알 하나로 정말로 완전히 세상에서 없애버릴 수도 있다면, 이런저런 이야기를 쓴다는 것도 아무런 의미가 없으리라. 그러나 한 사람 한 사람은 그저 그 자신일 뿐만 아니라 일회적이고, 아주 특별하고, 어떤 경우에도 중요하며 주목할 만한 존재이다. 세계의 여러 현상이 그곳에서 오직 한 번 서로 교차되며, 다시 반복되는 일은 없는 하나의 점(點)인 것이다. 한 사람 한 사람의 이야기가 중요하고, 영원하고, 신성한 것이다. 그래서 한 사람 한 사람은, 어떻든 살아가면서 자연의 뜻을 실현하고 있다는 점에서, 경이로우며 충분히 주목할 만한 존재이다. 누구 속에서든 정신은 형상이 되고, 누구 속에서든 피조물이 괴로워하고 있으며, 누구 속에서든 한 구세주가 십자가에 매달리고 있다.

▶▶▶ 헤르만 헤세, 전영애 옮김, 『데미안』, 민음사, 2009, 7~8쪽

내가 쓴 내 인생의 '내용 증명'을 대중들에게(익명의 다수에게) 편지로 부칠 때 소설이 탄생합니다. 굳이 그 편지의 이름을 '소설小說(작은 이야기)'로 치부하는 것은 그것이 '한 사람 한 사람의 이야기'라는 것을 강조하기 위해서입니다. 그러면서도 그것이 사적인 글쓰기가 아니라 공적인 그것으로 인정받을 수 있었던 것은 "세계의 여러 현상이 그곳에서 오직 한 번 서로 교차되며, 다시 반복되는 일은 없는 하나의 점點"으로서의 한 인간을 성실히 묘사해 왔기 때문일 것입니다. 언제 어디서고 소설은 "한 사람 한 사람의 이야기가 중요하고, 영원하고, 신성한 것이다"는 것을 한시도 잊은 적이 없었기 때문입니다.

헤르만 헤세는 자신의 대표작 『데미안』의 서두에서 자신의 글쓰기가 소설을 지향한 이유를 그렇게 설명합니다. 그리고 '살아 있는 작가'의 '인생 내용 증명'이 왜 다른 이야기보다 더 가치 있는 것이 되는지에 대해서 설명합니다. "작가들은 소설을 쓸 때 자기들이 하느님이라도 되듯 그 누군가의 인생사를 훤히 내려다보고 파악하여, 하느님이 몸소 이야기하듯 아무 거리낌 없이 자신이 어디서나 핵심을 집어내어 써낼 수 있는 양 굴곤 한다. 나는 그럴 수 없다"라고 선언합니다. 오직 살아 있는 작가의 '회고回顧'만이 자신이 설정한 글쓰기의 목적을 달성할 수 있다

고 말합니다. 『데미안』이 그의 대표작이 될 수밖에 없는 소이가 거기 그렇게 드러나 있습니다.

젊어서 소설을 쓸 때 한 직장에 근무하던 비평가 한 사람과 약간 '틀어진'(?) 적이 있었습니다. 그가 관여하는 한 계간문예지에서 젊은 작가의 작품들을 리뷰하는 도중에 제 작품에 대해서는 제목만 언급하고는 그 내용을 일절 거론하지 않는, 있을 수 없는, 무례와 도발(?)을 저질렀기 때문이었습니다. 마침, 그가 하룻밤 제 하숙집에서 묵어갈 일이 생겼습니다. 그때 제가 한 마디 했습니다. 오래된 일이라 기억이 희미합니다만 아마 "이 세상의 작품 하나 하나에는 단 하나뿐인 그 무엇이 있다. 비평은 그것을 찾아낼 수 있어야 한다"라고 말했던 것 같습니다. 그때 그는 저의 소설 속의 '자기 이야기'가 다소 낯설다는, 그러나 그것이 상상력의 부족에서 나오는 것은 아닐 것 같다는, 다소 모순어법적인 대답을 늘어놓았습니다. '자기 이야기'만을 써내고 있는 저의 창작 경향에 대해서 누군가가 토를 달았고 자신은 그런 과소평가(?)에 분명하게 "그가 자신의 이야기만을 쓰는 것은 상상력이 부족해서만은 아닐 것이다"라고 반대의견을 제시했다는 것입니다. 그때는 그에게 더 이상 아무런 말을 하지 않았습니다. 그 말이 상당한 위로가 되었기 때문이기도 했습니다만, 사실 제 자신에게도 저의 창작 경향을 변호(옹호)할 말이 마땅히 떠오르지 않았기 때문입니다. 그 이후로 근 30년이 다 되어 가는 세월이 흘렀습니다. 이제야 할 말이 떠오릅니다.

『데미안』 재독에 들어가면서 문득 그때의 일이 회상이 되면서 할 말이 생각났습니다. 간단했습니다. "다른 이야기들은 재미가 없었다"였습니다. 그것뿐이었습니다. 한 여름의 매미소리나 되는 것처럼 남의 이야기를 가져다가 시도 때도 없이 징징거리는 것이 싫었기 때문입니다. '자연의 단 한 번뿐인 시도'를 그리는데 그런 매미소리 흉내를 낸다는 게 너무 싫었던 것입니다.

사족 한 마디. 모든 재독再讀에는 반드시 무의식의 초청이 있다고 언젠가 말한 적이 있습니다(『장졸우교』). 어제도 집안 일로 시내 나들이를 하면서 가족들에게 그런 비슷한 '운명론'을 설파한 적이 있습니다. 모든 결과에는 피치 못할 원인이 있는 법이라고요. 식구 중 한 사람이 "이제 그런 소설은 그만 쓰라"고 투정을 부렸습니다. 재미없다는 거였습니다. 30년 이상을 들어온 똑같은 소설이었으니까 그럴 만도 할 겁니다. 『오디세이아』나 『데미안』처럼, 멋진 회고담 하나 쓸 날이 언젠가는 제게도 찾아올 것이라 믿고 있습니다. 그 자체로 '산 자여 따르라'고 선창하는 노래가 되는.

내 이야기는 유쾌하지 않다

30년 전 쯤, 잘 아는 선배 작가에게 들은 이야기가 생각납니다. 이미 그때 성공한 작가였던 그는 이제 막 작가 대열에 합류한 저에게 '싸움의 기술' 한 수를 전수했습니다. 내용과 형식에 두루 걸치는, '30년에 하나 살아남을', 이를테면 성공한 작가의 '가문의 비법(혹은 '傳家의 寶刀')' 같은 것이었습니다. 첫째, 비평가들에게 먹기 좋은 먹잇감을 던질 것(너무 어려운 문제는 주지 말 것), 그리고 둘째, 가급적이면 문장은 3(4)·4조에 맞추어 쓸 것(구술에 가깝도록 쓸 것), 그 두 가지 당부였습니다. 기대가 컸었는데 듣고 나니 좀 싱거운 느낌이었습니다. '고작 그것이었던가'라는 회의마저도 들었습니다. 하여튼 그 말을 듣고 그 선배의 글을 읽어보니 과연 그랬습니다. 실망이 컸습니다. 내용은 '바닥을 치는 느낌(농구공이 바닥을 치고 올라오는 느낌!)'과는 늘 거리가 멀었고, 문장은 설렁설렁 고만고만, 물에 물탄 듯했습니다. 노래 부르듯, 3(4)·4조의 운율을 타고 구렁이 담 넘듯이 잘 넘어갔습니다. 양자 공히 쇳조각으로 유리를 긁는 듯한 '불협화음'과는 담을 쌓고 있었습니다. 깊은 곳에서 울림을 주는 아이러니나 자발적인 참여를 유도하는 비약 같은 것은 아예 없었습니다. 그러니 역으로(중독이 겁날 정도로) 읽는데 전혀 부담이 없었습니다. 비평가들은 작가의 의도를 몇 가지 대립된 개념으로 두부 썰듯이 가지런하게 배열할 수가 있었고 보통의 독자들은 그 안에서 동반자의 만족감을 쉽게 찾을 수 있었습니다. 작가는 책을 많이 팔아서 좋고 비평가는 큰 노력 없이 책을 '통찰'할 수 있어서 좋고, 독자는 책을 쉽게 읽을 수 있어서 좋았습니다. 누이 좋고 매부 좋고 처남까지 좋은 일이었습니다. 그래서 도저히 따라 할 수가 없는 '싸움의 기술(사기의 기술?)'이었습니다.

내 자신을 학식이 풍부한 사람이라고는 감히 부를 수 없다. 나는 끊임없이 무언가를 찾는 구도자였으며, 아직도 그렇다. 그러나 이제 별을 쳐다보거나 책을 들여다보며 찾지는 않는다. 내 피가 몸속에서 소리 내고 있는 그 가르침을 듣기 시작하고 있다. 내 이야기는 유쾌하지 않다. 꾸며낸 이야기들처럼 달콤하거나 조화롭지 않다. 무의미와 혼란, 착란과 꿈의 맛이 난다. 이제 더는 자신을 기만하지 않겠다는 모든 사람들의 삶처럼.

한 사람 한 사람의 삶은 자기 자신에게로 이르는 길이다. 길의 추구, 오솔길의 암시다. 일찍이 그 어떤 사람도 완전히 자기 자신이 되어본 적은 없었다. 그럼에도 누구나 자기 자신이 되려고 노력한다. 어떤 사람은 모호하게 어떤 사람은 보다 투명하게, 누구나 그 나름대로 힘껏 노력한다. 누구든 출생의 잔재, 시원(始原)의 점액과 알 껍질을 임종까지 지니고 간다. 더러는 결코 사람이 되지 못한 채, 개구리에 그치고 말며, 도마뱀에, 개미에 그치고 만다. 그리고 더러는 위는 사람이고 아래는 물고기인 채로 남는 경우도 있다. 그러나 모두가 인간이 되라고 자연이 던진 돌인 것이다. 그리고 사람은 모두 유래가 같다. 어머니들이 같다. 우리 모두는 같은 협곡에서 나온다. 똑같이 심연으로부터 비롯된 시도이며 투척이지만 각자가 자기 나름의 목표를 향하여 노력한다. 우리가 서로를 이해할 수는 있다. 그러나 의미를 해석할 수 있는 건 누구나 자기 자신뿐이다.

▶▶▶ 헤르만 헤세, 전영애 옮김, 『데미안』, 8~9쪽

성공한 선배 작가의 친절한 권고에도 불구하고, 어쩔 수 없이 그 '30년 안에 작가로 살아남을 두 가지 요령'은 저의 선택과 사랑을 받지 못했습니다. 작가로서의 자존심을 살리고 싶었던 젊은 저에게는 전혀(진정!) 글쓰기의 참고사항이 되지 못했습니다. 지금 생각하니 좀 후회가 되기도 합니다. 못된 송아지 엉덩이에 뿔난다고, 겉으로는 예 예 하면서도(선배니까!) 속으로는 되려 그 선배의 장삿속을 책망하기도 했습니다. 생각할 거리, 자기를 돌아다 볼 거리를 주지 못하는 문장들은 시간이 흐르면 결국 추풍낙엽, 우수수 떨어져 '가문의 수치'로 남을 것이라 예단했습니다. 그 결과는 좋지 않았습니다. 독자의 사랑과 평단의 총애로부터 멀어진 저의 글쓰기는 더 이상 자기 만족감을 선사하지 못했습니다. "내 이야기는 유쾌하지 않다"라는 말만 반복적으로 쓰는 작가는 누구에게도 '좋은 작가'가 아니었습니다. 본인 스스로에게도 결코 그런 글쓰기는 도움이 되지 않았습니다. 결국 언제부턴가 작가 대열로부터 슬그머니 이탈해 있는 자신을 발견하지 않을 수 없었습니다.

그러나 해병대만 '한 번 해병이면 영원한 해병'인 것이 아닙니다. 작가도 '한 번 작가면 영원한 작가'입니다(물론 믿거나 말거나입니다만). '오늘 아침에 글을 쓴 자가 작가다'라는 캐치프레이즈를 내걸고 제가 페이스북에 글을 올리기 시작한 후 저희 집사람이 제 글을 다문다문 읽습니다. 그 전에는 제 글을 읽지 않았다고 합니다. 저는 그 말을 믿습니다. 제 책뿐만이 아닐 겁니다.

평소에 책을 멀리하는 그 소직素直한 심성을 제가 잘 알기 때문입니다. 그 말을 믿을 수밖에 없습니다. 그런 그녀에게 독서의 즐거움을 선사한 것입니다. 그런데 제 글을 읽고 난 뒤의 비평(첫 소감?)이 재미있습니다. 잘 안 읽힌다는 겁니다. 그 말을 하면서 진정(?) 짜증을 냅니다. 내용이 어려운가라고 물었더니 그것과는 별개의 문제랍니다. 그 말을 듣고 제가 크게 웃었습니다. 집사람이 진지하게 접수하라고 짜증을 냈지만 저는 기분이 좋았습니다. 만약 집사람이 그 반대의 이야기를 했다면 저는 좀 섭섭했을 겁니다. 책과는 아주 담을 쌓고 지내는 것 같았는데, 오래된 동물원의 야수처럼, '먹잇감을 잘게 썰어서 주지 않는다'고 으르렁거립니다. 그게 더 재미있었습니다. 저희 둘이서 그렇게 티격태격하고 있는데 아닌 밤중에 홍두깨처럼 집아이가 불쑥 나타나더니 은근 제 편을 듭니다(아이도 제 글을 읽고 있었습니다). 한 마디 하는데 그 말이 '문자 속이 기특'한 것이었습니다. 처음에는 좀 꺼끌꺼끌했는데 읽다 보니 '중독성' 같은 것이 느껴지더라는 겁니다. 그래서 자기는 좋았다고 말합니다. 아이의 그 '형식 비평'은 좋은 격려가 되었습니다. 그러나 달리 맞장구는 치지 않고 그냥 듣고만 있었습니다. 특별히 할 말이 없었습니다. "내 이야기는 유쾌하지 않다. 꾸며낸 이야기들처럼 달콤하거나 조화롭지 않다. 무의미와 혼란, 착란과 꿈의 맛이 난다. 이제 더는 자신을 기만하지 않겠다"라는 표현을 『데미안』에서 찾기 전이었기 때문입니다. 저도 저의 글쓰기를 달리 어떻게 설명할 수가 없었습니다. 어쨌든 저는 그것만으로도 흡족해야 했습니다. 저의 사랑하는 가족들에게서 그런 '비평'을 접수했다는 게 저의 30년 작가 생활 중에서 가장 보람 있는 순간이었습니다(죄송합니다, 이상은 팔불출 행색이었습니다).

전작前作 『장졸우교』를 보신 몇 분의 소감도 큰 격려가 되었습니다. 저와 일상을 같이 나누는 분도 계시고 지면으로만 뵙는 분도 계십니다. 그 중에서도 "읽기가 매우 괴로웠다"라는 말씀이 제일 고마웠습니다. 그 괴로움을 통과해서 마지막 장까지 저와 끝까지 동반해주신 것을 저는 평생 잊지 않을 겁니다. 다 읽고 나니 가슴속에 먹구름 한 장이 짙게 내려앉는 느낌이었다고 말씀해주신 분도 고맙긴 마찬가지였습니다. 늘그막에 글쓰기의 정염을 불태우는 제게 큰 용기를 주셨습니다. 처음에는 몰랐는데 결국은 그 글이 소설인 것을 알았다고 말씀해주신 분도 참 고마웠습니다. 무엇이 소설이고 무엇이 아닌지를 굳이 나누고 싶지 않았던, 길에 구르는 막대기로 칼을 삼고 가벼운 것을 무겁게 쓰고 싶었던(언감생심?) 저의 속내를 잘 짚어주셨습니다. 또 한 분이 있습니다. 만약 한 사람의 독자만을 예상해서 글을 쓴다면 누구를 예상해서 쓰겠냐고 물어주신 분입니다. 당근, 바로 당신이라고 대답했습니다. 늘 관심 있게 제 글을 읽고 조언을 아끼지 않던 분입니다. 그 대답을 내는 데 단 1초의 망설임도 없었던 것이 제겐 또 하나의 즐거움이었습니다.

사족 한 마디. 여전히 제게는 '내 이야기는 유쾌하지 않다'는 헤세의 말이 소중합니다. 그것을 마치 부자들만 소장하고 있다는 액면가 높은 진폐眞幣와 같습니다. 서민들이 즐겨 쓰는 액면가 낮은 돈들은 부자들이 볼 때는 한갓 위폐僞幣에 불과합니다. 아직 쌀통이 텅텅 비어 있는 신세도 아닌데 굳이 위폐에 연연할 이유는 없다는 게 제 생각입니다(못돼 먹은!). 단, 오늘 제 글을 읽어 보신 분들은 느끼시겠지만, 내용은 몰라도 문장만은 예의 그 '유쾌한 관습'을 답습하는 노력을 기울였습니다. 가급적이면 구술의 리듬감이 살아나도록 배려했습니다. 모르겠습니다. 반쪽만이라도, 옛날 그 선배의 권고를 다시 불러낸 까닭이 무엇인지 모르겠습니다. 설마 죽기 전에 한 권이라도 독자들의 사랑을 받는 책을 꼭 남기고 싶다는, 말도 안 되는, '한 여름 밤(새벽?)의 꿈' 때문은 아니겠지요?

두 세계

『어린왕자』(생텍쥐페리, 1943)나 『데미안』(헤르만 헤세, 1919)이 아이들(초·중학생)의 읽을거리로 치부되어야 할 이유를 모르겠다는 말씀들을 많이 하십니다. 아이들 읽을거리가 아니라 어른들의 읽을거리로 더욱 홍보되어야 할 것 같다는 의견들을 많이 내십니다. 저도 같은 생각입니다. 나이 들어, 십대 때든 이십대 때든, 그때 그 시절의 감흥을 다시 느끼고 싶을 때가 있습니다. 그런 취지로 그런 소년주인공 소설들을 손에 닿는 대로 읽다 보면 '어, 이런 이야기가 있었나?' 하고 놀랄 때가 종종 있습니다. 몇 장 넘길 필요도 없이, 인생살이의 요점과 핵심이 적나라하게 노출되어 있는 대목들을 어렵지 않게 만날 수 있습니다. 명작이 그냥 명작이 되는 게 아님을 쉽게 알 수 있습니다. 그러나 그 대목을 읽었던 기억은 남아 있지 않습니다. 어린 독자는 아직 그런 감동까지 챙길 만한 역량을 갖추지 못하고 있었던 것입니다. 앞장에 이어 『데미안』 독후감을 한 장 더 써보겠습니다. 우선 헤르만 헤세에 관해서 브리태니커 사전은 어떻게 기술하고 있는지부터 보겠습니다.

헤세(1877~1962): 1946년 노벨 문학상 수상자로서, 그의 주요 주제는 인간의 본질적인 정신을 찾기 위해 문명의 기존 양식들을 벗어나 인간을 다루고 있다. 자기 인식을 호소하고 동양의 신비주의를 찬양했으며, 사후에 영어권 젊은이들의 우상이 되었다.

동양에 선교사로 있었던 아버지의 간절한 부탁으로 마울브론신학대학에 입학했다. 모범생이었지만 적응할 수 없었던 그는 칼프 탑시계 공장에서 견습공으로 있었고 후에는 튀빙겐 서점에서 일했다. 갑갑한 전통학교에 대한 그의 혐오는 지나치게 근면한 학생이 자기 파멸에 이르는 내용의 소설 〈수레바퀴 밑에서*Unterm Rad*〉(1906)에 잘 나타나 있다. 1904년까지 서점 점원으로 일했고 그해 자유 기고가가 되었으며, 실패에도 불구하고 슬픔을 극복하는 작가에 관한 〈페터 카멘친트*Peter Camenzind*〉라는 첫 소설을 발표했다. 예술가의 내면과 외면의 탐구는 〈게르트루트*Gertrud*〉(1910)·〈로스할데*Rosshalde*〉(1914)에서 계속되었다. 이즈음 인도를 방문했고 후에 석가모니의 초기 생애를 그린 서정 소설 〈싯다르타*Siddhartha*〉(1922)에 반영되었다. 제1차 세계대전 중에는 중립국 스위스에 살면서 군국주의와 민족주의를 배격하고 독일의 전쟁 포로들과 수용자들을 위한 잡지를 편집하기도 했다. 1919년 스위스의 영주권을 얻었고 1923년 그곳 시민이 되어 몬타뇰라에 정착했다.

인간의 위기에 대한 심오한 감성을 지닌 작가로서, 카를 구스타프 융의 제자 J. B. 랑과 함께 정신분석을 연구했으며 융과도 알게 되었다. 분석의 영향이 〈데미안*Demian*〉(1919)에 나타나는데, 이 소설은 고뇌하는 청년의 자기인식 과정을 고찰한 작품이다. '에밀 싱클레어의 젊은 시절의 이야기'라는 부제가 붙은 이 작품은, 불안하고 혼란한 청춘기의 고뇌와 방황을 1인칭으로 솔직하고 강렬하게 표현함으로써 젊은 전쟁세대에 계시와도 같은 영향을 미쳤다. 헤세의 작품세계에서 초기의 서정성·낭만성이 사라지는 전환점이 되는 작품으로, 신비적 직관과 초인사상의 영향이 드러나 있다. 이 소설은 곤경에 빠진 독일 국민에게 큰 영향을 끼쳤으며 그는 유명해졌다. 그의 후기 작품은 그가 융의 개념인 내향성과 외향성, 집단 무의식, 이상주의 및 상징 등에 관심을 가지고 있음을 보여준다. 그의 후기 문학 활동은 인간 본성의 이중성에 몰두했다. 〈황야의 이리*Der Steppenwolf*〉(1927)에서는 중년 남자의 유산계급 수용과 정신적인 자기실현 사이의 갈등이 묘사되었다. 〈지와 사랑*Narziss und Goldmund*〉(1930)에서는 기존 종교에 만족하는 지적인 금욕주의자와 자기자신의 구원 형태를 추구하는 예술적 관능주의자를 대비시켰다. 그의 최후의 장편소설 〈유리알 유희*Das Glasperlenspiel*〉(1943)에서는 극도의 재능 있는 지식인을 통해 사변적인 삶과 적극적인 삶의 이중성을 탐구했다.

▶▶▶ Daum 백과사전

간략하게 요약된 그의 전기적 자료들을 보면서 저는 '두 개의 세계'를 생각했습니다. 작가로서 그가 경유한 생의 두 차원에 관심이 갔습니다. 그의 나이 마흔 이전의 세계와 그 이후의 세계입니다. 그가 융학파적인 인식을 가지고 소설을 쓰기 시작한 것이 마흔 이후의 일이었으며 그 결과가 『데미안』이었습니다. 그리고 그는 그것을 통해 유명 작가가 되었습니다. '유명 작가'가 된다는 것은 '자기 식을 관철할 수 있는 통로'를 확보한다는 것을 의미합니다. 작가가 자신이 쓰고 싶은 것을 마음껏 쓸 수 있다는 것은 '천국의 열쇠'를 얻는 것이나 다를 게 없습니다. 작가에게는 그것보다 더 귀한 선물이 없습니다. 만약 그에게 그런 '천국의 열쇠'가 주어지지 않았다면 주옥과도 같은 그의 작품들은 영영 태어날 수 없었을 겁니다. 고등학생이었던 제가 『데미안』과 『싯다르타Siddhartha』(1922)를 읽고 나름 청춘의 방황에서 한 걸음 비껴 설 수 있었던 행운도 결코 만날 수 없었을 것입니다.

개관(거시적 접근?)은 그 정도로 하고 『데미안』의 속살(미시적 접근?)을 한 번 살펴보겠습니다. 『데미안』은 열 살짜리 주인공

(싱클레어)이 세계의 이중성에 처음 눈뜨는 장면으로 시작됩니다. 이를테면 '높은 물과 낮은 물'이 공존하는 그 오묘한 인간 세상에 대한 생생한 묘사로부터 이 소설은 출발합니다.

반면 또 하나의 세계가 이미 우리 집 한가운데에서 시작되고 있었는데 그것은 완전히 다른 세상이었다. 냄새도 달랐고, 말도 달랐고, 약속하고 요구하는 것도 달랐다. 그 두 번째 세계 속에는 하녀들과 직공들이 있고 유령 이야기들과 스캔들이 있었다. 무시무시하고, 유혹하는, 무섭고 수수께끼 같은 물건들, 도살장과 감옥, 술 취한 사람들과 악쓰는 여자들, 새끼 낳는 암소와 쓰러진 말들, 강도의 침입, 살인, 자살 같은 일들이 있었다. 아름답고도 무시무시한, 거칠고도 잔인한 그 모든 일들이 사방에, 바로 옆 골목, 바로 옆집에서 있었고 경찰 끄나풀들과 부랑자들이 돌아다니고 있었다. 주정뱅이들은 아내를 패고, 저녁때면 젊은 여자들의 무리가 뒤엉켜 공장에서 꾸역꾸역 나왔다. 늙은 여자들은 누군가에게 요술을 걸거나 병이 나도록 할 수 있었다. 숲에는 도둑떼가 살고 있었다. 방화자들은 뒤쫓는 경관에게 잡혔다. 어디서나, 어머니 아버지가 계시던 우리 집안에서만 빼고는 어디서나 이 격렬한 두 번째 세계가 솟아나오고 향기를 뿜었다. 그리고 그것은 아주 좋았다. 여기 우리 집에 평화와 질서, 안식이 존재한다는 것, 의무와 거리낌 없는 양심, 용서와 사랑이 존재한다는 것은 경이로웠다. 그리고 그 모든 다른 것들, 소란하고 요란한 것, 음침하고 폭력적인 것이 존재하며 그래도 그런 것들로부터 한 걸음이면 어머니한테로 피신할 수 있다는 것도 경이로웠다.

▶▶▶ 헤르만 헤세, 전영애 옮김, 「두 세계」, 『데미안』, 11~12쪽

열 살짜리 주인공 싱클레어는 성性과 폭력, 이율배반과 공격성이 유예된 양심과 도덕의 세계에 살면서 자신을 둘러싼 그 '격렬한 두 번째 세계'에 대한 호기심을 가감 없이 드러냅니다. 그리고 만약 있을지도 모르는 그것으로부터의 위협을 차단시켜 주는 '어머니'라는 보호막의 존재에 대해서도 감사히 여깁니다. 싱클레어만할 때 저에게도 그런 '두 번째 세계'가 한 번 자신의 모습을 슬쩍 드러낸 적이 있었습니다. 싱클레어처럼 못된 친구를 만나 호되게 당하지는 않았으므로 그저 '슬쩍 드러난' 것에 불과했던 그 '두 번째 세계'는 오히려 저에게는 '즐거운 편지'와도 같은 것이었습니다. 나도 모르는 사이에 나도 모르는 사람들에게서 보호받고 있다는 느낌이었다고나 할까요?

사건의 내막은 이렇습니다. 그때 저희 집에 무거운 짐자전차(자전거)가 한 대 있었습니다. 짐을 싣고 여기저기 배달 갈 일이 좀 있어서 아버지는 그 자전차를 자식만큼이나 애지중지했습니다. 저도 그 자전차를 타고 집 주변을 종횡무진 누볐습니다. 좁은 골목길을 누비다 보니 동네 아이들치고 그 자전차 바퀴에 발등 한 번 안 눌린 아이는 아마 한 명도 없었을 겁니다. 한 번은 큰길로 나갔다가 버스와도 정면으로 부딪친 적이 있었습니다. 다행히 저도 자전차도 무사했습니다. 그렇지만 속수무책으로

달려오는 버스와 부딪치는 그 순간의 공포는 지금도 기억에 뚜렷합니다. 어쨌든 그 짐자전차는 저와 저희 집의 재산목록(?) 1호였습니다. 그런데 하루는 그 짐자전차가 종적을 감추었습니다. 분명히 제가 끌고나간 기억은 있는데 끌고 들어온 기억이 없었습니다. 노느라 바빠서 어딘가 세워놓고 집에 들어온 것이 분명했습니다. 아이들과 구슬치기 하던 장소를 포함해서 버스가 다니는 대로변까지 샅샅이 뒤졌지만 저의 애마는 종내 찾을 수가 없었습니다.

아버지가 저희 집 단골손님이었던 양아치대장에게 그 사정을 이야기했습니다. 수하에 넝마부대원 4~50명을 거느리고 있던 '동래고보 출신'(확인된 것은 아닙니다) '변상태 아저씨'였습니다. 저를 보면 늘 '이찌방?'이라고 엄지손가락을 세워 보이시던 분입니다. '공부 잘 하느냐?'라는 말씀으로 알아들었습니다. 그 아저씨 말씀이 지금 이 시간쯤이면 그 짐자전차가 팔달교 아래 어딘가에 가 있을 거라는 거였습니다. 팔달교는 그 전 해에 학교에서 봄소풍을 다녀와서 저도 알고 있는 곳이었습니다. 낙동강의 지류인 금호강을 가로지르면서 도시의 관문 역할을 하던 곳으로 저희 집과는 아주 멀리 떨어져 있었습니다. 그곳으로 사람을 보내겠다고 했습니다. 과연 한두 시간 뒤에 저의 애마가 다시 돌아왔습니다. 아마 소주 몇 잔이 품삯으로 지불되었을 겁니다. 주류 도매업을 하던 아버지는 가게 안에 선술집 형태의 직매장도 열고 있었으니 그런 식으로 대가가 치러지는 게 당연했습니다.

제가 처음 만난 '두 번째의 세계'는 그렇게 인간적인(?) 얼굴을 하고 있었습니다. 몇 년 뒤 본격적으로 만나게 된 그 세계와는 아주 달랐습니다. 마찬가지로, 성인이 되고나서도 자주 마주치고 있는, 그야말로 '인간의 얼굴을 한 야만'으로 존재하는, '보이지 않는 두 번째의 세계'들과도 사뭇 다른 것이었습니다. 근 50년의 세월이 흐른 뒤에도 그 따뜻한 시간의 느낌(싱클레어는 '향기를 뿜었다'라고 표현하는)이 여전히 저의 마음을 훈훈히 덥히고 있는 것을 보면 어쩌면 그때 본 것이 '낮은 물'이 아니라 '높은 물'이 아니었던가 싶기도 합니다.

사람이라면 누구나 어릴 때 어느 순간부터 '두 세계'를 보게 됩니다(물론 그것을 보지 않고 수도자의 길로 곧바로 들어설 수도 있습니다). 감탄이든 경이든 혼돈이든 공포든, 우리는 '두 세계'와 반드시 만나게 되어 있습니다. 싱클레어처럼 '높은 물'에서 살면서 '낮은 물'을 겪을 수도 있고, 저같이 '높은 물'을 채 겪어보지도 못한 상태에서 '낮은 물'에 빠져 허우적거리다가 우연히 '높은 물'을 잠깐 엿볼 수도 있습니다. 예외가 없습니다. 육체와 영혼을 가진 사람이라면 누구나 이 '두 세계'를 가질 수밖에 없습니다.

제 주변의 일은 아닙니다만, 그 '두 세계'가 적절한 균형감각 위에서 자리 잡지 못하고 (성인의 나이에 도달해) 지나친 분열을 강요한 나머지 청춘의 삶에 큰 상처를 남기게 한 경우를 몇 건 알고 있습니다. 안타까운 일입니다. 그리고 또 안타까운 일이 있습니다. '그 두 번째 세계'를 진짜 세계로 알고 사는 친구들이 제 주변에는 아직도 많습니다. 그들에게는 그 세계가 사실상의 '첫 번째 세계'입니다. 도덕이나 양심, 희생이나 박애는 그저 하나의 위장술이라고 여길 뿐입니다. 사회 지도층으로 갈수록 그런 삶의 태도를 지닌 친구들이 많아집니다. 아마 제가 사는 물이 여태 '낮은 물'이라서 그런 친구들이 많은 것인지도 모르겠습니다. 마지막으로 싱클레어가 그 '두 세계'에 대해서 언급하고 있는 부분을 조금만 참고하겠습니다. 저의 '낮은 물 친구들'도 '높은 물'이 '첫 번째 세계'라는 걸 의심치 않고 살았던 적이 있었을 겁니다. 그때를 한 번 돌이켜보라는 뜻에서 옮겨 적습니다.

> 그리고 가장 기이했던 것은, 그 경계가 서로 닿아 있다는 사실이었다. 두 세계는 얼마나 가까이 함께 있었는지! 예를 들면 우리 집 하녀 리나는, 저녁 기도 때 거실 출입문 옆에 앉아, 씻은 두 손을 매끈하게 펴진 앞치마 위에 올려놓고, 밝은 목소리로 함께 노래 부르는데, 그럴 때 그녀는 아버지와 어머니, 우리들, 밝음과 올바름에 속했다. 그 후 곧바로 부엌에서 혹은 장작을 쌓아둔 광에서 내게 머리 없는 난쟁이들 이야기를 들려주거나 푸주한의 작은 가게에서 이웃 아낙네들과 싸움을 벌일 때 그녀는 딴사람이었다. 다른 세계에 속했다. 비밀에 에워싸여 있었다. 그런데 모든 것이 그랬다. 나 자신이 가장 심하게 그랬다. 물론, 나는 밝고 올바른 세계에 속했다. 나는 내 부모님의 자식이었다. 그러나 내가 눈과 귀를 향하는 곳 어디에

나 다른 것이 있었다. 나는 다른 것들 속에서도 살고 있었다. 비록 그것이 내게는 자주 낯설고 무시무시했고, 그곳에서는 규칙적으로 양심의 가책과 불안을 얻을지라도. 심지어 한동안 내가 가장 살고 싶어한 곳은 금지된 세계 안이었다. 그리고 밝음 속으로의 귀환은 —그것이 제아무리 필연적이고 제아무리 선하더라도— 덜 아름다운 것, 보다 지루한 것, 보다 황량한 것으로 돌아가는 것 같았다.

▶▶▶ 헤르만 헤세, 전영애 옮김, 「두 세계」, 『데미안』, 12~13쪽

사족 한 마디. 스톡홀름 증후군Stockholm syndrome이라는 게 있답니다. 인질이 범인에게 동조하고 감화되는 비이성적인 심리 현상이라고 합니다. 인질이 아니더라도 일부 매 맞는 아내, 학대받는 아이들도 이와 비슷한 심리 상태를 나타낸다고 합니다. 폭력과 야만을 스스로 받아들여 자신을 망친 것들의 앞잡이가 됩니다. 저의 '낮은 물 친구들'도 그런 심리상태가 아닌지 모르겠습니다. 그러나 그쪽은 엄연히 정도正道가 아닙니다. 싱클레어가 말하고 있듯이 "비록 그것이 내게는 자주 낯설고 무시무시했고, 그곳에서는 규칙적으로 양심의 가책과 불안을 얻을지라도" 그것은 어쩔 수 없이 '두 번째 세계'라는 것을 반드시 인정해야만 합니다. 가책과 불안에 져서는 안 됩니다. 그것으로 '첫 번째 세계'를 뒤엎는 것은 누가 뭐래도 못나고 약하고 악한 짓입니다.

카인

어디서 친구 많은 사람이 오래 산다는 보고서가 나왔답니다. 그러니 누가 옆에서 초를 칩니다. 원래 오래 사는 놈들이 친구가 많은 법이라고요. 좌우당간, 저는 친구 많은 이를 존경합니다. 그만큼 많이 베풀며 살았다는 증좌가 되기 때문입니다. 친구는 베풀수록 많이 생깁니다. 그 법칙에는 예외가 없습니다. 젊어서는 친구가 많았는데 나이 들수록 친구 수가 점점 감소한다면 필경 베풀며 살아오지 못했기 때문입니다. 유아독존唯我獨尊, 자기만 아는 사람이거나 아니면 살아오면서 제대로 가진 것이(이룬 것이) 없는 사람입니다. 그런 사람들에게서는 친구들이 모래알 흐르듯 빠져나갑니다. 그 반대의 경우도 있겠지요. 젊어서부터도 몇 명 되지 않던 친구였는데 꾸역꾸역 지금까지 (데면데면하게나마) 만나고 있다면 그 사람들은 성공한 편입니다. 서로서로 폐가 되지 않을 만큼 이루며 살았거나 없는 형편에서라도 참고 서로 베풀며 살았다는 말이 됩니다. 이나저나 나눌 것이 없는 자에게는 친구도 없습니다. 마음을 나누거나 물질을 나누거나, 나눌 수 있는 자들만이 친구를 가질 수 있는 법입니다.

관점을 한 번 바꾸어 보겠습니다. 친구가 아무리 많아도 두 명 중의 한 명입니다. 친구는 결국 형 같은 친구 아우 같은 친구, 그렇게 둘뿐입니다. 형에게는 수시로 의지처를 바라고 아우에게는 시시때때로 구난처救難處를 제공합니다(페이스북 친구 사이도 그렇지 싶습니다). 그렇게 서로의 모자란 점을 메워주며 정을 쌓습니다. 그런 우정의 위상은 쉽게 변하지 않습니다. 평생 가는 경우가 흔합니다. 물론 예외가 있지요. 흔한 경우는 아니지만, 그런 관계가 역전되는 경우도 없지 않아 있습니다. 40~50년 친구 사이로 지내다 보면 어느 순간 형이 아우가 되고 아우가 형이 되는 '위상의 역전'이 일어날 때도 있습니다. 젊어서는 군대를 가면서 종종 그런 일이 벌어지기도 합니다. 특히 특전사나 해병대를 지원해 가는 친구들이 형 노릇을 많이 합니다(그런 부대에 장교로 가면 100% 그렇게 됩니다). 더 나이가 들면 돈이 많거나 사회적 지위가 높아지는 친구들이 주로 형 노릇을 합니다. 어떤 경우는 형들이 모두 일망타진, 친구들이 모두 아우로 강등되는 경우도 생깁니다. 아주 드문 케이스겠습니다만 그런 경우가 제 주변에 실제로 있습니다. 준재벌급 기업주가 된 한 친구 앞에 가면 누구도 아우 자리를 사양하지 않습니다. 친구도 당연하게 그런 형 노릇을 받아들이는 눈칩니다.

관점을 또 한 번 바꾸겠습니다. 우리는 우리 안에도 친구를 가지고 있습니다. 프로이트는 초자아와 이드라는 두 친구를 잘 사귀어보라고 권합니다. 그들 '우리 안의 친구들'과 원만한 교우관계를 가지지 못하면 인생이 내내 씁쓸한 맛일 거라고 프로이트는 강조합니다. 초자아라는 형 같은 친구의 말(명령)을 거스르지 않으면서 동시에 이드라는 철없는 동생 같은 친구도 잘 어르고 달래가면서 싸우지 않고 지내야 한다고 타이릅니다. 그래야만 한 평생이 순조로울 거라고 장담을 합니다. 과연 그런 것 같기도 합니다. 살 만큼 살아보니 프로이트가 헛말을 한 것은 아니라는 생각이 듭니다.

『데미안』에서 싱클레어가 막스 데미안을 만나는 장면을 소개하겠습니다. 프란츠 크로머라는 악동에게 끔찍하게 시달리며, "집안의 정돈된 평화의 한가운데서 소심하게, 그리고 고통받으며 유령처럼 살고 있었던"(35쪽) 싱클레어에게는 우연히 찾아온 데미안과의 만남이 인생 역전의 한 기회가 되는 것이었습니다. 그야말로 인생의 대반전을 맞이하게 됩니다. 이 대목은 싱클레어의 경험을 빌려, 작가가 우리 모두에게 자기 안의 '형 같은 친구'를 한 번 만나 볼 것을 권하는 장면이라고도 해석할 수가 있겠습니다.

> 우리 라틴어 학교에는 그 얼마 전에 학생이 한 명 새로 들어왔다. 우리 도시로 이사온 어느 유복한 미망인의 아들로, 옷소매에 검은 띠를 두르고 있었다. 그는 나보다 한 학년 높았으며 나이도 몇 살 더 들었지만, 곧 모든 학생들처럼 나도 그를 주목했다. 이 이상한 학생은 보기보다 훨씬 나이가 든 것 같았고, 그 누구에게도 소년이라는 인상을 주지 않았다. 어른처럼, 아니 그냥 어른이라기보다는 신사처럼 낯설고도 성숙하게 우리 유치한 소년들 사이를 오갔다. 인기 있지는 않았다. 놀이에 끼지 않았고 싸움질에는 더더욱 끼지 않았다. 다만 선생님들에게 맞서는 그의 자신감 있고 단호한 어조가 다른 학생들 마음에 들었다. 이름은 막스 데미안이었다. (…중략…)

그러나 이번에는 전혀 달랐다. 거부했는데도 그애는 거의 화난 기색도 없었다.

「글쎄」 하고 그애는 얼버무렸다. 「네가 잘 생각해 볼 테지. 너네 누나와 알고 지내게 되었으면 한단 말이야. 한 번쯤 알고 지내는 거야 되겠지. 그냥 누나와 같이 산보하러 가. 그럼 내가 낄 테니까. 내일 휘파람으로 부를게. 그때 다시 한 번 거기에 대해 이야기하자」

그애가 떠나고 나서 갑자기 그애가 원하는 것의 의미를 어렴풋이나마 깨달았다. 나는 아직 완전히 어린아이였다. 그러나 소년들과 소녀들이, 조금 나이가 들면 그 어떤 비밀에 찬, 금지된 상스러운 일들을 함께 벌일 수 있다는 것을 소문으로 알고 있었다. 이제 그러니까 아주 갑자기 일이 얼마나 엄청난지가 분명해지는 것이었다! 결코 그렇게 하지 않겠다는 나의 결심이 즉시 확고해졌다. 그러나 그 다음에 무슨 일이 일어날지, 또 크로머가 어떻게 내게 복수할지, 거기에 대해서는 거의 생각할 엄두조차 안 났다. 나에게는 새로운 고문이 시작되었다. 아직도 충분치 않았던 것이다.

절망적으로 두 손을 호주머니에 넣은 채 나는 텅 빈 광장을 건너갔다. 새로운 고통, 새로운 노예상태였다!

그때 상쾌하고 낮은 목소리가 나를 불렀다. 나는 놀라 빨리 걷기 시작했다. 누군가가 내 뒤를 따라오더니 한 손이 뒤에서 부드럽게 나를 잡았다. 막스 데미안이었다.

나는 잡힌 척했다.

「형이었구나?」 나는 불안정하게 말했다. 「깜짝 놀랐어」

그가 나를 바라보았다. 그의 시선이 그때보다 더 어른스럽고 압도적이며 꿰뚫어보는 사람의 시선인 적은 없었다. 오랫동안 우리는 함께 이야기하지 않았었다.

「그거 유감인데」 그가 특유의 공손하면서도 아주 단호한 태도로 말했다. 「하지만 들어봐, 누가 놀라게 한다고 그렇게 놀라서는 안 돼」

「그렇긴 하지, 하지만 그런 일도 있을 수 있지 뭐」

「그런 것 같지. 하지만 알아둬. 너한테 아무 짓도 하지 않은 어떤 사람 앞에서 그렇게 두려워 떨면, 그 사람은 생각을 해보기 시작하는 거야. 이상하게 생각이 되는 거야, 궁금해지지. 그 사람은 생각하게 돼, 네가 이상하게도 잘 놀란다고. 그리고는 계속 생각하지. 사람이 저러는 건 바로 겁이 날 때인데라구. 겁쟁이들은 언제나 불안하지. 하지만 내 생각으로 너는 원래 겁쟁이가 아니야. 아, 물론 영웅도 아니지. 지금 넌 뭔가 겁나는 일이 있어. 겁나는 사람도 있구. 그런데 그건 결코 있어서는 안 될 일이야. 그래, 사람을 무서워해서는 결코 안 될 거야. 날 무서워하진 않지? 아니면 무섭니?」

「오 아니야, 전혀 안 무서워」

「그럴테지. 하지만 네가 무서워하는 사람이 있는 거지?」

「난 몰라……. 날 내버려둬, 나한테서 뭘 바라는 거야?」

그는 나와 나란히 걸었고 —나는 더 빨리 걸었다. 도망칠 생각을 하며— 곁에서 그의 시선이 느껴졌다.

「한 번 가정을 해봐」 그가 다시 말을 시작했다. 「내가 널 좋게 생각하고 있다는 것을 말야. 아무튼 나한테는 겁을 낼 필요가 없어. 너하고 실험을 한 번 해보고 싶어, 재미있기도 하고 네가 거기서 꽤 쓸모 있는 걸 배울 수도 있어. 한 번 주의해 들어봐! 나는 이따금씩 독심술(讀心術)이라고 부르는 기술을 써보곤 해. 무슨 나쁜 마법이 거기 있는 건 아니야. 어떻게 하는 건지 모르면 아주 이상해 보이지. 그걸로 사람들을 아주 놀라게 할 수 있어. 자아, 우리 한 번 시험해 보자. 그러니까 나는 너를 좋아해, 혹은 내가 너에게 관심이 있는데 이제 네 마음 속 모습이 어떤지를 밝혀내 보고 싶은 거야. 그러기 위해 나는 이미 시작했어. 내가 널 놀라게 했지. 넌 그러니까 잘 놀라는 거야. 즉 넌 두려운 일이나 사람이 있는 거야. 그게 어디서 비롯되었을까? 그 누구도 두려워할 필요 없어. 누군가를 두려워한다면, 그건 그 누군가에게 자기 자신을 지배할 힘을 내주었다는 것에서 비롯하는 거야. 예를 들면 뭔가 나쁜 일을 했어봐, 그리고 상대방이 그걸 알고. 그럴 때 그가 너를 지배하는 힘을 가지는 거야. 알아들었니? 이제 분명하지, 안 그래?」

나는 어찌할 바를 모르고 그의 얼굴을 들여다보았다. 언제나처럼 진지하고 영리했다. 그러면서도 또 너그러웠지만, 온갖 정다움이 깃들여 있다기보다는, 오히려 엄격했다. 정의나 혹은 뭔가 그 비슷한 것이 거기에는 있었다. 나는 내게 무슨 일이 벌어지고 있는 건지도 몰랐다. 그는 마술사처럼 내 앞에 서 있었다.

▶▶▶ 헤르만 헤세, 전영애 옮김, 「카인」, 『데미안』, 51~52쪽

데미안은 사탄의 작은 병사인 악동惡童 프란츠 크로머를 퇴치합니다. 싱클레어는 그 은사恩赦, 恩賜를 통해 자기 안의 비겁과 비굴을 똑바로 쳐다보게 됩니다. 모든 인간의 고통은 결국 자기 안의 죄의식에서 비롯된다는 것도 알게 됩니다. 그리고 그것을 이용하는 자들이 만든 '카인의 굴레'를 과감히 벗어던집니다.

사족 한 마디. 크로머와 싱클레어, 간악한 악동과 겁 많은 순둥이 사이의 '약탈적 관계'가 순진한 어린 아이들의 세계에만 존재하는 것은 아닙니다. 어른들의 세계에서도 그런 약탈과 협박의 관계는 언제든 발생할 수 있습니다(악이 존재하는 한). 제 주변에서도 중인환시衆人環視리에 그런 악이 자행되는 것을 두 눈을 멀쩡히 뜨고 본 적이 있습니다. 안타깝게도 저에게는 데미안의 독심술도, 데미안의 사람을 압도하는 기품도, 데미안의 신비스런 문제해결력도 없었습니다. 속수무책束手無策이었습니다. 그러나 다행히 제겐 『데미안』을 읽은 경험이 있었습니다. 그래서 겁 많은 싱클레어의 신세는 겨우 면할 수가 있었습니다. 데미안이 말하고 있는 것처럼, 비겁과 비굴은 죄를 모면하고자 할 때 힘을 얻습니다. 두려움은 죄를 붙들고 있을 때 찾아옵니다. 이미 나락에 떨어져 있으면서도 그 '죄'에 매여 있는 자들은 어리석은 자들입니다. 그들이 바로 '카인', 내 안의 사탄입니다.

예수 옆에 매달린 도둑

'인간은 구원받아야 할 존재다', 종교의 출발점은 항상 그곳입니다. '구원救援'이 없는 곳에는 종교도 없습니다. 고등학교 윤리 시간에 내세來世가 있는 것은 종교고 없는 것은 주술呪術이라고 배운 적이 있습니다. 그 말도 인간 구원에 대한 의지를 강조한 말이라고 생각됩니다. 종교와 주술도 그렇지만, 사람도 대체로 거기서 갈라집니다. '구원'을 인간 조건의 하나로 인정(인식)하는가 인정하지 않는가, 그 부분에서 사람은 두 유형으로 나뉩니다.

저도 얼마간 청강생으로 참여했던 한 공부 모임이 있었습니다. 엉거주춤, 몇 년 따라다니다 빠져나왔습니다(탈퇴의 변은 생략하겠습니다). 제가 빠지고 얼마 있지 않아서 그 모임에서 기독교 성경을 읽었답니다. 주로 동양 고전을 읽는 모임이었고 그 당시는 불교 유식론 공부를 하던 무렵으로 알고 있었는데 잠시 짬을 내서 (아마 그 책을 읽지 않고서는 지성사에 한 획을 긋는 필생의 업적을 남길 수 없을 것이라고 여겼던 모양입니다) 그런 이단적인(?) 독서를 했던 모양입니다. 그 이야기를 전해준 이에게 그 독후讀後의 소감을 물었습니다. 돌아온 대답이 이렇습니다. 전체적으로 백해무익한 책이다. 예수의 삶을 다룬 사 복음서(마태, 마가, 누가, 요한 복음) 정도는 읽어줄 만했다. 마태, 마가, 누가 공관복음과 요한 복음은 일말의 감동이 있었다. 그러나 그 나머지는 전혀 의미 없는 '말들의 잔치'들이었다. 특히 구약은 악서惡書의 표본이었다. 그렇게 결론을 내렸답니다. 그 말을 듣고 달리 할 말이 없었습니다. 그들은 애초부터 인간이 구원받아야 하는 존재라는 것을 인정하지 않고 있었습니다. 어쩌면 그 독회에 그런 사람들만 남아 있는 것인지도 몰랐습니다(변화가 좀 있었습니다). 그러니 그런 결론이 당연한 것이 될 수밖에 없는 일이었습니다.

상식이지만 기독교의 힘은 '구원'과 '사랑'에서 나옵니다. 그 두 가지 삶의 목표는 인간이 인간답게 살고자 했던 무렵부터 한시도 우리 곁을 떠난 적이 없었습니다. 여타의 성인들의 말씀과 같이, 기독교의 성경은 그 두 가지 삶의 목표를 여러 가지 방식으로 설명하고 강조하고 있는 서사체敍事體일 뿐입니다. 그 서사체의 의도성을 무시하고 그 자체의 텍스트성을 선이니 악이니 정의니 불의니, 분석한다는 것은, 그러므로, 그야말로 아무런 '의미 없는 일'일 뿐입니다. 일찍이 성경의 내용을 '하느님의 말씀'이라고 단정하고 인간의 관점에서 함부로 읽어내지 말라고 억압 아닌 억압이 이루어진 것도 제가 보기에는 그 선한 의도성의 훼손을 막기 위한 고육지책이었던 것이 아니었던가도 싶습니다. 인간은 구원받아야 하는 존재다(너나없이!). 인간은 인간을 사랑해야 한다(제 몸처럼!). 그 두 가지만 확실히 인정할 수만 있다면 성경을 어떻게 읽어도 아무런 문제가 없습니다. 그러나 그 두 가지 삶의 목표를 무시하면서(제대로 알지 못하면서) 성경을 읽고 이런저런 소감을 덧붙인다는 것은 그야말로 '어불성설語不成說'이라 할 것입니다. 우물가에서 숭늉을 찾거나, 채식 전문식당에 와서 불고기백반을 내놓으라고 트집을 잡는 일과 진배없는 것입니다.

『데미안』에서도 그 부분에 대한 이야기가 나옵니다. 예수와 함께 십자가에 매달린 도둑 중 한 명이 죽기 전에 회개하고 천국에 간다는 내용에 대한 데미안의 독후 소감입니다. 데미안은 그 부분이 엉터리 사제의 싸구려 설교에 불과하다고 혹평합니다. 인간의 '구원'을 너무 저급하게 다루었다고 비난합니다. 그 부분에서 서사체의 격이 툭 떨어진다고 말합니다. 싱클레어는 그런 데미안의 '설교'를 듣고 '구원'에 대한 보다 성숙한 인식의 도정으로 들어섭니다.

> 그리고 한 번은 견진성사 수업 중에 그가 훨씬 더 대담한 견해 하나로 나를 놀라게 했다. 선생님께서 골고다 언덕에 대해 이야기를 막 끝낸 참이었다. 구세주의 고난과 죽음에 대한 성서의 보고가 나에게는 아주 어린 시절부터 깊은 인상을 남겼었다. 어린 소년이었을 적 이따금씩 수난 금요일 같은 때, 우리 아버지가 예수 수난사를 낭독하시고 나면 나는 열렬히 감동이 되어 이 비통하게 아름답고, 창백하고, 섬뜩하지만 무시무시하게 생명력 있는 세계 속에서 살았다. 겟세마네 동산에서 그리고 골고다 언덕에서 살았었다. 그리고 바하의 마태수난곡을 들을 때면 비밀에 가득 찬 이 세계가 지닌 음울하면서도 힘 있는 열정의 광채가 온갖 신비로운 전율로 나를 뒤덮었다. 나는 오늘도 이 음악에서, 그리고 「비극적 행위*Actus tragicus*」에서

모든 시의 그리고 모든 예술적 표현의 총괄 개념을 발견한다.

그런데 그 수업 시간의 끝에 데미안이 생각에 잠겨 나에게 말했다. 「저기엔 뭔가가 있어, 싱클레어, 내 마음에 안 드는 무언가가. 이 이야기를 한 번 따라 읽어봐. 그리고 한 마디 한 마디 음미해 봐. 맥 빠진 맛이 나는 무언가가 있어. 예수와 함께 십자가에 매달린 두 도둑에 대한 이야기 말이야. 거기 언덕 위에 십자가 세 개가 나란히 서 있는 모습은 굉장하지! 하지만 우직한 도둑들에 대한 감상적인 선교 전단용 이야기야! 도둑은 처음에 수치스런 행위를 저지른 범죄자였어. 신은 그 모든 것을 알고 있어. 그런데 이제 막판에 와서 마음이 누그러져 그런 개전(改悛)과 회개의 징징거리는 축제를 치르는 거야! 무덤에서 두 발자국 떨어진 곳에서 하는 그런 회개가 (너한테 묻겠는데) 무슨 의미가 있다고 생각해? 그건 또 정말 엉터리 신부님의 설교일 뿐 더 이상 아무것도 아니야. 달착지근하고 부정직하고, 지극히 교화적인 배경에다 측은지심의 엿기름을 곁들인 거지. 만약 네가 오늘 그 두 도둑들 중 하나를 친구로 택해야 한다면, 혹은 둘 중 누구에게 더 신뢰를 줄 수 있겠는지 생각해야 한다면, 그건 아주 분명히 이 징징거리는 개종자 쪽은 아닐 거야. 다른 쪽이야. 회개하지 않은 그 도둑이야말로 사나이잖아, 개성이 있고 말이야. 그는 개종 따위를 우습게 알았어. 그런 건 그의 처지에서는 그저 듣기 좋은 말이겠지. 그는 자신의 길을 끝까지 갔어. 그리고 자신이 거기까지 가도록 도와준 악마로부터 마지막 순간에 비겁하게 도망가지는 않았어. 그는 당당한 개성을 가졌어. 성서 이야기에서는 개성을 가진 사람들이 자주 손해를 보지. 어쩌면 그도 카인의 후예일 거야. 그렇게 생각하지 않니?」

나는 몹시 당황했다. 이 십자가 수난 이야기는 내 자신이 내 집처럼 편안히 확신해도 된다고 믿었었는데 지금 비로소, 얼마나 개성 없이, 얼마나 상상력과 환상 없이 내가 그것들을 듣고 읽었었는지 알았다. 그럼에도 데미안의 새로운 생각은 내게 숙명적으로 들렸고 그 존속을 내가 고수해야 한다고 믿었던 내 안의 개념들을 전복시키려 위협했다. 아니다. 그렇게 아무나, 지고(至高)의 성인(聖人)까지도 마구 함부로 다룰 수는 없었다.

언제나 그렇듯이 내가 그 무엇인가를 말하기도 전에 그는 나의 저항을 즉시 알아차렸다.

「나도 이미 알고 있어」 그가 체념해서 말했다. 「그건 오래된 이야기지, 심각할 것 없어! (…후략…)」

▶▶▶ 헤르만 헤세, 전영애 옮김, 「예수 옆에 매달린 도둑」, 『데미안』, 81~82쪽

데미안이 들려준 '도둑 이야기'를 접하면서 싱클레어는 막연한 정서적 차원의 '누미노제Numinose'[1]에서 벗어나 의지를 동반

1) 누미노제(Numinose): 종교학자 루돌프 오토(R. Otto)는 인간이 느끼는 종교적 체험을 '신비스럽고, 두려우면서도 매혹적인 것(Mysterium tremendum et fascinanas)'과의 만남이라고 하면서 '누미노제(Numinose)'라는 특별한 용어로 표현하였다. 이는 '명확한 표상을 이룰 수 없는 초자연적 존재'라는 의미의 라틴어 누멘(numen)에서 따온 신조어로 과학적으로는 설명될 수 없는 초자연적 신비의 경험이라는 의미를 내포하고 있다. 따라서 이러한 종교적 체험을 할 때 인간은 표현할 수 없을 정도로 어마어마하게 두렵고 떨리고 신비스럽고 초월적인 느낌과 함께 또는 초월적인 절대자와의 합일에서 오는 안정감과 절대 평안을 느끼게 된다. (Daum 사전 검색)

한 종교적 삶의 경지로 나아갑니다. ‘예수 옆에 매달린 도둑’ 이야기는 그 앞에서 접한 ‘카인 이야기’에 접목되면서 싱클레어의 ‘어른 되기’에 크게 기여합니다.

저에게는 처음 이 대목을 접했을 때의 소감이 전혀 기억에 남아 있지 않습니다. 그 시절은 저에게도 싱클레어처럼 ‘겟세마네 동산에서 그리고 골고다 언덕에서 살았’던 시절이었습니다. 데미안의 반동(?)에 어떤 식으로든 반응했을 터인데 아무런 기억이 없습니다. 어쩌면 데미안의 ‘설교’가 전혀 접수가 안 되었었는지도 모르겠습니다. 그만큼 미숙했었는지도 모르겠습니다.

‘인간은 구원 받아야 할 존재다’, ‘인간은 인간을 사랑해야 한다’, 어려울 것도 없고 의심할 것도 없는 말인 것 같은데 지금껏 살아오면서 그것만큼 어려운 것을 만나보지 못했습니다. 그것만이 이 허랑된 인생을 넘어설 수 있는 유일한 방책이라는 건 알겠는데 몸으로 살아내기가 힘듭니다. 그래서 오늘도 운전대만 잡으면 함부로 욕설을 내뱉고, 제 비자금을 함부로 넘보는 아내의 시선이 밉습니다. 그래서 종교가 필요한 것이지도 모르겠습니다.

사족 한 마디. 구약성경을 ‘희대의 악서’라고 혹평한 공부모임 동료에게 그 까닭을 물었습니다. 대답이 이랬습니다. “너무 자기만 아는 오만방자한 신이었다.” 그래서 제가 얼른 되받았습니다. “신이라면 그 정도는 돼야지, 데리고 놀 친구도 아닌데.” 그러자 그가 입을 꾹 다물고 말았습니다.

베아트리체

예술의 효용效用을 속속들이 다 논리적으로 설명할 수는 없을 겁니다. 논리에 굴복하는 것은 이미 예술이 아니기 때문입니다. 사랑처럼 예술도 '아는 것'의 지배를 받지 않습니다. 우리의 내면內面에는 아직(끝내) 미지未知의 세계가 많이 남아 있습니다. 예술은 우리 안에 있는 그 '미지의 세계'를 찾아 떠나는 작은 탐사선입니다. 『데미안』을 보면 예술 창작(그림 그리기)을 통해서 사춘기의 정체성의 위기를 극복하는 싱클레어의 이야기가 나옵니다. 예술이 한 인간의 성장에 어떤 식으로 기여하는지 잘 보여주는 대목입니다.

나는 점점 더 몽환적인 붓놀림으로 대상이 없는, 장난 같은 더듬음에서, 무의식에서 나오는 선을 긋고 면을 채우는데 익숙해져 갔다. 마침내 어느 날 거의 의식 없이 얼굴 하나를 완성했는데, 전에 그린 것들보다 더 강하게 말을 던져오는 것이었다. 그것은 그 소녀의 얼굴은 아니었고, 결코 그럴 수도 없었다. 무엇인가 다른 것, 무엇인가 비현실적인 모습이었다. 그렇지만 그렇다고 가치가 덜한 것이 아니었다. 그것은 소녀의 얼굴이기보다는 오히려 청년의 머리처럼 보였다. 머리카락은 나의 예쁜 소녀처럼 환한 금색이 아니고 불그스름한 기운이 도는 갈색이었고, 턱은 강하고 윤곽이 뚜렷했으며, 입은 붉게 꽃피고 있었다. 그 모든 것이 다소 뻣뻣하고 가면 같았지만, 인상적이고 신비스러운 생명으로 가득 차 있었다.

완성된 그림 앞에 앉아 있자니, 기이한 인상을 받았다. 그것은 내게 일종의 신상(神像) 혹은 성인의 가면처럼 보였다. 절반은 남자고 절반은 여자, 나이가 없고, 의지가 굳세면서도 몽상적이며, 굳어 있으면서도 남 모르게 생명력 있어 보였다. 이 얼굴은 나에게 무언가 할 말이 있는 듯했다. 그것은 나의 일부였다. 나에게 요구를 내세웠다. 그리고 누군지는 모르겠지만 그 누군가와 비슷했다.

그때부터 그 초상이 한동안 나의 모든 생각을 따라다녔고 나의 삶을 함께 했다. 나는 그것을 서랍에 감추어두었다. 아무도 그것을 훔쳐보고 그걸로 나를 비웃게 해서는 안 되었던 것이다. 그러나 혼자 내 작은 방 안에 있을 때면 곧바로, 나는 그 그림을 꺼내어 들여다보곤 했다. 저녁에는 마주 보이는 침대 위쪽 벽지에 핀으로 붙여놓고, 잠들 때까지 바라보았으며 아침이면 나의 첫 눈길이 거기로 갔다. (…중략…)

그 그림은 참으로 기막히도록 친숙하게 나를 바라보고 있었다. 내 이름을 부르는 것 같았다. 나를 잘 아는 것 같았다. 어머니처럼, 아득한 시절부터 내내 나를 향해져 있었던 것 같았다. 가슴이 뛰며 나는 그림을 응시하였다. 숱 많은 갈색 머리카락을, 절반쯤 여자의 것인 입술을, 특별하게 밝은(저절로 그렇게 말랐다) 뚜렷한 이마를, 그리고 점점 더 분명하게 인식을, 재발견을, 앎을 느꼈다.

나는 자리에서 벌떡 일어났다. 그 얼굴 앞에 서서 아주 가까이에서 그것을 바라보았다. 크게 뜬, 초록빛 도는 굳은 두 눈을 들여다보았다. 그 오른쪽 눈이 다른 쪽보다 약간 더 높이 있었다. 그런데 문득 그 오른쪽 눈이 찡긋했다. 가볍고 섬세하게, 그러나 분명하게 찡긋했다. 그리고 이 찡긋거림으로써 나는 그림을 알아보았다.

어떻게 내가 그걸 이렇게 늦게야 비로소 찾아낼 수 있었단 말인가! 그것은 데미안의 얼굴이었다.

후에 나는 이 그림을 내 기억 속에서 찾아낸 데미안의 진짜 표정과 자주 비교했다. 비슷하기는 해도 똑같은 건 전혀 아니었다. 하지만 그래도 데미안이었다.

▶▶▶ 헤르만 헤세, 전영애 옮김, 「베아트리체」, 『데미안』, 110~112쪽

상급학교로 진학하게 되면서 데미안과 헤어지게 된 싱클레어는 타락한 생활로 학교와 가정의 이단아가 됩니다. 그런 와중에 스스로 '베아트리체'로 명명한 이름 모를 소녀를 만나게(보게) 되고, '사랑하고 숭배할 그 무엇'을 다시 찾은 그는 삶의 방향성을 새로이 정립하게 됩니다. 스스로 일어나 자신의 삶을 추스르게 됩니다. 그 과정에서 싱클레어가 택한 자기 정화의 방법이 예술 창작(그림 그리기)이었습니다. 무의식 안에 있는 어떤 에너지를 예술적 표현을 통해 밖으로 끄집어냅니다. '베아트리체'의 얼굴을 그리면서 그는 '예술행위를 통한 엑스터시'를 비로소 처음 경험합니다. '불타는 초록 물감'을 위시한 '작은 튜브에 든 섬세한 수성 물감'들에서 황홀경을 느낍니다. 몇 번의 실패를

딛고 그는 결국 '예술적 형상화'에 성공합니다. 스스로 행한 '예술'이라 인정한 첫 실체(인물화)와 대면합니다. 그리고 그것이 데미안의 얼굴이었다는 것을 뒤늦게 '발견'합니다.

싱클레어에게 '데미안의 얼굴'은 일종의 만다라曼陀羅가 됩니다. 이를테면 예술적 형상화를 통해 자신의 내면(의 욕구)을 직시한다는 것, 나아가서 본질[manda]을 소유[la]하는 경지에 이른다는 것으로 해석되는 장면입니다. "절반은 남자고 절반은 여자, 나이가 없고, 의지가 굳세면서도 몽상적이며, 굳어 있으면서도 남모르게 생명력 있어 보였다. 이 얼굴은 나에게 무언가 할 말이 있는 듯했다. 그것은 나의 일부였다. 나에게 요구를 내세웠다"라는 그 얼굴 그림에 대한 싱클레어의 설명은 우리 동양인들에게는 무척 낯익은 것입니다. 우리가 불상(보살상)에서 자주 접하는 느낌이기도 합니다. 융 심리학에서 말하는 '아니마와 아니무스의 통합', '그림자 얼굴과의 대면' 등을 연상시키는 것이기도 합니다. 싱클레어는 자신의 내면이 촉구하는 '인간적인 성숙成熟'에 그렇게 화답합니다. 예술 창작을 통해 내면과의 대면을 자연스럽게 이루어냅니다. 예술의 효용 중에서도 가장 원초적이고 가장 생산적인 효용이라고 할 수 있는 것이었습니다. 이 효용이 있기 때문에 예술은 언제나 우리 곁에 남을 수 있는 것입니다.

인용 부분이 '예술의 효용'에 대한 이야기라고 말씀을 드리고 있습니다만, 또 하나, 간과할 수 없는 예술론이 이 대목에 담겨져 있습니다. '후에 나는 이 그림을 내 기억 속에서 찾아낸 데미안의 진짜 표정과 자주 비교했다. 비슷하기는 해도 똑같은 건 전혀 아니었다. 하지만 그래도 데미안이었다'라는 마지막 부분에서의 싱클레어의 독백입니다. 그렇습니다. 예술은 '진짜 표정'과 똑같지 않습니다. 똑같은 것은 전혀 아니면서 '그래도' 그것인 것이 바로 예술입니다. 우리는 간혹 예술의 그런 존재방식을 몰각하고 현실에서 그것의 존재 근거를 찾을 때가 많습니다(진위 판정, 가치 측정). 그러면서 예술을 우리 곁에서 밀어냅니다. 그렇게 예술을 밀어낸 뒤의 우리 인생이 어떻게 흘러갈 것이라는 것은 너무나 자명합니다. 딱딱한 가면처럼 말라비틀어진, 오직 하나밖에 지을 수 없는 불구의 표정으로, 인간의 탈을 쓴 비인간으로, 그렇게 우리는 살아가야 합니다. 나에게 어떠한 요구도 할 수 없는, 그런 무미건조한 인생으로 일관할 수밖에 없게 되는 것입니다.

사족 한 마디. 간혹 듣는 말이 있습니다. "별 거 없는데 사람들이 환호한다"는 말입니다. 인기가 따르는 작품들에 흔히 따라오는 말입니다. 거액에 거래되는 거장의 추상화든, 입도선매되는 베스트셀러 작가의 작품이든, 이유 없이(?) 관객이 드는 영화든 그런 구설수에 언제든지 오를 수 있는 것이 예술의 세계입니다. 그러나 그들 '환영받는 예술'들은 반드시 그것 안에 그럴만한 이유를 내장하고 있습니다. 다만, 말로써 그것을 속속들이 설명할 수 없을 뿐입니다. 그렇게 생각해야 예술이 우리 곁에 오래 머물 수 있습니다. 그래야 우리 인생이 덜 허망합니다.

야곱[2)]의 싸움

오늘도 푹푹 찌는 날씨입니다. 제가 끓이는 '인문학 수프'도 점점 묽어지는 느낌입니다. 어쩔 수 없는 노릇입니다. 더위를 식히는 한 요량으로 읽어주시면 고맙겠습니다. 그 많던 고민들이 다 어디로 사라졌는지 궁금합니다. 고민이래야 당일치기 불쾌감밖에 없습니다. '깊고 푸른' 걱정거리들이 다 사라져 버린, 혹은 고무줄이 다 늘어나 버린, 이 중늙은이의 '고민 없는 현실'이 문득 낯설게 느껴집니다. 어리고 젊었을 때는 늘 고민에 빠져서 살았습니다. 한시도 마음이 편한 날이 없었습니다. 손 놓고 뒤돌아다 볼 여유 같은 것은 애당초 생각할 수가 없었습니다. 고민 없는 인생이 낯선 고민거리가 될 줄은 꿈에도 몰랐습니다.

그와 관련해서 지금도 잊혀지지 않는 한 장면이 있습니다. 고등학교 시절 학교 운동장에서 있었던 일입니다. 앉아서 누군가의 강연을 듣던 자리였습니다. 때로는 형과 같은 느낌을 주기도 했고, 때로는 경쟁자의 태도로 맞서기도 했던 한 친구가 있었는데 그 친구가 뜬금없이 제 손금을 봐 주겠다고 청했습니다. 무

2) 야곱(Jacob): 구약 성경에 나오는 인물. 이삭의 아들이며 쌍둥이 형 '에서'를 속여 장자의 권리를 빼앗았다. 후에 신의 축복을 받아 이스라엘로 개명하였다. 그의 열두 명의 자식들은 이스라엘 열두 부족의 조상이 되었다.

심코 그에게 제 손바닥을 맡겼습니다. 보는 둥 마는 둥, 제 손을 붙들고 그는 이렇게 말했습니다. 초년고생初年苦生이 말년부귀末年富貴를 부른다, 늘 고민이 많으니 속이 안 좋을 상이다. 초년고생이 말년의 편안함을 부른다는 말은 이해가 쉬웠습니다(그런 바람 하나로 살던 때였습니다). 그런데 손금을 보는 마당에 "속이 안 좋다"라는 말을 하는 그가 좀 낯설었습니다. 그래서 거기에 토를 달았습니다. "속이 안 좋다"가 무슨 뜻이냐고요. 그랬더니 그가 말했습니다. 속이 좁다는 뜻이다. 얼굴이 확 달아올랐습니다. 혹시 소화기능이 안 좋다는 말이 나올까 기대했는데 "속이 좁다"는 말이 나왔습니다. 사실 그 무렵의 저는 저의 약점인 그 '속 좁음'을 어떻게든 좀 다스려 보려고 오매불망하던 때였습니다. 그 치명적인 조급함을 결단코 밖으로 드러내지 않으려고 절치부심切齒腐心하던 때였습니다. 그런데 친구가 그걸 꼬집는 것이었습니다. 그 모든 노력을 비웃는 듯한 그의 도발적인 언사에 저는 순간적이나마 현기증 비슷한 것을 느껴야 했습니다. 하여튼 그의 그 출처를 알 수 없는 비아냥거림 덕분에 저는 그 후로 더 작심하고 제 속을 다스리는 일에 매진할 수 있었습니다. 물론, 그래서 제가 속이 넓어졌다는 말씀을 드리려는 건 아닙니다. 공장에서 나올 때 이미 메모리 용량이 정해져 있는 것은 나중에라도 바꿀 수가 없습니다. 그 점은 사람이나 기계나 매 일반입니다. 최적화 작업을 아무리 빈번하게 행한다고 해서 용량 자체가 변할 수는 없는 것입니다. 다만, 처리 속도를 조금 높인다거나 있을 수 있는 '충돌현상'들을 미리 예방할 수 있는 정도의 효과는 있었던 것 같았습니다.

그렇게 저에게 '충격'을 준 그 친구는 몇 달 뒤 또 충격을 안겼습니다. 저에게 학생회장 선거에 한 번 나가보라는 거였습니다. 가형家兄에게서 연전에 그 비슷한 권유를 받은 적이 있기는 했습니다만 일언지하에 거절을 한 적이 있었습니다. 일 년 뒤에 친구에게서 그런 권유를 받았을 때도 마찬가지였습니다. 현실성 없는 이야기로 여겼습니다. 그리고 그때는 이미 같은 반의 한 친구가 출마선언을 하고 나섰던 때였습니다(그는 저에게 러닝메이트로 나서줄 것을 요청했습니다). 그런데 그 친구보다는 제가 나가는 게 나을 것 같다는 것이 '손금 봐준 친구'의 말이었습니다. 이런저런 담합(?) 끝에 제가 회장, 먼저 출마를 선언했던 친구가 부회장으로 나가기로 결정이 되고 힘을 합쳐 우리는 선거에서 승리했습니다(그 결과가 저의 인생에 플러스알파가 되었는지 마이너스알파가 되었는지는 여태 잘 모르겠습니다). 어쨌든 그 일이, 친구의 힘을 빌긴 했지만, 제가 이 세상에 나와서 벌인 가장 최초의 '의지를 가지고 행한 사회적 활동'이 아니었나 싶습니다. 스스로 '자기에게 이르는 도정'의 첫 발걸음을 내디딘 셈이었습니다. 청춘기의 우정과 '자기에게 이르는 길 찾기'에 대한 묘사는 『데미안』의 「야곱의 싸움」편에 잘 나타나 있습니다.

「피스토리우스」 내가 갑자기 말했다. 스스로도 놀랄 만큼 악의가 담겨 있었다. 「제게 다시 한 번 꿈 이야기를 들려주셔야겠어요. 밤에 꾸신 진짜 꿈 이야기를요. 지금 말씀하시는 것, 그건 참 빌어먹게 골동품 냄새가 나네요!」

내가 그런 식으로 말하는 것을 그는 들어본 적이 없었다. 나 자신도 말하는 바로 그 순간에 번개같이, 내가 그에게로 쏘아버렸고, 그의 심장을 맞춘 화살이 그 자신의 무기고에서 꺼낸 것이었음을 수치와 충격으로 느꼈다. 그가 냉소적 음색으로 이따금씩 내뱉던 자기비난의 어휘들을, 이제 악랄하게도 내가 그에게 한껏 극단화된 형태로 던졌던 것이다.

그도 그것을 순간적으로 느꼈다. 그리고 즉시 잠잠해졌다. 마음속으로 두려움을 느끼며 그를 보고 있자니, 그는 무섭게 창백해지는 것이었다.

길고 무거운 침묵 후에 그가 새 장작을 불 위에 얹었고 가라앉은 음성으로 말했다. 「자네가 전적으로 옳아, 싱클레어. 자네는 영리한 친구야. 나는 골동품으로 자네를 지켜주려는 걸세」

그는 매우 침착하게 말했지만, 나는 그가 입은 상처의 고통을 잘 느낄 수 있었다. 내가 무슨 짓을 했는가!

눈물이 나올 것 같았다. 진심으로 그에게로 향하고 싶었다. 그에게 용서를 빌고 싶었다. 그에게 나의 사랑, 나의 애정어린 감사를 확인해주고 싶었다. 감동적인 말들이 떠올랐다. 그러나 말할 수가 없었다. 나는 그냥 엎드려 불을 들여다보며 말이 없었다. 그도 말이 없었다. 그렇게 우리는 누워 있었고 불은 타내려가다 꺼졌다. 탁탁

튀기며 꺼지는 불꽃 하나와 함께 다시는 돌아올 수 없는 아름다움과 친밀함도 다 타서 날아가 버리는 느낌이었다.

「제 말을 잘못 이해하셨을까봐 두렵습니다」 내가 마침내 몹시 풀이 죽어 건조하고 쉰 목소리로 말했다. 마치 신문 연재소설을 낭독하는 듯이 멍청하고 무의미한 말들이 기계적으로 내 입술 너머로 새어 나왔다.

「난 자네 말을 정확히 이해했네」 피스토리우스가 나직이 말했다. 「자네가 옳아」 조금 뜸을 들인 다음 그는 천천히 계속했다. 「한 인간이 다른 사람에게 맞서 옳을 수 있는 바로 그만큼 말일세」

아니, 아니, 나는 마음으로 외쳤다. 제가 틀렸어요!라고. 그러나 아무 말도 할 수 없었다. 내가 단 한 마디 보잘 것 없는 말로써 그의 본질적인 약점, 그의 괴로움과 상처를 가리켜 보였다는 것을 알았던 것이다. 그가 자신을 불신하지 않을 수 없는 바로 그 점을 내가 건드렸던 것이다. 그의 이상에서는 〈골동품 냄새가 났다〉. 그는 과거를 향한 구도자였다. 그는 낭만주의자였다. 그리고 갑자기 나는 깊이 느끼게 되었다. 피스토리우스는, 그가 나에게 준 것을 그 자신에게는 줄 수 없었으며 내 눈에 비쳤던 그의 모습도 그의 실체는 아니었다는 사실을. 그는 길잡이인 자신도 넘어서지 못하고 떠나야 했던 길로 나를 인도했던 것이다.

어떻게 그런 말이 나오게 되었는지는 신이나 아실 일! 나는 전혀 나쁜 뜻이 아니었고 파국의 예감도 없었다. 말을 입 밖에 내는 순간에도 무엇을 말하고 있는 것인지 전혀 의식하지 못했던 그 무엇인가를 입 밖에 내어 버린 것이었다. 약간 위트 있고 약간 악의 있는 소소한 착상 하나에 굴복해 버린 것이었다. 그것이 운명이 되어 버렸다. 나는 부주의한 작은 횡포를 저질렀는데 그에게는 그것이 심판이 되어 버렸던 것이다.

▶▶▶ 헤르만 헤세, 전영애 옮김, 「야곱의 싸움」, 『데미안』, 167~169쪽

'피스토리우스'는 데미안 이후로 싱클레어가 만난 인생길의 충직한 멘토였습니다. 대학에 진학하기 전까지의 시기에 그를 이끌었던 믿음직한 친구였고 작은 스승이었습니다. 그에게서 길(자기에게 이르는)을 봤고 그를 통해 인생의 큰 고비 하나를 무사히 넘겼습니다. 그런 그에게 싱클레어는 대못을 박습니다. 더 이상 당신의 길 안내가 필요 없다고 내지릅니다. 그리고는 후회합니다. 그 대목이 너무 리얼합니다. 아마 이런 장면 한두 개는 너나없이 모두 필히 가지고 있지 싶습니다. 제게는 싱클레어가 데미안과 만나고 헤어지는 장면보다 이 장면이 훨씬 더 가슴에 와 닿습니다. 데미안은 너무 초인에 가깝습니다. 그러나 피스토리우스는 한결 우리와 가깝습니다. 그래서 그와 싱클레어의 만남과 헤어짐은 마치 소설이 아니라 현실 속의 한 장면처럼 생생하게 전달이 됩니다.

길다면 길고 짧다면 짧은 인생길에서 우리는 때로는 싱클레어로, 때로는 피스토리우스로 살아갑니다. 내게 없는 것, 내가 가지고 싶은 것을 가져다주는 친구도 있고, 내게서 그것을 찾아

가는 친구도 있습니다. 그 주고받는 임무에 충실하다 보면 한 세월이 다 갑니다. 비단 친구 사이에서만 그런 것은 아닌 것 같습니다. 부모 자식 간에도 그런 이치는 여전如前합니다. 내가 그랬던 것처럼, 자식들도 언젠가는 "나에게 준 것을 그 자신에게는 줄 수 없었으며 내 눈에 비쳤던 그의 모습도 그의 실체는 아니었다. 그는 길잡이인 자신도 넘어서지 못하고 떠나야 했던 길로 나를 인도했다"라고 기꺼이 나를, 우리 부모 된 자들을, 이해할 것입니다.

사족 한 마디. 40년 전에 '나에게로 향하는 길'을 함께 했던 친구들이 그립습니다. 한 친구는 이미 유명을 달리했습니다. 다른 한 친구도 최근에는 소식을 접하기 어렵습니다. 얼마 전까지 꽤 그럴듯한 사업 구상을 가지고 투자자를 물색하고 다니는 걸 봤는데 어떻게 진행되고 있는지 궁금합니다. 인생말년이긴 하지만 친구의 원대한 포부가 늦게나마 활짝 펼쳐질 수 있기를 기원해봅니다.

에바 부인

싱클레어에게 에바 부인(데미안의 어머니)은 '이상적인 어머니의 형상'을 지닌 사람이었습니다. 그녀는 '장엄한 대상 이미지'로서, 성별과 나이를 초월해서, 싱클레어의 동일시identification 환상을 불러일으키는 '위대한 어머니great mother'였습니다. 싱클레어는 그녀의 '아들-연인son-lover'이 되고 싶은 열망에 휩싸입니다(이른바 '마마보이'는 자신의 내면에 고착된 위대한 어머니와의 '필요한 결별'을 감행하지 못하는 남자—아들 연인—입니다. 이 이상화된 어머니상은 불패의 강적이라 그 어떤 여인도 그녀의 적수가 되지 못합니다. 실존의 어머니가 살아 있고 죽어 없어지고는 아무런 변수가 되지 못합니다). 『데미안』에서 가장 신비로운 내용이 기술되고 있는 부분이기도 합니다. 어릴 때는 이 부분의 의미가 쉽게 와 닿지 않았습니다. 지금 회고해본다면 초현실주의(신심리주의) 소설, 혹은 판타지 소설인가라는 생각까지 들었던 것 같습니다. 문면文面의 스토리를 그대로 인정하기에는 정서적으로도, 논리적으로도, 쉽지 않았습니다. 일종의 불신감 혹은 저항감을 불러일으키기에 충분한 내용이었습니다.

「싱클레어죠. 금방 알아봤어요. 어서 오세요!」

그녀의 목소리는 깊고 따뜻했다. 나는 감미로운 포도주처럼 그 목소리에 젖어들었다. 그리고 이제 눈을 들어 그녀의 고요한 얼굴을, 깊이를 헤아리기 어려운 검은 눈을 들여다보았다. 신선하고 성숙한 입을, 자유롭고 당당한, 그 표적을 지닌 이마를 쳐다보았다.

「얼마나 기쁜지 모르겠습니다!」 그녀에게 말하며 두 손에 키스하였다. 「제 모든 생애는 늘 길 위에 있었던 것 같습니다. 그런데 지금 집으로 돌아왔습니다.」

그녀가 어머니처럼 미소지었다.

「결코 집으로 아주 돌아오지는 못하지만」 그녀가 다정하게 말했다. 「친한 길들이 서로 만나는 곳, 거기서는 온 세계가 잠깐 고향처럼 보이지요.」

그녀가 말하는 것은 그녀에게로 오는 길에 느낀 것이었다. 그녀의 목소리, 또 그녀의 말은 아들과 매우 닮았으면서도 전혀 달랐다. 모든 것이 더 성숙하고, 더 따뜻하고, 더 자명했다. 그러나 막스가 예전에 그 누구에게도 소년의 인상을 주지 않았던 것과 똑같이 그의 어머니는 전혀 장성한 아들을 둔 어머니처럼 보이지 않았다. 그녀의 얼굴과 머리카락 주위로 감도는 숨결은 그토록 젊고 감미로웠다. 그녀의 금빛 도는 피부는 그렇게 팽팽하고 주름이 없었다. 입은 그렇게 꽃피고 있었다. 내 꿈속에서보다도 당당하게 그녀는 내 앞에 서 있었다. 그녀 곁에 있음은 사랑의 행복이었다. 그녀의 시선은 성취였다. (…중략…)

어떻게 되어가든 나는 행복했다. 세상에서 이 여성을 안다는 것이, 그 목소리에 젖어든다는 것이, 그녀 곁에서 숨쉰다는 것이, 그녀가 내게 어머니가 되든, 연인이 되든, 여신이 되든, 그녀가 거기 있기만 하다면! 나의 길이 그녀의 길에 가깝기만 하다면!

그녀는 나의 매 그림을 가리켰다.

「이 그림을 받았을 때만큼 우리 막스가 기뻐한 적은 없어요」 그녀가 생각에 잠겨 말했다. 「나도 그렇구요. 우린 당신을 기다렸답니다. 그리고 이 그림이 왔을 때, 당신이 우리들에게로 오는 도중에 있다는 것을 알았지요. 당신이 어린 소년이었을 때, 싱클레어, 그때 어느 날 내 아들이 학교에서 오더니 말했지요. 이마에 표적을 지닌 소년이 하나 있어. 그애는 분명 내 친구가 될거야, 라고요. 그것이 당신이었어요. 사는 게 쉽지 않았겠지요. 그러나 우린 당신을 믿었답니다. 한 번은 방학에 집에 왔을 때 다시 막스와 만났지요. 열여섯 살 때쯤이었을 겁니다. 막스가 나한테 그 이야길 했어요」

내가 중단시켰다. 「오, 형이 그런 말을 해드리다니! 그때는 제가 가장 비참했던 시절이었어요!」

「그래요, 막스가 나한테 이러더군요. 지금 싱클레어에게 가장 큰 어려움이 닥쳐 있어요. 그애는 다시 한 번 공동체 속으로 도피하려는 시도를 하고 있어요. 심지어 술집 단골이 되었어요. 그러나 그렇게는 안 될 겁니다. 그의 표적이 가려져 있지만, 그러나 그 표적이 아무도 모르게 그를 불태우고 있습니다, 라구요. 그렇지 않았나요?」

「오 그래요, 그랬어요, 꼭 그랬어요. 그 다음에 저는 베아트리체를 발견했고 그 다음에 마침내 다시 저를 제 자신에게로 이끄는 인도자가 왔지요. 그 이름은 피스토리우스예요. 그때야 저는 왜 저의 소년 시절이 그토록 막스 형과 결합되었는지, 왜 제가 그로부터 벗어날 수 없었는지 분명히 알게 되었습니다. 아주머니, 아니 어머니, 전 당시에 자주 생각했어요, 죽어야겠다고요. 그 길은 누구에게나 그렇게 어렵습니까?」

그녀가 바람처럼 가볍게 손으로 내 머리를 쓸어넘겨 주었다.

「그건 늘 어려워요, 태어나는 것은요. 아시죠, 새는 알에서 나오려고 애를 쓰지요. 돌이켜 생각해 보세요, 그 길이 그렇게 어렵기만

했나요? 아름답지는 않았나요? 혹시 더 아름답고 더 쉬운 길을 알았던가요?」

나는 고개를 저었다.

▶▶▶ 헤르만 헤세, 전영애 옮김, 「에바 부인」, 『데미안』, 188~190쪽

에바 부인과 그녀의 아들 막스 데미안은 '나이를 종잡을 수 없는' 외모와 품성을 가지고 있습니다. 적어도 싱클레어에게는 그렇게 인식됩니다. 싱클레어는 에바 부인에게서 어머니와 연인과 여신을 봅니다. 내면에 고착된 이상적인 여인상(과도한 에너지가 부과된) 그 모든 것을 에바 부인에게 투사합니다. 그녀와의 합일을 통해서 완전한 우주의 탄생을 꿈꿉니다. 융 심리학에서 말하는 '위대한 어머니와 아들-연인의 결합을 통해 이루어지는 우로보로스로의 귀환'이 연상되는 대목입니다. 헤세는 내면의 그런 무의식적 충동을, 싱클레어라는 한 작은 탐험가(어린 자아)가 에바 부인이라는 미지의 대륙(위대한 어머니)을 탐색하도록 함으로써, 긍정적 에너지로 변환 시키려고(의식화하려고) 노력합니다. 그 '노력'들이 이해하기 힘든 모호하고 추상적인 진술들을 만들어내게 합니다. 나이가 들어 '과거'가 있는 존재가 된 이제야 비로소 이 대목의 내용이 제 귀에 들어옵니다. 그러니까 소설 『데미안』의 주인공은 바로 이 에바 부인이었던 것입니다. 데미안도, 싱클레어도 아닌 이 에바 부인이야말로 소설 『데미안』의 주인공, 헤르만 헤세의 주인공, 저의 주인공이었던 것입니다.

사족 한 마디. 외람되게, '에바 콤플렉스'라는 용어를 한 번 제안하겠습니다. 연하의 남성들에게 『데미안』의 에바 부인이 그러했던 것처럼, 어머니나 연인이나 여신이 되고자 하는 무의식적 열망을 가지고 집착하는 여성들이 있다면 그녀들을 '에바 콤플렉스'의 소유자라고 부르자는 제안을 드립니다. 오해는 없었으면 좋겠습니다. 모든 여女연상-남男연하 커플들이 에바 콤플렉스와 싱클레어 콤플렉스를 지닌 '비정상적인' 여남 사이라고 주장할 생각은 추호도 없습니다. 다만, 모든 남성들은 무의식중에 '에바'와 같은 여성상을 어느 정도는 열망하고 있는 것이 사실인 것 같습니다. 아마 '어머니'의 강렬한 영향 때문일 것입니다. 여성들은 좀 경우가 다르지 싶습니다. 싱클레어를 좋아하는 사람도 있고 데미안을 좋아하는 사람도 있을 것입니다. 남편감을 고르는 것을 보면 대강 그런 분류가 가능하다는 생각이 들게 합니다. 그러고 보니 남자들 중에는 스스로 데미안으로 여기고(과대망상?) 상대방을 가리지 않고 탐닉하는 사람들도 없지 않아 있는 것 같기도 합니다. 이 정도 하겠습니다. 더 들어가면 수습이 불가능해질지도 모르겠습니다.

이마의 표적

얼마 전에 『해리포터』의 작가 조앤 K. 롤링이 가명으로 작품을 발표한 사실이 알려져 세간의 화제가 된 적이 있습니다. '로버트 갤브레이스'라는 남자 이름으로 『더 쿠쿠스 콜링The Cuckoo's Calling』

이라는 추리소설을 발표했다는 겁니다. 독자들의 반응이 즉각적으로 나타났습니다. 이 책이 롤링의 작품이라는 사실이 밝혀지자마자 수 시간 만에 베스트셀러가 되었습니다. 이 야단법석을 앞에 두고 롤링은 이렇게 말했답니다. “로버트 갤브레이스로 해방감을 맛봤다. 이 비밀을 더 오랫동안 간직하고 싶었다.”

유명해진 작가가 이름과 관련해서 자기만의 ‘비밀’을 가지고 싶어 하는 것은 어쩌면 당연한 일인지도 모르겠습니다. 널리 알려진 이름은 검은 테두리가 쳐진 그림처럼 늘 선명한 윤곽 안에서 머물기만을 요구받습니다. 작가는 그런 ‘사회적 편견’이 싫습니다. 그것 때문에 자신의 상상력이 제한을 받는다는 피해의식을 가집니다. 그래서 도전합니다. 새 이름으로 새로운 자기를 내세워보려고 모험을 꾀합니다. 『데미안』의 작가 헤르만 헤세도 그런 도전을 꾀했던 적이 있습니다. 우리가 지금껏 각 장별로 음미했던 성장소설 『데미안』이 바로 그 주인공입니다.

『데미안』은 제1차 세계대전 중인 1916년에 씌어지고 전쟁이 끝난 직후인 1919년에 출판되었다. 당시에 이미 작가로서 유명했던 헤르만 헤세(1877~1962)는 이 작품을 가명으로 발표했다. 작품성만으로 평가받아 보고 싶어서였다. 그 결과 에밀 싱클레어라는 유령 작가가 독일의 권위 있는 문학상인 폰타네상의 수상자로 지명되었다(헤세는 이 상을 사양하였다). 그사이 눈밝은 독문학자가 문체 분석을 통하여 『데미안』이 헤세의 작품이라고 밝혀내기도 했다.

자아의 삶을 추구하는 한 젊음의 통과의례 기록인 이 책은 〈내 속에서 솟아 나오려는 것, 바로 그것을 나는 살아보려고 했다. 왜 그것이 그토록 어려웠을까〉라는 모토를 앞세운 짧은 철학적 성찰로 시작된다. 이 책에서 헤세는 〈한 사람 한 사람의 삶은 자기 자신에게로 이르는 길〉이며 누구나 나름으로 목표를 향하여 노력하는 소중한 존재임을 상기시킨다. 이러한 전언은 이 소중한, 단 한 번뿐인 인간의 목숨이 총알 하나로 무더기로 소멸되는 전쟁의 충격 속에서 쓴 것이어서 더더욱 절실함이 배어 있다.

▶▶▶ 헤르만 헤세, 전영애 옮김, 「작품 소개」, 『데미안』, 223~224쪽

헤세가 싱클레어라는 탐색 영웅을 통해서 우리에게 전해주는 이야기는, 인용문에서 볼 수 있는 것처럼, 일반적으로 "나를 찾아가는 길"이라고 알려져 있습니다. 그러나 한 번의 인생을 거의 다 살아본 입장에서 볼 때, 헤세가 이야기하고 있는 것은 우리 모두의 '나'에 대한 것이 아닌 것 같습니다. 만약 '나'에 대한 이야기가 맞다면 그 '나'는 아주 소수의 사람들에게만 해당되는 '나'일 것입니다. 작품 속에서 '이마에 표적이 있는 사람'으로 묘사되는 아주 소수의 인간들만이 그 '나'를 소유할 수 있는 존재들이라는 것입니다. 우리 같은, 이마에 아무런 표적이 없는 사람들과는 아무런 관련이 없는 이야기입니다. 부처님 상호의 백호와 같은 것이라는 겁니다.

부처상의 이마에 있는 보석 같은 점은 아즈나 차크라라고 하는 것으로 우리 두뇌의 송과선에 있는 영적인 능력과 통하는 통로라고 보면 됩니다. 흔히 영안이라고 하는 것으로 텔레파시, 투시, 미래예언, 과거투사 등으로 부처님은 3생을 관하여 볼 수 있다고 하였습니다. 영적으로 능력이 발달한 사람들에게 흔히 볼 수 있는 그런 능력이라고 할 수 있습니다.

▶▶▶ Daum 블로그 '靈知(神秘)주의'

데미안과 에바 부인이 동양적인 선인仙人의 이미지로 묘사되고 있는 부분이 동양인인 저에게는 아주 어색합니다. 데미안이 일종의 '유체이탈'을 행하는 것을 보여주는 대목에서는 더더욱 낯섭니다. "새는 알에서 나오려고 투쟁한다. 알은 세계이다. 태어나려는 자는 하나의 세계를 깨뜨려야 한다. 새는 신에게로 날아간다. 신의 이름은 압락사스"도 마찬가집니다. '압락사스'를 '도道', 혹은 '전일적 사랑'으로 읽고 싶은 충동을 제어하기 어려웠습니다.

결과적으로 『데미안』은 동양사상으로 서양의 기독교적 세계관(도그마)에 하나의 충격을 주는 작품이었습니다. 그러므로 싱클레어가 자신의 이마에도 데미안과 한 가지로 표적이 나 있다고 아무리 강변한다고 해도 좀처럼 믿음이 가지 않는 것이었습니다. 아직까지는, 세상에 나온 인간 중에서는, 그런 '이마의 표적'을 보여준 인간이 한 사람도 없었기 때문입니다.

작가가 자신의 알려진 이름을 거부하고 새 이름을 자신의 책 위에 새겨 넣고 싶어 하는 것도 따지고 보면 그 '이마의 표적' 때문이 아닌가 싶습니다. 책을 팔아 돈을 벌고 이름을 날린다고 해서 '이마의 표적'이 절로 생기지는 않습니다. 싱클레어가 말하고 있는 것처럼 그것은 "완전히 내 자신 속으로 내려가면" 만나게 되는 "검은 거울"에 비추어 볼 때 비로소 확인할 수 있는 것이기 때문입니다.

사족 한 마디. 한동안 글을 쓰지 못하다가 새로이 글쓰기를 시작한 작가들에게도 '남 몰래 이름 바꾸어 달기'의 효용이 어느 정도는 허용되는 것 같습니다. 앞서도 한 번 말씀드렸지만, '한 번 해병이면 영원한 해병'이라는 말은 작가들에게도 그대로 통용됩니다. 한 번 작가면 그는 영원히 작갑니다. 겉으로는 "오늘 아침 글을 쓴 자가 작가다"라고 떠벌리고 다니지만 속은 그렇지 않습니다. 한 번 '비밀'을 엿본 자들은 그것으로 이미 이마 위에 지워지지 않는 표적이 하나 새겨진 것이라고 여깁니다(그 허망한 자부심이 돈 앞에서 흔적도 없이 지워지는 것을 종종 봅니다). 그래서 세상이 그를 잊어도 그는 세상을 잊지 않습니다. 그가 그를 잊은 세상에 다시 자기를 드러내고 세상이 그를 새 이름으로, 낯선 자로, 새롭게 받아줄 때 그는 해방감에 젖습니다. 그것이 다시 또 하나의 '이마 위의 표적'을 찾아 떠날 수 있도록 해줍니다. 여행에 필요한 두둑한 노잣돈을 받아 챙깁니다. 그게 이마 위의 표적을 잃지 않고 버티는 작가의 운명일 것입니다. 물론, 믿거나 말거나입니다만.

우청우탁(寓淸于濁) 13

시도 때도 없이 눕는 것들

: 초상지풍

김수영의 시 「풀」에 보면, 시도 때도 없이 '눕는 것들'이 나옵니다. 바로 '풀草'이지요. 「풀」이라는 시가 그저 서경敍景에 머무는 시가 아니라는 건 누구나 다 인정하는 사실입니다. 그 시에서 '풀'은 서민(민중)을, 그리고 서민의 어떤 속성을 지칭하는 말입니다. 풀이 서민의 한 속성(품성)을 드러내는 단어로 사용된 것은 그 역사가 아주 깊습니다. 풀이 김수영의 시 「풀」에서와 비슷한 비유(보조관념)로 사용된 것이 『시경詩經』과 『논어論語』에서도 이미 보입니다.

『시경』에 나오는 구절은 이렇습니다. "草上之風草必偃 誰知風

中草復立(초상지풍초필언 수지풍중초부립: 풀 위에 바람이 불면 풀은 반드시 눕는다. 누가 알랴, 바람 속에서도 다시 풀이 일어선다는 것을).” 저항적 뉘앙스가 강합니다. 위정자들에게 짓밟히면서도 꿋꿋하게 일어서는 민초들의 불굴의 의지를 상징적으로 보여주는 것으로 이해됩니다.

『논어』「안연顔淵」편에 나오는 대목은 좀 다릅니다. 바람과 풀의 대구對句가 만들어내는 뉘앙스가 사뭇 다릅니다. ‘바람’이 위정자의 군림하는 속성이 아니라 모범을 보이는 속성으로 바뀌어져 있습니다. “君子之德風小人之德草 草上之風必偃(군자지덕풍소인지덕초 초상지풍필언: 군자의 덕은 바람이요 소인의 덕은 풀이다. 풀 위에 바람이 불면 풀은 반드시 눕는다)”라고 되어 있습니다. 바람과 풀이 군자와 소인을 나타내는 말로 사용되고 있어서 그저 교설적 효과를 내기 위한 대구對句에 그치고 있습니다. 계강자季康子가 공자에게 정사政事에 대해 물으면서, “만일 무도無道한 사람을 죽여 (나머지 다른 백성을) 도道 있는 쪽으로 나아가게 하는 것을 어떻게 생각하십니까?”라고 묻자, 공자가 대답하기를, “그대는 어찌하여 사형死刑의 방법으로 정사를 도모하는가? 그대가 선하게 행하면 백성도 선하게 될 것이다”라고 말하면서 그 뒤에다 부연한 말이 바로 이 ‘초상지풍草上之風’ 대목입니다.

그러니까 김수영의 「풀」에는 『시경』의 저항적 유전자가 흐르고 있는 셈입니다. ‘바람 속에서도 풀이 일어선다’는 내용이 『시경』의 그것[誰知風中草復立]을 그대로 답습되고 있습니다. 그에 비하면 『논어』의 '초상지풍'은 아주 봉건적입니다. 공자님은 민중을 소인小人이라 칭하고 감화의 대상으로만 여겼지 역사의 주체로는 생각하지 않았습니다. 제 개인적으로는 군자지덕, 소인지덕으로 나누어 대구對句를 취하고 있는 말본새도 마음에 들지 않습니다. 그렇게 소인을 폄시하면서 굳이 '소인에게도 덕이 있다[小人之德]'고 립서비스를 베푸는 까닭이 어디에 있는지를 모르겠습니다. 그저 바람 따라 눕기만 하는 존재인데 소인에게 어떻게 덕德이 있다는 것입니까? 인仁이니 덕德이니 중中이니 해서, 그런 고상하고 볼만한 것은 오로지 군자들에게만 있는 것이라고 누누이 강조하면서 왜 여기서만 '소인지덕'을 운위하는 것인지 모르겠다는 말입니다.

저는 그런 불만 위에서 문득 한 엉뚱한 생각에 빠지기도 합니다. 시인 김수영이 불후의 명작 「풀」을 쓰게 된 것도 어쩌면 저의 그와 같은 불평지기不平之氣와 비슷한 소회所懷 때문이었지 않았을까, 라는 얼토당토않은 염이 들 때가 있는 것입니다. 혹시 그것이 사실이라면 김수영은 『시경』으로 『논어』를 해체하려 했던 것이라고 봐야 합니다. 그를 옥죄던 좌우의 모든 봉건을 그런 식으로 해체해보고 싶었던 것인지도 모릅니다.

어쨌든, 김수영의 마지막 작품으로 알려진 「풀」은 그의 문학을 사랑하고 깊이 이해하려는 사람들에게 많은 사랑을 받아왔습니다. 그 사랑의 열기만큼 매우 다양한 관심의 대상이 되기도 했습니다. 독자들에게 가장 인지도가 높은 대표작이면서 동시에 가장 많은 연구자들이 다양한 해설을 꾀하고 있는 작품이 되고 있는 것입니다. 그러한 '다양한 해설'은 아마 「풀」이라는 시가 단순한 '선형적 서사구조'를 거부하면서 다중적인 진술의 형태를 띠고 있는 사정 때문인 것 같기도 합니다. 시 전문과 함께 여러 평자에 의해서 감행된(?) 해설을 간단히 정리해서 부기附記해보도록 하겠습니다.

풀

풀이 눕는다
비를 몰아오는 동풍에 나부껴
풀은 눕고
드디어 울었다
날이 흐려서 더 울다가
다시 누웠다

풀이 눕는다
바람보다도 더 빨리 눕는다
바람보다도 더 빨리 울고
바람보다 먼저 일어난다

날이 흐리고 풀이 눕는다

발목까지
발밑까지 눕는다
바람보다 늦게 누워도
바람보다 먼저 일어나고
바람보다 늦게 울어도
바람보다 먼저 웃는다
날이 흐리고 풀뿌리가 눕는다

▶▶▶ 김수영, 「풀」, 『김수영 전집』, 민음사, 2003

[해설]

* '죽음'과 '그 죽음의 의식'으로부터 우러나온 '사랑'이 〈풀〉에 드러난 김수영 시 정신의 기본구조다. 김수영에 있어서 죽음은 단순히 생명의 끝남을 의미하지 않고, 오히려 살아 있는 존재를 더욱 참되고 살찌게 하는 어떤 것이다.

* 풀의 생리와 운명이 일체의 군더더기가 배제된 거의 완벽한 언어경제에 의하여 감동적으로 표현되어 있다. 풀이 상징하는 것은 「거대한 뿌리」에 등장하는 곰보, 애꾸, 애 못 낳는 여자, 無識쟁이 등의 사회적으로 버림받은 인간인지도 모른다. 그러나 풀을 반드시 버림받은 존재로 번역하여 읽을 필요는 없다.

* 풀은 식물군 중에서도 가장 보잘것없는 비천한 미물에 지나지 않지만, 또한 모든 삶을 누리는 존재들이 가장 마지막으로 의존하는 기초이다.

* '더 빨리'나 '먼저'라는 표현은 행위하는 주체자의 자유로운 의지를 전제로 하기 때문에 풀이 상징하는 존재의 자유를 노래한 시이다.

* 이 모든 것은 하찮은 목숨 하나라도 결코 무시되지 않고 소홀히 되지 않게 지키고 돌보려는 시인의 깊은 사랑으로부터 우러나온 것이다.

* 김수영이 「풀」과 같은 극히 상징적인 수준에서 표현한 작품에서는 거의 유감없이 시적 성취에 이르고 있는 반면, 역사적인 현실에의 관심을 비교적 직접적으로 드러내는 자리에서 부분적인 모호함이나 추상적인 진술을 나타내고 있음을 볼 때에, 그가 처했던 어떤 상황이 그의 시작(詩作)에 대하여 일정하게 제한하는 힘으로 작용하지 않았을까 하는 점이다. 이런 책임은 자신의 책임인지, 다른 어떤 책임인지 엄밀히 따져 볼 일인지 모른다.

▶▶▶ 김종철, 「시적 진리와 시적 성취」, 『김수영 전집』(별권)에서 재인용
(각 해설자의 이름은 생략)

「풀」은 김수영金洙暎(1921~1968)이 48세의 젊은 나이로 세상을, 모든 카오스를, 버리기 직전에 발표했던 시입니다. 단순하면서도 여러 방향에서 분출하는 힘을 느낄 수 있고 선명하면서도 하나의 생각만을 강요하지 않는, 상기한 것처럼 보는 이에 따라서 다양한 시적 감흥을 일으키게 하는 수작秀作입니다. 나약한 민중을 풀로, 거센 세파世波를 바람으로 묘사하면서도, 역설적으로 이 세상의 모든 '눕는 것들'의 생생력生生力을 잘 드러내고 있

습니다. 세상의 주체인, 미물微物로서의 풀과 미력微力으로서의 삶을, 서로 마주 세워진 상태에서, 공감각적으로 서로를 전이하도록, 잘 드러내고 있습니다. 다분히 회화적인 시이면서 그에 못지않게 음악성도 상당합니다.

앞에서도 이미 언급되었지만, 김수영의 시 「풀」은 『시경詩經』의 적장자이면서 『논어論語』의 배다른 형제입니다. 오래된 비유적 이미지인 '초상지풍草上之風'의 패러디입니다. 김수영은 공자님이 '눕는 것들'은 항상 위에서 '누르는 것들'에게 복속服屬해야 한다라는 말씀에 배알이 꼴렸습니다. 자신의 신세도 결국 그 '눕는 것들'의 처량, 비참함에 여지없이 속하는 것이었기 때문이었을 겁니다. 그러면서 자기 안에 있는 비굴에 대해 성찰합니다(전반부). 그때는 자기가 풀입니다. 풀의 시선에서 세상을 봅니다. 그 차원에서 '빨리'나 '먼저'는 이중적인 뉘앙스를 지니는 말입니다. 그것 이상의 뜻은 없다고 봐야 할 겁니다. 그게 자신이고 민초들이기 때문입니다. 시가 단선적인 서사구조를 가지지 않는 것은 시인이 본디 거짓을 고告하지 못하기 때문입니다. 모든 거짓말은 항상 단선적인 서사구조를 지닙니다. 그것은 '반전의 설득'을 목표로 하기 때문에 횡설수설을 거부합니다. 횡설수설은 언제나 거짓말을 하지 못하는 숙맥들의, 시인들의, 전유물입니다. 그래서 '비를 몰아오는 동풍東風'은 오직 '눕는 것들'을 눕게 하는 힘일 뿐 다른 어떤 것도 아닙니다. 거기서 배반을 읽거나 모종의 억하심사에서, '양풍洋風이 동쪽에서 왔다'는 식의 설명을 가져온다면 그건 구차한 짓입니다. '바람보다 먼저 일어나고', '바람보다 먼저 웃는다'도 그저 이중성일 뿐 다른 것이 아닙니다. '눕는 것들'로 산다는 것일 뿐 다른 그 무엇이 아니라는 겁니다. 시인은 '초상지풍'의 실상實狀에서 자기 자신과 민초들의 실상實像을 연상했을 뿐입니다. 그 이상도 그 이하도 아닙니다. 김수영은 역사도 실존도 모두 그렇게, 오직 적나라한 삶의 구체具體로, 살다 갔을 뿐입니다.

김수영의 시 「풀」은 풀의 입장에서 읽어야 하는 시입니다. 그러면 시도 때도 없이 '눕는 것들'의 기분이 이해됩니다. 그 기분을 제대로 느끼는 자만이 민주시민입니다. 한갓 풀인 주제에, 못된 바람이 들어, 시도 때도 없이 '초상지풍草上之風'의 풍風인 것처럼 노는 것은 자기기만입니다. 아주 못된 허위의식입니다. 바람은 눈에 보이지 않습니다. 보이는 건 오직 풀입니다. 그래서 풀만이 존재입니다. 그렇게 풀은 지역이나 세대를 초월합니다. 그 모든 구분 위에 존재하는 것이 '풀'이고. '눕는 것들'입니다. 그걸 알아야 합니다. 그걸 모르면 풀도 못되거나, 설혹 풀이라도 한갓 잡초나 독초일 뿐입니다.

다음 이야기로 넘어가겠습니다. 도하 〈꽃보다 할배〉가 화제입니다. 이순재, 신구, 박근형, 백일섭, 네 사람의 원로 연기자와 젊은 배우 이서진이 펼치는 단체 여행담인데 그 당돌한 발상이 신선해서인지 많은 사람들이 그 프로에 대해 호평을 하고 있습니다. 과거에 비해 노익장老益壯에 대한 관심이 일층 고양되고 있는 장수시대의 일면을 반영하는 현상이라 하겠습니다. '꽃보다 할배'라는 그 프로의 제목도 인기상한가입니다. '단언컨대', 그 말은 한 시대를 풍미하는, 문화적 코드의 대명사로 자리 잡았습니다. 길가의 휴대폰 매장에 '꽃보다 할인'이라는 선전문구가 등장한 것을 봐도 그 위세를 가히 짐작할 수가 있겠습니다. 누구에 의해서 패러디된다는 것은 그 말이 이미 하나의 문화권력이라는 것을 뜻합니다. 본디 〈꽃보다 남자〉라는 드라마에서 비롯된 '꽃보다 ○○' 코드가 점차 자신의 맥락을 여러 국면으로 확장하고 있는 형국입니다. '꽃보다 ○○' 코드의 시발점이었던 〈꽃보다 남자〉는 '꽃'보다 아름다운 '남자'들의 이야기였던 것으로 기억됩니다. 그러니까 '꽃'은 '아름답다'라는 말을 대신해서 사용된 말이었습니다. '꽃=아름다운 여성'이라는 오래된 등식이 '아름다운 남성'으로까지 자신의 영토를 확장한 것이 '꽃보다 남자'였습니다. 이제 그것이 하나의 생산적인 '코드'로 자리 잡으면서 무한히 자신의 영토를 넓혀가는 형국인 것입니다.

아름다움이란 무엇인가? 김수영의 시 「풀」에서는 그 문제를 말할 기회가 없었습니다. 그것보다는 '삶이란 무엇인가?'가 먼저였던 것 같습니다. 본디 시詩는 아름다운 언어입니다. 아름답지 않으면 시가 아닙니다. 반대로 욕도 아름다우면 시가 됩니다. 그런 이야기를 한 번 해볼까 합니다. 앞에서 '풀'에 대해서 이야기했으니 이번에는 '꽃'에 대해서 한 번 살펴보는 게 좋겠습니다. 그리고 이어서 '삽'에 대해서도 한 말씀 드리고 싶습니다.

'꽃'과 '삽'은 오래 전부터 제 마음 속에서 다투고 있는 상극의 이미지들입니다. 그들이 벌이는 '이종격투기'의 와중에서 제 시심詩心은 늘 한 곳에 안착하지 못한 채 출렁이고 있습니다. '꽃보다 삽'일 때도 있고, '삽보다 꽃'일 때도 있습니다. 어쩔 수 없이, 그 '출렁임'이 제 시심의 본체라는 걸 인정해야 되는 것인지도 모르겠습니다.

꽃을 위한 서시

나는 시방 위험(危險)한 짐승이다.
나의 손이 닿으면 너는
미지(未知)의 까마득한 어둠이 된다.

존재(存在)의 흔들리는 가지 끝에서
너는 이름도 없이 피었다 진다.

눈시울에 젖어드는 이 무명(無名)의 어둠에
추억(追憶)의 한 접시 불을 밝히고
나는 한밤내 운다.

나의 울음은 차츰 아닌 밤 돌개바람이 되어

탑(塔)을 흔들다가

돌에까지 스미면 금(金)이 될 것이다.

……얼굴을 가리운 나의 신부(新婦)여,

▶▶▶ 김춘수, 「꽃을 위한 서시」, 『꽃의 소묘(素描)』, 백자사, 1959

김춘수 선생님은 대학교 시절의 은사이십니다. 선생님은 자신의 시 「꽃」이 유달리 독자들의 사랑을 독차지 하는 것을 못마땅하게 여기셨습니다. "내가 너의 이름을 불러주기 전에는 너는 다만 하나의 몸짓에 불과했다", 그런 식으로 유치하게(?) '의미를 전달하는 시'에서만 머물려고 하는 독자들의 수준을 자주 나무라셨습니다. 저는 그런 선생님이 내내 못마땅했습니다. 독자는 독자고 시인은 시인일 뿐이라고 여겼습니다. 아직은 어린, 철부지 문청文靑의 생각으로 선생님의 투정(?)이 가진 자의 자만이라고까지 여겼습니다. 전달되지 않는 것은 결코 아무런 '의미 있는 것'이 되지 못할 뿐이라고 고집했습니다. 그 무지에서 벗어나, 내가 이해하지 못한다고 해서 '있는 것'이 '없는 것'이 되는 것은 아니라는 걸 알게 된 것은 그로부터도 한참 뒤의 일이었습니다.

어쨌거나, 선생님과는 좋은 인연이었습니다. 스무 살, 가정교사 아르바이트를 해서 번 돈으로 선생님의 시론집 『의미와 무의미』를 사서 밤새 읽었습니다. 다음날 수업 시간에 책 속의 내용에 관해 선생님이 질문을 던졌습니다. 비유적 이미지와 서술적 이미지라는 것에 대해 물으셨습니다. 줄곧 입시 공부에만 매진해 지방이었지만 제법 이름난 사범대에 들어온 범생이들에게는 좀 어렵고 낯선 질문이었습니다. 모두들 잠자코 있는데 저 혼자 선생님의 질문에 손들고 답했습니다. 선생님은 김광균의 「추일서정」을 어떻게 생각하느냐고 물으셨고 저는 '그렇게 은유가 남발되는 시는 좋은 시가 아닙니다'라고 답했습니다. '저 학생 생각이 아주 나와 같습니다', 선생님은 그렇게 말씀하셨습니다. 손까지 떠시며(원래 좀 떠셨습니다) 서술적 이미지에 대해서 열정적으로 설명을 하셨습니다. 선생님은 그렇게 저를 문학의 문 앞으로 불러 세우셨습니다. 그렇게 해서 저도 부지불식간에 '시방 위험한 짐승'이 되고 말았던 것입니다.

그렇게, '꽃보다 의미'를 추종하며 문학판에 발을 들여놓은 후, 당연히 의미 없는 것은 아무 것도 아니라는 생각으로 몇 년간의 세월을 허송했습니다. 암울했던 그 시절, 분노憤怒 없는 시심詩心은 오로지 자기기만에 불과할 뿐이라고 아무 것도 써내지 못하는 스스로를 자학했습니다. 읊어낼 실존적 고독감도 제대로 느끼지 못하는 주제이면서 분노에만 온몸을 맡기고 살았습니다. 그런 와중에서도 제게 분노가 그냥 분노에 머물러서는 시가 될 수 없다는 것을 가르쳐준 시가 있었습니다. 분노도 사랑이어야 시가 될 수 있다는 것을 알게 한 시가 있었습니다. 바로 정희성 시인의 「저문 강에 삽을 씻고」였습니다.

저문 강에 삽을 씻고

흐르는 것이 물뿐이랴
우리가 저와 같아서
강변에 나가 삽을 씻으며
거기 슬픔도 퍼다 버린다.
일이 끝나 저물어
스스로 깊어가는 강을 보며
쭈그려 앉아 담배나 피우고
나는 돌아갈 뿐이다.
삽자루에 맡긴 한 생애가
이렇게 저물고, 저물어서
샛강 바닥 썩은 물에
달이 뜨는구나.
우리가 저와 같아서
흐르는 물에 삽을 씻고
먹을 것 없는 사람들의 마을로
다시 어두워 돌아가야 한다.

▶▶▶ 정희성, 「저문 강에 삽을 씻고」, 『저문 강에 삽을 씻고』, 창작과비평사, 1978

도시 일용 노동자, 그러니까 우리가 '노가다'라고 부르는 직종에 종사하는 사람의 일상이 시의 소재가 된 것을 저는 이 시에

서 처음 봤습니다. 제게 '삽'이라는 노동의 도구는 '망치와 낫'과는 또 다른 느낌을 주는, 이를테면 피부로 느낄 수 있는 '생활적인 상징'이 되고 있었습니다. 어릴 때 아버지가 일하시던 공사판이 생각났습니다. 제가 자주 따라다녔던 곳은 마산의 한 초등학교 신축 공사장이었습니다. 공사판에서 공구리(콘크리트)를 섞는 작업을 하는, '삽'을 자유자재로 놀리던 사람들은 그래도 좀 나은 데모도てもと, 手許(허드레 일꾼, 조수)였습니다. 아버지는 주로 철근 데모도 일을 하셨습니다. 공구리를 붓고 그것들이 철근 사이사이로 잘 스며들게 하는, 가장 숙련도가 낮은 기술을 요하는 일이었습니다. 저도 몇 번 도와드렸는데 엄청 힘들었습니다. 그런 힘든 일을 하루 종일 하려면 '놀멘놀멘' 해야 한다는 것을 그때 알았습니다. 공사판 일이 힘에 부쳤던 아버지는 나중에는 현장 야간 경비원으로 직역職域을 바꾸었습니다. 밤새 모닥불을 피워놓고 '쏟아지는 별빛'을 바라보던 젊은 아버지의 모습이 「저문 강에 삽을 씻고」라는 시에서 떠올랐습니다.

"삽자루에 맡긴 한 생애가/이렇게 저물고, 저물어서/샛강 바닥 썩은 물에/달이 뜨는구나." 아마 지금 아버지가 살아계셔서 제가 사는 모습을 보셨다면 제게서 '달'을 보실지도 모르겠습니다. 아버지가 사시던 세월은 '샛강 바닥 썩은 물'이었다고 여기실지도 모르겠습니다. '흐르는 것이 물뿐이랴', 그렇게 나직이 내뱉으시며 한숨지으실지도 모르겠습니다.

글을 쓰다 보면 자기를 고집하고 싶을 때가 종종 있습니다.

내용뿐만이 아니라 표현에서도 그렇습니다. 반듯한 것을 좋아하는 이도 있고 울퉁불퉁한 것을 좋아하는 이도 있습니다. 누구는 용사用事를 중시하고 누구는 신의新意를 즐깁니다. '글은 곧 사람'이니 글을 보면 사람을 알 수가 있습니다만 누구에게나 법法이 중요할 때가 있고 때時가 소중할 상황도 있습니다. 아무래도 읽고 쓰는 일은 '때時'에 전적으로 달린 일이라는 생각이 듭니다. '꽃'과 '삽'을 만난 이후에도 제 글쓰기는 또 몇 년간의 암중모색暗中摸索을 거쳐야 했습니다. '때'를 기다리면서요.

참 좋은 울음터에서

: 시와 장엄

언젠가, 한 자전적 글쓰기에서 이렇게 말한 적이 있습니다. “살면서 만나는 ‘낯선 것’들은 대체로 세 가지의 감정을 유발한다. 즐거움, 슬픔, 두려움이다. 물론 내 경우다.” 비슷한 이야기를 한 번 더 해야겠습니다. 오늘은 ‘낯선 것’ 대신에 ‘장엄한 것’을 넣어서 그 말투를 그대로 한 번 더 반복하겠습니다. 우리가 살면서 만나는 ‘장엄莊嚴한 것’들은 늘 놀라움과 즐거움과 슬픔과 두려움을 선사합니다. 그건 애써 설명을 할 필요가 없는 현상입니다. ‘장엄’ 앞에 서면 누구나 그런 느낌을 받는 것이기 때문입니다. 세상의 모든 진정한 ‘장엄’들은 반드시 우리를 압도합니다. 불시에 압도된 정신이 겪어야 하는 감각의 카오스는 일반적으로 의지에 없는 목 메임이나 눈물을 동반합니다. 그것으로 감당하기 힘든 경탄을 표현합니다. 그게 정상입니다. 압도적인 '장엄' 앞에서 그런 감정을 전혀 느끼지 못한다면 그는 언필칭 무감각한 사람이거나, 미숙한 인격이거나, 사이코(소시오)패스일 공산이 큽니다. 바보거나 세상모르는 어린아이거나 그도 아니면 철두철미 냉혈한이라는 겁니다. 제대로 크고 배운 정상적인 어른이면 도저히 그럴 수 없습니다. 놀랄 때 놀라고 감탄할 때 감탄하고 슬플 때 슬퍼해야 정상입니다.

우리가 아는 연암燕巖 박지원, 추사秋史 김정희, 육사 이원록은 반듯한 어른들이셨습니다. 우리가 본받기를 많이 원하는 이들입니다. 그들이 생애에 처음 만난 '장엄' 앞에서 목이 멘 경험을 각각 자신의 글쓰기로 토로했습니다. 시간을 격하고 같은 장소 앞에 섰을 때 느낀, '장엄'에 대한 같은 느낌들입니다. 연암과 추사의 '장엄 앞에서 흘리는 눈물'에 대해서는 『열하일기, 웃음과 역설의 유쾌한 시공간』(고미숙)이라는 책에서 잘 소개하고 있습니다. 육사의 소회는 「광야曠野」라는 절창으로 표출됩니다. 난데없는 '장엄'을 만나, 어쩔 수 없이 눈물로 남아男兒된 자로서의 호연지기浩然之氣를 표현할 수밖에 없었던 당대의 의식 있는 젊은이들의 한결같은 사자후獅子吼들입니다.

강을 건너고 처음 마주친, 요동벌판, 그것은 정녕 놀라운 경험이었다. 정사(正使)와 한 가마를 타고 삼류하를 건너 냉정(冷井)에서 아침을 먹고 10리 남짓 가서 산모롱이 하나를 접어드는 순간, 정진사의 마두 태복이가 갑자기 말 앞으로 달려 나와 엎드려 큰소리로 말한다.

"백탑(白塔)이 현신(現身)함을 아뢰옵니다."(「도강록(渡江錄)」)

연극적인 제스처로 장차 펼쳐질 장관을 예고한 것이다. 수십 보를 채 못 가서 겨우 모롱이를 벗어나자, 안광(眼光)이 어른거리고 갑자기 한 덩이 흑구(黑毬)가 오르락내리락 한다. 드넓은 평원을 보는 순간, 그 엄청난 스케일에 압도당하여 연암은 이렇게 독백한다. "내 오늘에 처음으로, 인생이란 본시 아무런 의탁함이 없이 다만 하늘을 이고 땅을 밟은 채 떠돌아다니는 존재임을 알았다"라고. 삶의 통찰이 담긴 멋진 멘트다. 하지만 뒤통수를 내려치는 건 그 다음 대목이다. 말 위에서 손을 들어 사방을 돌아보다가 느닷없이 이렇게 외친다. "아, 참 좋은 울음터로다. 가히 한 번 울 만하구나."

1천 2백 리에 걸쳐 한 점의 산도 없이 아득히 펼쳐지는 요동벌판을 보고 처음 터뜨린 그의 탄성이다. 통곡하기 좋은 곳이라니? 어리둥절한 동행자 정진사의 물음에 연암의 장광설이 도도하게 펼쳐진다. 이름 하여 '호곡장론(好哭場論)' 혹은 통곡의 패러독스! 천고의 영웅이나 미인이 눈물이 많다 하나 그들은 몇 줄 소리 없는 눈물만을 흘렸을 뿐, "소리가 천지에 가득 차서 금석(金石)으로부터 나오는 듯한 울음"은 울지 못했다. 그런 울음은 어떻게 나오는 것인가?

요컨대 기쁨이나 분노, 사랑, 미워함, 욕심 등 어떤 감정이든 그

극한에 다하면 울 수가 있으니, 그때 웃음과 울음은 다르지 않다는 것이다. 사람들은 이런 극치를 겪어보지 못하였기 때문에 슬픔을 당했을 때 '애고' '어이' 따위의 소리를 억지로 부르짖을 따름이다. 궤변 혹은 예측 불가능한 생성. 이에 다시 정진사가 묻는다.

"이제 이 울음터가 저토록 넓으니, 나도 의당 당신과 함께 한번 슬피 울어야 할 것이나, 우는 까닭을 칠정(七情) 중에서 고른다면 어느 것에 해당 될까요."

대답 대신 또 다른 궤변이 이어진다. 갓난아기는 왜 태어나자마자 울음을 터뜨리는가? 미리 죽을 것을 근심해서? 혹은 태어난 것을 후회하여? 그렇게 보는 게 일반적인 통념이다. 그러나 연암은 그렇지 않다고 말한다. "아기가 태 속에 있을 때는 캄캄하고 막힌 데다 에워싸여 답답하다가, 하루아침에 넓은 곳으로 빠져 나와 손과 발을 주욱 펼 수 있고 마음이 시원스레 환하게 되니 어찌 참된 소리로 정을 다해서 한바탕 울음을 터뜨리지 않을 수 있겠"느냐는 것이다. 즉 이때의 울음은 우리가 아는 그런 울음이 아니다. 어둠에서 빛으로 경계를 넘는 순간의 환희이자 생에 대한 '무한긍정(無限肯定)'으로서의 울음인 것이다.

그러니 "우리는 의당히 저 갓난아기의 꾸밈없는 소리를 본받아 저 비로봉 산마루에 올라가 동해를 바라보면서 한바탕 울 만하고," "이제 산해관까지 1천 2백 리 사방에 도무지 한 점의 산도 없이 하늘 끝과 땅 변두리가 맞닿은 요동벌판에 왔으니 이 역시 한바탕 울 만한 곳이 아니겠"는가, 하는 것이 '호곡장론'의 대단원이다.

참고로 이 '호곡장론' 부분은 독자적으로 인구에 회자되어 일종의 고사성어로 활용되기도 했다. 가장 유명한 것이 다음에 나오는 추사 김정희(金正喜)의 시 「요동벌판(遼野)」이다.

천추의 일대 통곡장이란[千秋大哭場]/익살스런 그 비유가 신묘한 법문일세[戱喩仍妙詮]/비유를 하자면 갓난아기가[譬之初生兒]/세상에 태어나며 울음 먼저 우는 셈[出世而啼先].

요동벌판을 보고 연암이 '아, 참 좋은 울음터로구나'라고 외친 것과 갓난아이의 울음에 대한 궤변을 미리 전제하지 않고서는 도저히 이해될 수 없는 텍스트다. 이렇게 비약과 생략을 통해서도 충분히 소통이 될 정도로 그의 '패러독스'는 사람들을 휘어잡았던 것인가?

▶▶▶ 고미숙, 『열하일기, 웃음과 역설의 유쾌한 시공간』, 그린비, 2003 중에서

曠野

까마득한 날에
하늘이 처음 열리고
어데 닭 우는 소리 들렸으랴

모든 山脈들이
바다를 戀慕해 휘달릴 때도
차마 이곳을 犯하던 못하였으리라

끊임없는 光陰을
부즈런한 季節이 피어선 지고
큰江물이 비로소 길을 열었다

지금 눈 내리고
梅花香氣 홀로 아득하니
내 여기 가난한 노래의 씨를 뿌려라

다시 천고의 뒤에
白馬 타고 오는 超人이 있어
이 曠野에서 목놓아 부르게 하리라

▶▶▶ 이육사, 「曠野」, 『이육사 전집』, 깊은샘, 2004

앞의 인용문에서는, "요동벌판을 보고 연암이 '아, 참 좋은 울음터로구나'라고 외친 것과 갓난아이의 울음에 대한 궤변을 미리 전제하지 않고서는 도저히 이해될 수 없는 텍스트다. 이렇게 비약과 생략을 통해서도 충분히 소통이 될 정도로 그의 '패러독스'는 사람들을 휘어잡았던 것인가?"라고 연암의 「호곡장론好哭場論」이 그 '패러독스'로 후대 사람들의 흉금을 울렸다고 설명하고 있지만, 사실 후대의 공감을 얻은 것은 당연히, 그의 호연지기浩然之氣였습니다. 기교는 정신을 앞설 수 없습니다. 그 호연지기가 표현의 묘妙를 얻어 「호곡장론」이 탄생하였다는 걸 후대

사람들이 인정했다는 이야기를 '패러독스'로 설명하는 것은 좀 어폐가 있는 듯합니다. 연암의 호연지기는 추사를 징검다리 삼아 육사에게 이어집니다. 이육사의 「광야曠野」는 연암의 「호곡장론」의 근대시적 구현입니다. 육사는 연암이 섰던 그 자리에서, '광야曠野'에서, 그 '울음터'에서, "다시 천고의 뒤에/白馬 타고 오는 超人이 있어/이 曠野에서 목놓아 부르게 하리라"라고 목놓아 자신의 호연지기를 토로吐露합니다. 그러니, 그 문화사적 맥락에서 본다면, 『열하일기』의 「호곡장론」 없이는 이육사의 「광야」도 없는 것입니다. 시작詩作의 동기動機로는 호연지기가 우선입니다. '조국의 독립' 이전에 연암의 「호곡장론」이 존재했기 때문에 그렇게 봐야 합니다. 저항시의 위상을 훼손하는 불손(불순)한 언설이라고 책잡힐지도 모르는 일이지만, 어쩌면 그런 역사주의적 해석이야말로 이육사의 「광야」가 제대로 자신의 위상을 정립하는데 방해가 되는 일일지도 모릅니다. 우리가 연암이라는 걸출한 한 문화적 선대先代가 물린 조선 남아의 호연지기를 「광야」라는 시에서 제대로 물려받는 것을 나무라서는 안 될 것입니다. 그렇게 해야만 우리는 진정한 '광야曠野', 그 역사적 현장을 우리 것으로 만들 수 있습니다. 그 방법 외에는 다른 방법이 도무지 없을 것 같습니다. 태어나 처음 보는 요동 벌판, 그 막막한 광야 앞에서 주체할 수 없는 호연浩然을 울음으로 달랠 수밖에 없었던 조선 남아男兒들의 심정이 온전하게 보전될 수 있으려면 그 길밖에는 없을 것 같습니다. 참고로 이 부분에 대한 김윤식

교수의 소론所論을 조금 인용해보겠습니다.

천고 이전에 노래 부른 '나'와 천고 이후에 이를 복창해야 할 '초인'은 무엇인가. 역사 이전의 첫 번째 존재가 '나'라면 후자는 역사 이후의 첫 번째 존재라 할 수 없을까. 만일 그렇다면 이 '나'와 '초인'의 만남을 가능케 한 계기를 묻지 않을 수 없다. 노래의 씨앗을 뿌릴 수 있는 계기, 또 그 노래를 목놓아 부를 수 있는 계기를 문제삼을진댄 그것은 '광야'가 아닐 수 없다. '광야'를 매개로 해서만, 그리고 '광야'에서만 이런 사건이 벌어질 수 있고, 또 이런 사색, 이런 상상력이 가능하기 때문이다. (…중략…)

『열하일기』 중 명문으로 널리 알려진 「호곡장론」을 정밀히 분석해 보인 김명호씨의 논문에 따르면 추사의 「천추대곡장」의 근거가 바로 『열하일기』이다. 요동 벌판을 마주한 연암이 저도 모르게 '통곡하기 좋은 장소로고! 울어볼 만하구나!(好哭場 可以哭矣)'라고 한 곡절을 밝힘에 있어 김씨의 시선은 연암이 사용한 문체의 특이성, 가령 '소리없는 눈물'을 무성안수(無聲眼水)라 한 조선식 한자에 집중되어 있다. (…중략…) 문체의 변혁이 요망될 만큼 그 현장감이 깊었기 때문이었을 터이다. 통곡하기 좋은 장소를 설명하기 전에 연암은 당연히도 통곡의 의미부터 캐고 있다.

'사람들은 단지 칠정(七情) 가운데 슬픔만이 통곡을 유발하는 줄 알고 칠정 모두가 통곡으로 될 수 있음을 모르고 있다'고 전제하고 기쁨이 극에 달하면 통곡이 될 수 있음을 확인한다. 어찌 그뿐이랴.

분노, 즐거움, 사랑, 미움 등도 극에 달하면 통곡으로 될 수 있음을 설명함에 연암이 든 사례는 다름 아닌 갓난아기(赤子)였다. 아기가 세상에 나올 때 우는 울음이야말로 거짓 없는 행위라는 것, 이를 마땅히 본받아야 한다는 것, 그러한 장소가 요동벌판이라는 것.…

▶▶▶ 김윤식, 「육사의 「광야」와 연암의 「호곡장」」, 『문학동네』 38호 중에서

육사의 「광야」가 연암의 「호곡장론」의 영향 아래서 작성된 것이라면 당연히 그 두 사람이 '광야'를 목전에 두고 '소망했던 세계'도 같다고 보아야 할 것입니다. 이를테면, 양자 공히 마음껏 호연지기浩然之氣를 펼칠 수 있는 세계(물론 그 안에는 '강한 조국'에의 열망도 당연히 있을 것입니다)의 도래를 꿈꾸었을 것이라는 추측도 가능할 것입니다. 이는 100년이라는 긴 시간을 격하면서도 두 사람에게 공통적으로 절박했던 그 어떤 '공감'의 내포가 무엇이었겠느냐는 선조들의 물음에 대한 소박한 우리의 응답이기도 합니다. 후일 북학파의 거두가 되는 연암이 광야 앞에서 '조선의 부국강병'을 꿈꾸었다면, 후일 이국땅에서 비극적으로 죽음을 맞는 육사 역시 그 앞에서 물론 '조국의 독립'을 소원하였을 것입니다. 그러나 연암도 그랬지만, 육사도 그런 구체적인 '역사'를 노래하지 않았습니다. 육사는 조선도 조국도, 그 어떤 구체적인 대상도 부르지 않은 채 오직 '가난한 노래의 씨'와 '천고의 뒤'에 올 '초인'을 노래했습니다. 그것이 시인이 부를 수 있었던 유일한 것이었다는 것을 우리는 인정해야 합니다. 그의

호연지기, 그의 구국의 노래가 그런 모습일 수밖에 없었다는 것을 우리는 인정해야 합니다. 그는 무엇보다도 지금 '광야'라는 '장엄莊嚴' 앞에 서 있습니다. 그 앞도적인 것 앞에서 그가 부른 '광야의 노래'를 우리는 이해해야 합니다. 그것 안에서 '강철 같던' 일제 강점의 현실은 종잇장처럼 그 무게를 잃고, 세상에는 다만 시인의 호연지기浩然之氣만이 '매화향기'처럼 홀로 오롯할 뿐입니다. 몇 걸음 물러나서 이 시를 역사적 문맥으로 해석한다고 하더라도 결론은 한 가지입니다. 그래서 "연암이 살던 시대는 이른바 청의 속국이긴 했으나 진정한 '식민지'가 아니었고, 육사가 살던 시절은 명실공히 '식민지' 시절이었기 때문에 두 사람이 '소망했던 세계'가 다르다"고 강변하는 것은 구차한 해설이 될 공산이 큽니다. 1780년 부마로서 연행사燕行使였던 삼종형 박명원朴明源을 따라, 비공식적으로, 중국 여행을 다녀온 연암이 쓴 『열하일기』가 그 문체로 인해 왜 문제작인지를 아는 것(문체반정[1])을 유발한 그의 조선식 어법은 널리 알려져 있습니다)도 한 참고

1) 연암의 조선식 어법과 문체반정(文體反政): 『열하일기(熱河日記)』는 정조의 문체반정을 불러일으키는 기폭제가 된다. 문체는 그 시대의 이데올로기를 가장 민감하게 반영하는데, 소수 지식인 사회로 지배집단이 구성되어 있었던 조선조 사회는 문체의 변화가 초래하는 정치적·사회적 파장에 꽤나 민감하게 반응할 수밖에 없었다. 정조는 연암의 문체(조선식 어법)가 지배 이데올로기에 미칠 부정적 영향을 염려하여 『열하일기』를 금서(禁書)로 지목한다. 연암은 이미 당대의 예언자적 지성으로 부각이 되어 있었다. 그의 소설(연암소설) 역시 문제적인 것으로 지목되었다. 연암소설은 주로 시정(市井)에서 떠도는 이야기들을 소재로 하여 작가 나름의 사회비판적 주제를 담아 재구성하는 독특한 교훈소설의 양상을 보인다. 그러한 연암소설의 서술태도는 표면적으로는 당대의 한문소설 독자인 양반층의 남성들을 의식한 결과이기도 하지만, 내면적으로는 독자 스스로가 서술자의 입장에서 기술된 사건을 해석할 수 있는 여지를 남겨주고자 하는 작가의 창작의도가 반영된 것이기도

가 될 것입니다.

식민지 시대의 절창으로 알려진, 육사의 「광야」와 윤동주의 「십자가」는 역사적 고통을 실존적 성찰을 통해 초극하려는 시인의 의지를 잘 보여주는 작품들입니다. 주지하는 바와 같이 이 두 작품이 더욱 감동적인 것은 역사가 주는 '고통'을 그 '고통'의 차원에서 대적하는 것이 아니라 더 높은 경지로의 도약을 통해, 멀찌감치, 어른스럽게, 초극하려는 의지를 잘 보여주고 있다는 점에서입니다. 어쩌면, 그 길만이 시인이 나아가야 할 '십자가의 길'이고, 초인을 부를 '노래의 씨'인지도 모르겠습니다. 육사의 '호연지기'와 윤동주의 '참회', 그것들이 지금까지도 우리의 심금을 울리고 있는 볼 때 아마 그것이 사실일 공산이 크지 싶습니다. 우리도 그런 어른스런 선대의 뜻을 이어, 남을 원망하고 탓하기 전에, '울만한 것들'은 없는지, 참회할 것은 없는지 찬찬히 한 번 살펴볼 일입니다. 비록 그들처럼의 '광야나 십자가'와 같은 '장엄莊嚴'은 아닐지라도, 분명히 우리에게도 그런 울음터들이 어딘가 있을 것입니다.

하다. 「허생」이나 「호질」 같은 작품은 비현실적인 정치·경제적 이데올로기나 유학자의 가식적이고 위선적인 생활상을 신랄하게 풍자하고 있는 작품의 주제적 측면으로 인해 주 독자층(한문 해독 가능한 자) 일부의 강력한 거부감을 촉발시킬 수 있는 것이었다. 연암소설이 그러한 체제비판적인 계몽주의를 반영하고 있는 모습은 주목에 값한다. 金智勇, 「實事求是 思想과 朴燕巖의 文學」, 『연암연구』, 계명대학교 출판부, 1984 참조.

우청우탁(寓清于濁) 15

희미한 옛 사랑의 추억

: 인기지리무신

김광규 시인의 「희미한 옛 사랑의 그림자」를 다시 읽었습니다. 처음 그 시를 봤을 때 느낄 수 있었던 감흥感興은 온데간데없이 다 사라지고 없었습니다. 가히 '김빠진 맥주'였습니다. 마치 허름한, 그저 가건물 같은, 산문 한 편을 읽는 기분이었습니다. 긴장(텐션)도 반어(아이러니)도 없었습니다. 오래된 일기장의 한 귀퉁이에 적힌, 쓸쓸한 인생 고백에 불과했습니다. 젊어서 가슴 콩닥이며 보았던 '어른이 된다는 것의 놀라운 발견'은 그 어디에도 없었습니다. 당연한 일이었습니다. '김빠진 맥주 신세'인 늙은 독자의 눈에 그런 것이 다시 보일 리 만무했습니다.

제 인생에서 본격적으로 김이 빠지기 시작한 것은 정확하게, 「희미한 옛 사랑의 그림자」에서처럼, 마흔 살의 고비를 막 넘기면서부터입니다. 한 고비를 무사히 넘긴다는, 알 듯 모를 듯한 이상한 느낌이 들기 시작했습니다. 안도감과 불안감이 적당히 섞인 애매한 상태가 당분간 지속이 되었습니다. 김이 빠지기 전에 잠시 거품이 일었다고나 할까요? 그러다가 한 순간에 뚜껑이 열렸습니다. 그때 『장자莊子』가 비로소 눈에 들어왔던 것입니다. 그러니까, 『장자』를 읽으며 처음으로 전신적 반응全身的 反應을 경험한 것입니다. 온몸이 부르르 떨리는 느낌이었습니다. 그 전에도 이런저런 이유로 『장자』를 읽을 일이 몇 번 있었습니다. 딱히 무슨 목적이 있어서가 아니라, 그저 책 광고에 혹해서, 새 책이 나올 때마다 주섬주섬 사 모으기도 했었습니다. 그 당시는 주로 그 우의寓意의 신선함에 매료되었었습니다. 작심하고 허를 찔리는 쾌라고나 할까요? 산목山木(산에 있는 나무 중 못생긴 것이 오래 살아남음), 목계木鷄(나무로 만든 닭처럼 싸움닭이 허장성세를 아주 버리는 경지에 도달), 포정庖丁(19년간 칼을 써도 오늘 칼을 간 듯함), 설검說劍(서인지검, 제후지검, 천자지검의 3검이 있음. 칼을 늦게 뽑아서 먼저 상대를 치는 데 검술의 요체가 있음) 같은 것들이 좋았습니다. 그러나 그 맥락context이 주는 큰 울림을 온몸으로 경험하지는 못했습니다. 과연 일기일경一機一境이었습니다. 때가 올 때까지는, 온몸으로 경험해야 하는 필수적 읽기의 목록에 아직 『장자』는 없었습니다.

세상의 의미 있는 '만남'들이 다 그러하듯이, 『장자』와 제가 만나는 데에도 동시다발적인 인연의 공세攻勢가 함께 했습니다. 살다 보면 인연이 계시啓示가 되는 때가 종종 있습니다. 만약 계시가 되는 인연 하나 없는 인생이라면 그 얼마나 허전한 것이겠습니까? 『장자』와의 만남은 나이 들어 최초로 계시라는 것을 느끼게 해준 인연이었습니다. 그때는 저의 화두가 허무였습니다. 비수처럼 엄습하는 그것을 어떻게 하면 무마할 수 있을 것인가에만 골몰했습니다. 그 방도를 찾는 한 방편(머리 생각)으로 『장자』도 읽었고, 그 문의文意에 기대어 『나비꿈』이라는 소설집도 펴냈습니다. 또 한편으로 몸과 삶의 무게를 좀 나누어 질 필요가 있다는 생각도 했습니다. 균형잡힌 삶을 위해 몸사람이 되자고 검도劍道에도 매진했습니다. 이를테면 '실존(몸과 마음)을 재구성한다'는 목표를 세우고 본격적인 '몸 바꾸기'에 나섰던 것입니다. 그 '재구성 작업'이 '작심삼일(삼년)'에 그치지 않으려면 무언가 단단히 쐐기를 박아놓을 필요가 있을 것도 같았습니다. 그래서 10년 후를 상정하며 『칼과 그림자』라는 검도일기를 썼습니다. 이를테면 니체 식의 '황금의 말'을 흉내 내었던 것입니다. 그 '쓴 대로 이루어지리라'는 예언적 글쓰기는 '이 길에서 벗어나면 나는 인간이 아니다'라고 못을 박는 '자기 규제'의 의미를 지닌 것이었습니다. 결과적으로(성공적으로?) 그 책에서 미리 써놓은 대로 제 인생은 진행되었습니다. 어쨌든, 그때까지는 『장자』가 '몸'이 아닌 '머리'로 읽혔습니다. 그래서 「설검說劍」 같은 검도소설도 다만 '머리'로 썼을 뿐입니다.

…후지이발(後之以發)에 선지이지(先之以至)라! 대저 칼싸움의 요체는 상대보다 늦게 칼을 뽑으면서 먼저 칼을 닿게 하는 데 있는 것이다! 후발선지(後發先至)! 상대가 일목요연하게 눈에 들어오기를 기다린다. 그리고 그의 칼의 궤적이 내 눈에 들어오는 순간 내 칼이 날아가 그를 벤다….

▶▶▶ 졸작, 「說劍」 중에서

검도의 묘미는 '후발선지'의 경지를 체득하는 데서부터 출발한다고 해도 과언이 아닙니다. 그러니까 그것을 알기까지의 수련은 그저 '몸 만들기'에 불과한 것입니다. 진정한 승부는 '후발선지' 이후에야 만날 수 있습니다. 상대를 안다는 것, 그것이 내가 그를 제압할 수 있는 최초의 단서인 것입니다. 적을 알기 위해서는 마음을 비워내[虛心] 내 마음을 명경지수明鏡止水의 상태로 만들어야 합니다. 심신이 하나가 된 그 평정심의 상태를 갖는다는 것이 보통 어려운 일이 아니었습니다. 상대가 바뀔 때마다 새로운 경지가 요구되곤 했습니다. 그렇다면 어떻게 해서 마음을 비울 수 있는가? 집착을 끊으라는데 집착마저 끊으면 상대를 제압하겠다는 집착도 끊어야 할 것 아닌가? 부동심不動心이란 무엇인가? 그것이 의미하는 것이 과연 몸이나 말로 고정될 수 있는 것인가? 그 이야기를 소설로 풀면서 재즈도 말하고 피카소도 불러내고 그저 우왕좌왕할 때였습니다.

그런 차일피일 속에서 어느 독회에 가입해서 조금씩 따라 읽던 『장자』가 갑자기 제 '뚜껑'을 열어젖혔던 것입니다.

> …인기지리무신(闉跂支離無脤: 절름발이에 꼽추에 언청이인 사람)이 위나라의 영공(靈公)에게 의견을 말했더니 영공은 그의 말에 아주 흡족해 했다. 그 뒤로는 영공이 보기에 온전한 사람을 보면 오히려 그들의 목이 야위고 가냘프게 보였다….
>
> ▶▶▶『장자(莊子)』「덕충부(德充符)」

절름발이에 꼽추에 언청이인, 온전하지 못한 육체가 오히려 온전한 신체를 불완전한 것으로 보이게 한다는 것, 마음이 가야 아름답게 보인다는 것, 그것이 바로 사람의 눈이었습니다. 사람의 진가眞價, 眞假는 외형에 있지 않고 오히려 육체의 눈길이 닿지 못하는 곳에 있다는 말을, 짧지만 매우 효과적으로 잘 전달하고 있었습니다. 처음에는 그렇게 메시지만 이해했습니다. 그런데 곧 '이상한 가역반응'이 몰려왔습니다. 과연 이 말은 좀 달랐습니다. 저를 막 흔들어 댔습니다. 마치 무슨 에피퍼니epiphany[1]나

1) 에피퍼니(Epiphany): 영문학에서 주로 조이스와 연관되어 사용되는 '에피퍼니(현현, Epiphany)'라는 말은 본디 종교적인 의미를 지닌 말이다. 신약성서에 따르면, 동방(페르시아로 추정)에서 별을 연구하던 박사들(Magi)은 이상한 큰 별을 보고 그 별이 인도하는 대로 유대 예루살렘까지 온다. 그 후 별의 종적을 잃어버렸던 그들은 다시 나타난 별이 인도하는 대로 베들레헴으로 향한다. 거기서 아기예수를 본 그들은 황금, 유향, 몰약의 세 가지 선물로 지상에 현현한 신성을 경배한다.

되는 듯 마구 방자하게 굴었습니다. 좋은 뜻 하나만 전달하고 마는 것이 아니었습니다. 제 안에 있는 여러 개를 한꺼번에 끌어올렸습니다. 인간은 그가 어떠한 객관적인 기준을 갖고 있다고 하더라도 결국은 저 자신을 척도로 삼을 뿐이라는 것과 그 인지상정人之常情의 불가피성을 잘 요약한 글이라는 것을 알고 넘어가려 했는데 마구잡이로 제 발을 걸어서 넘기는 것이었습니다. 살아온 세월만큼이나 수많은 만남과 헤어짐을 경험해 온, 이제는 하릴없이 돌아와 금가고 얼룩진 거울 앞에나 서 볼까 하는, 한 중늙은이의 심사(그때는 그렇게 여겼습니다)가 그 자리에서 그만 자폭自爆을 하고 말았습니다. 하마터면 좌중 앞에서 눈물까지 쏟을 뻔하였습니다. 아마 그 즈음에 겪고 있던 '사람들 사이에서의 고단함' 때문이었을지도 모르겠습니다. 그때는 그야말로 '인기지리무신'인 주제에 이 사람 저 사람에게, 해보니 좋더라며, 검도를 전파한답시고 좌충우돌할 때였습니다. 그러나 세상의 그 어떤 전도傳道도 순교자 없이는 이루어지지 않는 법입니다. 사람들은 으레 자신이 더 이상 따라가지 못할 지경에 도달하면 그것에 침을 뱉고 돌아섭니다. 모욕을 주고 싶어 합니다. 그저 순순히 물러나는 법이 없습니다. 무도無道한 사람들은,

---

교회에서는 이들이 아기 예수를 경배한 사건을 신이 자신을 드러낸 사건(에피퍼니)이라 하여 공헌절로 기념한다. 문학용어인 '에피퍼니'는 '진리의 나타남(revelation of truth)'이라는 뜻이다. 주인공이 진부한 현실 속에서 갑작스레 진리를 깨닫는 순간이나 그 계기를 의미하는 말로 주로 사용된다. 제임스 조이스는 자기 자신이 그런 '에피퍼니'의 순간을 경험했다고 말하고 있으며 자신의 작품에서도 '에피퍼니'를 즐겨 사용하였다. 박종성, 「현대영소설 강의자료」(웹문서) 참조.

하나를 비우지 못하면 다른 하나를 새로이 채워 넣을 수 없다는 사실을 애써 외면합니다. 버리지 않고서는 얻을 수 없다는 것을 알면서도 끝내 욕심을 거두지 못합니다. 노력 없이 그냥 얻을 수 있는 것은 내 것이 아니라는 것을 알면서도 끝내 외면합니다. 그리고 그 '외면'의 책임을 꼭 타인에게, 치욕을 준 당사자에게, 돌리려 합니다. 그런 인지상정(?)이 아마 큰 배경이 되었을 겁니다. 그래서 특별히 그 말이 그때 '크게 와 닿았던' 것 같았습니다. 한꺼번에 와르르 녹아내렸던 것입니다.

그렇게 저를 '한꺼번에 녹여 버린' 장자철학에 대해서 조금 약술하자면 다음과 같습니다. 참고한 책은 『莊子哲學』(리우샤오간, 최진석 옮김, 1998)입니다.

공자가 창건한 유가 학파가 맹자에 이르러 크게 빛을 발하였다면, 노담이 시작한 도가 학파는 장자에 이르러 큰 발전을 이루었습니다. 장자가 없었다면 도가가 유가와 버금가는 중국의 사상으로 크게 될 수 없었을 것입니다. 장자의 후학들은 장자의 근본론, 우주론, 본체론, 회의론, 제물론을 분명하게 밝혀서 '본성本性은 선악을 벗어난다[性超善惡]'는 도가의 인성론을 구축합니다. 그들은 인간의 자연적인 본성이 중심이 되는 가치관과 도덕관을 제출하였으며, 그 바탕 위에서 군주는 무위無爲하고 신하는 유위有爲한다는 치세술治世術을 발전시켰습니다. 장자는 같은 시대의 혜시惠施와 밀접한 관계를 가진 듯한데, 혜시는 "만물을 쫓아다니다 돌아오지 못한다[逐萬物而不反]"라고 말했던 반면 장자는 "사물과 나를 함께 잊어라[物我俱忘]"라고 주장했습니다. 무위자연을 주장했지만 장자도 자연, 사회, 인생에 대해 상당히 깊게 사고하고 있었습니다. 다만 구체적인 사물을 탐구하는 데만 머무르지 않고 한층 더 높은 형이상학을 추구했다고 봐야 할 것입니다. 그가 바란 것은 공자처럼 '세계에 대하여 더욱 일관된 철학적 개괄을 하는' 것이었습니다. 혜시는 "만물은 다 같고 다 다르니 이것을 일러 대동이大同異라 한다"라고 주장하였는데, 이것이 장자에게 직접적인 영향을 끼친 것 같다는 것이 중론입니다. 혜시가 만물이 다 같다는 것을 중시하면서도 동시에 다 다르다는 것을 부정하지 않았지만, 장자는 만물이 그저 다 같을 뿐이라는 논증에 힘을 기울였습니다. "그 같다는 것으로부터 보면 만물은 모두 하나이다[自其同者視之 萬物皆一也]"라고 제물론적 입장을 강조하였습니다. 혜시 역시 "만물을 널리 사랑하면 천지는 일체이다"라고 말한 바가 있습니다. 혜시의 영향하에서 이루어진 장자의 만물 일체의 이론은 실제로 장자가 추구한 것 중 최고의 경지를 이룬 것이라 하겠습니다. 왕부지는 장자를 두고 "혜시 때문에 내 7편의 작품을 갖게 되었다"고 하였는데, 비록 확증은 없더라도, 장자와 혜시가 사상적으로 상호 분발시키고 영향을 끼쳤다는 사실은 분명한 것 같습니다.[2)]

『장자』가 전신적 반응을 불러일으키는 독서물이 되는 것은,

2) 리우샤오간, 최진석 옮김, 『莊子哲學』, 소나무, 1998 참조.

아무래도 삶이 그렇게 호락호락한 것이 아니라는 것을 몸으로 분명히 느끼는, 중·장년 이후의 독자들에게나 가능한 일이지 싶습니다. 이른바 '더하기 인생'이 끝나고 '빼기 인생'이 시작된 이후에나 가능한 일일 것입니다. '더하고 붙이는' 자에게는 아직 『장자』가 '인기지리무신'일 뿐입니다. 안중에 없습니다. 지금 보면 그래서 유치한, 마흔의 시, 김광규 시인의 「희미한 옛 사랑의 그림자」를 '부록'으로 첨가합니다.

희미한 옛 사랑의 그림자

4·19가 나던 해 세밑
우리는 오후 다섯 시에 만나
반갑게 악수를 나누고
불도 없이 차가운 방에 앉아
하얀 입김 뿜으며
열띤 토론을 벌였다
어리석게도 우리는 무엇인가를
정치와는 전혀 관계없는 무엇인가를
위해서 살리라 믿었던 것이다
결론 없는 모임을 끝낸 밤
혜화동 로터리에서 대포를 마시며
사랑과 아르바이트와 병역 문제 때문에

우리는 때묻지 않은 고민을 했고
아무도 귀기울이지 않는 노래를
누구도 흉내낼 수 없는 노래를
저마다 목청껏 불렀다
돈을 받지 않고 부르는 노래는
겨울밤 하늘로 올라가
별똥별이 되어 떨어졌다
그로부터 18년 오랜만에
우리는 모두 무엇인가 되어
혁명이 두려운 기성세대가 되어
넥타이를 매고 다시 모였다
회비를 만원씩 걷고
처자식들의 안부를 나누고
월급이 얼마인가 서로 물었다
치솟는 물가를 걱정하며
즐겁게 세상을 개탄하고
익숙하게 목소리를 낮추어
떠도는 이야기를 주고받았다
모두가 살기 위해 살고 있었다
아무도 이젠 노래를 부르지 않았다
적잖은 술과 비싼 안주를 남긴 채
우리는 달라진 전화번호를 적고 헤어졌다

몇이서는 포커를 하러 갔고
몇이서는 춤을 추러 갔고
몇이서는 허전하게 동숭동 길을 걸었다
돌돌 말은 달력을 소중하게 옆에 끼고
오랜 방황 끝에 되돌아온 곳
우리의 옛사랑이 피 흘린 곳에
낯선 건물들 수상하게 들어섰고
플라타너스 가로수들은 여전히 제자리에 서서
아직도 남아 있는 몇 개의 마른 잎 흔들며
우리의 고개를 떨구게 했다
부끄럽지 않은가
부끄럽지 않은가
바람의 속삭임 귓전으로 흘리며
우리는 짐짓 중년의 건강을 이야기했고
또 한 발짝 깊숙이 늪으로 발을 옮겼다

▶▶▶ 김광규, 「희미한 옛 사랑의 그림자」, 『우리를 적시는 마지막 꿈』, 문학과지성사, 1979

사족 한 마디. 젊어서 무언가를 할 수 있다고, "불도 없이 차가운 방에 앉아/하얀 입김 뿜으며/열띤 토론을 벌였"던 청춘은 그래도 나중에 할 말이 있습니다. "부끄럽지 않은가/부끄럽지 않은가" 자기를 나무랄 수도 있습니다. 그러나 '18년 뒤에' 그렇게나마 반성문을 써낼 수 있는 사람들은 얼마 되지 않습니다. 저만 해도 그런 반성문을 단 한 번도 써 본 적이 없는 사람입니다. 그저 "꽃이 지는구나, 못난 놈"(하종오, 「매춘」)만 중얼거리며 한평생을 보냈을 뿐입니다. 하물며, 그렇게 쓴 반성문이 시가 되는 사람이 몇이나 되겠습니까? 그러니 김광규의 「희미한 옛 사랑의 그림자」는 어쩌면 시가 아닌지도 모르겠습니다. 누군가의 '뚜껑'을 여는, 누군가에게 '인기지리무신闉跂支離無脤'이 되는, 그런 시는 더더욱 아닐지도 모르겠습니다.

우청우탁(寓淸于濁) 16

번지는 것들

: 환유

"날 좀 어떻게 해봐요."

무슨 말인가 했습니다. 한때 친하게 지내던 한 대학 동기 여학생(그때는 여선생이었습니다만)이 근 1년 동안의 공백을 깨고, 크리스마스이브를 앞둔 어느 날, 불쑥 제 앞에 나타나 그렇게 말했습니다. 순간 좀 당황스러웠습니다. 대학 3학년 때 친구의 소개로 만나 4학년 때까지 다문다문 만나던 친구였습니다. 졸업을 몇 달 앞두고 진로나 군대 문제 때문에 골머리가 아팠습니다. 누가 제 옆에서 의지가 되어주었으면 좋겠다는 생각이 들었습니다. 그녀와의 관계에서도 무언가 '확정적인 어떤 것'의 필요가 느껴졌습니다. 그래서 그녀에게 물었습니다. 모종의 '약속'이 가능하겠느냐는 저의 물음에 의외로 그녀가 선선하게 응답했습니다.

"이대로가 좋잖아요?"

그녀는 미소 띤 얼굴로 그렇게 말했습니다. 순간 여러 가지 복잡한 것들이 벌레처럼 제 얼굴 위를 마구 기어 다니는 듯한 느낌이 왔습니다. 제 스스로도 느낄 수 있을 만큼 표정관리가 되지 않았습니다. 아마 동갑내기 가난한 사범대생에게는 더 이상의 미래를 기대할 수 없었던 모양입니다. 그런 것을 넘어설 만큼 우리의 관계가 진하고 선명한 것도 아니었습니다. 더 이상의 '은사恩赦'를 바라는 것은 염치없는 짓이라는 걸 단박에 알 수 있었습니다. 속전속결, 단 1초도 기다리지 않고 바로 그런 대답을 해야만 했던 그녀의 입장을 제가 너무 몰랐습니다. 아, 역시 안 되는구나, 그런 자탄自歎이 제 안에서 나지막이 울려 퍼졌습니다. 저는 그렇게만 생각했습니다. 아닐 수도 있었지만(저의 다른 부족함에 그녀가 실망했을 수도 있었고, 제가 모르는 또 다른 이유도 있었을 겁니다), 저는 그렇게 받아들여야 했습니다. 그렇게 간신히 사태를 수습하고 저도 쓸쓸히 웃으며 짐짓 단호한(?) 표정을 지었습니다.

"그래요. 그렇겠네요."

그렇게 웃으며 헤어졌습니다. 그 이후로는 다시 만나지 않았습니다. 다음 약속을 잡지 않았습니다. 그때는 따로 연락을 할 방법이 없어서(집으로는 전화를 하지 않는 게 당시의 불문율이었습니다) 다음 약속을 기약하지 않으면 다시 만날 수가 없었습니다. 굳이 만나려면 상대가 자주 드나드는 곳에 가서 하염없이 기다리는 수밖에 없었습니다. 섭섭하기도 했지만, 저는 사실 그녀를 떠나보내고 마음이 홀가분했습니다. 스무 살의 그녀가 당연히 기대하고 있을지도 모르는 '빛나는 미래'와 저는 그다지 어울리지 않았습니다(자세한 사정은 약하겠습니다). 그녀의 미래를 공연히 제가 들어서 망치게 된다면 그런 몹쓸 짓이 어디 있겠습니까? 적어도 그런 우려에서 해방된 '가벼움'은 충분히 만끽하고 있었습니다.

그랬던 그녀가, 아닌 밤중에 홍두깨처럼(?), 불쑥 제 앞에 나타나서 하는 말이 "날 좀 어떻게 해봐요"였습니다. 좀 가당찮았습니다. 자기를 어떻게 하라는 건지 처음에는 도무지 알 수 없었습니다. 조금 사정을 듣고 보니 그 말이 자기를 시골에서 구출해서 나오라는 뜻이었습니다. 초임지였던 시골 벽지에서 1년을 보낸 그녀는 조금 겉늙어 있었습니다. 아마 마음고생이 좀 되었던 모양이었습니다. 그녀가 농담이거나 아니면 언중유골(?)이거나, 그렇게 말했을 때, 저는 그저 황망했을 뿐이었습니다. 언제는 '이대로가 좋다'더니 이제 와서는 '어떻게 해보라'는 게 잘 납득이 되지 않았습니다. '이대로가 좋다'는 말은 어쨌거나 비문非文은 아니었습니다. 그러나 '어떻게 해보라'는 말은 엄연히 비문非文이었습니다. 그녀와 관련해서는 제가 어떻게 해볼 도리나 방법이 전혀 없었던 것입니다. 그걸 그녀가 몰랐을 리 없었을 텐데 그녀는 태연히 그렇게 말하고 있는 것이었습니다.

1년차 초임 교사였던 그녀는 궁벽한 시골 생활을 청산하고 하루라도 빨리 도회로 나오고 싶다고 누누이 강조했습니다(그래서 저와의 관계도 진도를 좀 내고 싶다는 뉘앙스였습니다). 저도 해봐서 압니다만 공부보다도 다른 일이 더 중한 아이들과 몇 시간씩 아귀다툼을 벌인다는 것은, 그것도 머리 굵은 애들과 함께, 정말이지 아주 힘든 일이었습니다. 그야말로 악전고투가 아닐 수 없었습니다. "교사는 전적으로 블루칼라다." 저는 처음 그 노역勞役에 직면하면서 만나는 친구들에게 그렇게 외쳤습니다. 화이트칼라(지식노동자)가 아니라 순수 육체노동자였습니다. 그녀는 아마 더했을 겁니다. 마르고 작은 체구에 성격까지 조용조용한 편이라 벽지 아이들에게는 거의 완구玩具 수준의 대접을 받았을 겁니다. 그렇게 처음 겪는 노역, 성인식에 그녀는 많이 지쳐 있었습니다. 그때는 지금과는 많이 다른 시절이었습니다. 벽지 발령을 받은 여교사가 일주일에 한 번 목욕탕에라도 가려면 동료 남교사 한 사람을 대동하고 기차로 한 시간 정도 밖으로 나와야 하는 곳이 비일비재했습니다. 선후배 중에는 그렇게 묵묵히 호위무사 노릇을 하면서 예쁜 색싯감을 얻은 사람들도 허다합니다. 그런 곳에서 1년을 버틴 그녀는 이제는 아이들이고 어른들이고 다 끔찍하다고 했습니다. 우리가 자란 도회의 사립학교에 자리를 하나 알아봐 달라고 했습니다. 제가 그때 사립학교에서 기간제 교사를 하고 있었으니 그 인맥을 활용해 어떻게든 해보라는 것이었습니다.

대학원을 다니며 기간제 교사로(그때는 준교사 대우를 받았습니다) 하루하루를 연명하던 저는 그저 실소를 지을 수밖에 없었습니다. 그녀의 그런 사정이 딱하긴 했지만 달리 해줄 말이 없었습니다. 아무리 그녀의 사정이 다급하다고 하더라도 그동안 제 사정은 전혀 바뀐 것이 없었던 것입니다. 여전히 현실은 가난했고 미래는 불투명했습니다.

"어쩔 도리가 없네요."

그 말밖에 나오지가 않았습니다. 지금 생각해보면 그녀도 그걸 모를 리 없었을 겁니다. 그냥 한 번 터놓고 하소연할 대상이 필요했을지도 모르는 일입니다. 언감생심이긴 합니다만 어쩌면 그 '절박한 사정'을 핑계 삼아서 모종의 역추진(?)을 꾀했을 수도 있는 일이었습니다. 그렇게, 그런 걸 두고 서로를 염려하다 보면 서로에게 조금씩 다가갈 수 있는 시간들이 쌓이게 될 수도 있는 일이었습니다. 늘 저보다 생각이 깊었던 그녀가 원했던 것은 그런 '과정중심 해결전략'이었는지도 몰랐습니다. 그러나 그때 저는 그렇게 '빈 곳으로 번지는 것들'에 대해서 생각해볼 겨를이 없었습니다. '날 데리고 나오지 못하면 너에게는 다시는 기회가 없다'라는 뜻으로만 그녀의 말을 듣고 있었습니다. 그녀의 "나를 어떻게 좀 해봐요"라는 말과 정확하게 등가로 교환 가능한 것이 무엇인가에만 골몰했습니다. 그 보조관념의 원관념은 오직 하나뿐일 거라고 여겼습니다. 그 말이 내게 어떻게 번

질 수 있는 말인가에 대해서는 전혀 고려하지 못했습니다. 결국 그때는 사랑을 몰랐습니다.

사람이 말을 할 때는 여러 가지 사정이 있는 법입니다. 꼭 실현 가능성을 염두에 두고 하는 말만 있는 것이 아닙니다. 실현과는 별개로 말 그 자체로 위안이고 사랑일 수도 있는 경우가 많습니다. 전능한 신께 드리는 기도처럼, 우리 인간끼리라도 그런 식으로 주고받아야 하는 말들이 있는 법입니다. 모여서 기도하는 것 그 자체가 전부이고 의미인 것도 항상 있습니다. 그러나 저는 그런 화법에 대해서 전혀 아는 바가 없었습니다. 저는 어쩌면 너무 일찍부터 그런 '사랑의 언어'와 너무 멀리 떨어져 살아왔는지도 몰랐습니다.

"그래요. 힘닿는 데까지 알아볼게."

그렇게 한 마디만 하면 될 일이었습니다. 어려워도 좀 참고 견뎌 보라는 말까지 덧붙일 필요도 없었습니다. 정작 어려웠던 것은 사실 저였으니까요. 앞에서도 잠깐 말씀드린 것처럼 마작을 강권하는 하숙집 아저씨를 피해서 비싼 하숙집으로 옮긴 후 턱없이 높아진 엥겔지수 아래서 무척이나 허덕일 때였습니다. 그러니 다른 말이 필요 없었습니다. 그냥 그렇게 번지기만 했으면 되는 일이었습니다. 그녀가 부를 때 그녀 안으로 들어가기만 하면 될 일이었습니다. 그러나 저는 그때 번지지 못했습니다. "오두막 한 채 번져서 봄나비 한 마리 날아온다"는 걸 끝내 몰랐습니다.

수묵(水墨)정원 9—번짐

번짐, 목련꽃은 번져 사라지고 여름이 되고
너는 내게로 번져 어느덧 내가 되고 나는 다시 네게로 번진다.
번짐, 번져야 살지 꽃은 번져 열매가 되고 여름은 번져 가을이 된다.
번짐, 음악은 번져 그림이 되고 삶은 번져 죽음이 된다.
죽음은 그러므로 번져서 이 삶을 다 환히 밝힌다.
또 한 번—저녁은 번져 밤이 된다.
번짐, 번져야 사랑이지 산기슭의 오두막 한 채 번져서 봄나비 한 마리 날아온다.

▶▶▶ 장석남, 「수묵(水墨)정원 9—번짐」, 『꽃밭을 바라보는 일』, 시인생각, 2013

'영혼이 번진다'니, 참 모호한 표현입니다. 그러나 그 뜻을 이해 못할 사람은 아무도 없습니다. 때로는 '번짐'이라는 말이 너무 '번져서' 모호하게 이런저런 의미를 양산하기도 하지만 이 시에서는 아무도 그런 '모호한' 행위를 탓하지 않습니다. 오히려 즐기고 부추깁니다. 번지는 게 바로 '시詩' 언어이기 때문일 것입니다. 시 언어 말고도 세상에는 모호한 것들이 많습니다. 좀 자세히 알고 싶어서 가까이 가면, 무지개처럼, 홀연히 자취를 감추는 여자의 마음도 모호하고, '있는 것을 없다고 하는 불교의 가르침이나, 없는 것을 있다고 하는 기독교의 가르침'도 어쩌면

‘번지는 것’만 강조하는 모호한 언사인지도 모르겠습니다. 살다 보면 행복도 모호하고 불행도 모호합니다. 살랑거리며 날아드는 봄나비처럼 오고 갑니다. 때로는 무지無知가 모호함을 낳는 수도 있겠지만, 모호함을 그냥 두지 못하는 만용이야말로 더 큰 무지無知라 할 것입니다. 이 시를 읊조리다 보면 드는 생각들입니다.

딱딱하지만 한 마디 덧붙이겠습니다. 요즘처럼 국어교육 분야에서 맥락脈絡, context이라는 말을 아무데서나 마구 쓰는 경우를 본 적이 없습니다. 언어적 맥락이 있고, 상황적 맥락이 있고, 사회문화적 맥락이 있고, 화자 맥락, 청자 맥락이 있다는 둥, 마치 조자룡 헌 칼 쓰듯, 맥락이라는 말을 아무데서나 함부로 사용하고 있습니다. 조금도 모호한 것은 그냥 두고 볼 수 없다는 투입니다(원래 ‘맥락’이라는 말은 좀 모호한 범주화의 소산입니다). 그것도 모자라, 그것을 지식과 나란히 두고 볼 것인가 아니면 그것 아래 둘 것인가를 두고도 설왕설래가 있었답니다. 언어교육에서 대상이 되는 것은 모두 지식일 뿐입니다. 감정도 지식이고 상황도 지식이라야 앎의 대상이 됩니다. 어쩌다 모국어 교육에 ‘말하기, 듣기’라는 언어 기능이 다른 것들과 한 자리에서 논의되는 틈을 타서 그런 어처구니없는 혼선이 빚어졌던 모양입니다. 미국 같은 나라야 워낙 초창기부터 다문화 사회였으니까 학교에서 공용어 발화 및 청취 교육을 당연히 수행해야 했습니다. 의사소통을 위해서 쓰지는 못해도 말하고 듣는 일은 반드시 가능해야 했기 때문입니다. 그걸 우리나라 국어교육, 모국어교육에 접목을 하려고 합니다. 서당에서 화법 교육했다는 이야기 들은 적 없고, 저희 베이비 붐 세대가 말하기, 듣기 교육 안 받아서 경제가 망하고 학문이 망하고 나라가 망하게 되었다는 소리를 들어본 적이 없습니다. 한 마디로 쇼를 벌이고 있는 겁니다.

모호한 것으로 명백한 것을 설명하는 것은 학문이 아닙니다. 고작해야 언어도단의 말장난입니다. 본디, 작은 범주의 명백한 것들로 큰 범주의 모호한 것을 설명해야 학문이 되는 것인데, 그 반대로 나가고 있으니 가관이 아닐 수 없습니다. '맥락'이라는 말은 아주 모호한 용어입니다. 문맥, 상황, 환경, 조건, 스키마 등등을 다 포괄하는 단어입니다. 관계로 이루어진 총체적인 어떤 것이라는 내포가 강합니다. 그렇기 때문에 그 앞에 어떤 제한적인 수식어가 붙어도 구문론적으로는 다 그럴듯하게 됩니다. 언어 관습상 저항감을 불러일으키지 않습니다. 신축성이 그만큼 크다는 이야기입니다. 그러나 의미론적으로는 성립되지 않는 경우가 태반입니다. 베르니케 실어증이나 한 가지입니다. 겉은 멀쩡한데 안은 텅 비어 있는 구문입니다. 계속 순환논법에 의지하게 됩니다. 화자 맥락이니 청자 맥락이니 하는 말까지 가면 이미 '맥락'이라는 용어가 해체되는 형국인데 뭣도 모르고 그런 말을 대놓고 씁니다. '맥락'은 화자와 청자가 함께 들어가 있는 '의사소통의 환경 전체'를 지칭하는 말입니다. 그것이 공유될 때만 만들어진 대로 전달이 됩니다. 그래서 엄격히 말하면

완전한 의사소통이란 없는 것이 됩니다. 늘 의미의 재생산만 존재하는 것입니다. 최소한의 맥락도 공유되지 못한 경우라면 그 두 사람은 서로 '소 귀에 경 읽기'의 상황에 놓이게 됩니다. 그걸 화자 맥락과 청자 맥락이 달라서 그렇다고 설명을 합니다. 원래부터 그 다른 것을 전제로 해서 존재하는 게 맥락이라는 용어인데 말입니다. 서로 다르지만 '맥락'이 있어서 우리는 의사소통(의미재생산) 과정에 참여할 수 있는 것입니다. 만약 화자 맥락과 청자 맥락으로 나눌 수 있다면 그 위에 존재하는 상위 개념으로서의 또 다른 맥락이 하나 더 필요할 것입니다. 그걸 '전체 맥락'이라고 불러야 할까요? 그렇다면 최후의 상위 개념으로서 인간 전체를 포괄할 수 있는 '전체 맥락'이 존재해야 하는데 그런 게 과연 존재할까요? 화자의 발화 조건이나 청자의 청취 조건은 일괄적으로 의사소통의 맥락 안에 다 포함되는 것인데(그래서 그 조건을 감안해서 화자는 말을 하고 청자는 듣습니다. 화자는 곧이곧대로, 아니면 적응, 순화시켜 말하고, 청자는 새겨듣거나 흘려듣습니다. 소설가들은 늘 기대 독자를 앞에 두고 소설을 씁니다), 그 전제를 무너뜨리는 행위를 '맥락'이라는 말로 자행해서야 되겠습니까? 그렇게 쓰려면 의사소통의 여섯 가지 변인, 이를테면, 화자와 청자, 메시지와 채널, 코드와 맥락 같은 것들을 다시 새롭게, 자기 입맛에 맞도록, 다시 만들어야 할 것입니다. 이미 그렇게 학술적 용어로 자리 잡은 '맥락'이라는 말을 버리고 다른 말을 만들어 써야 할 것입니다. 참고로 일반적으로 의사소통의 도식이 어떻게 그려지는 것인지 한 번 살펴보겠습니다.

야콥슨은 의미의 소통이 어떤 조건 아래서 이루어지는지 간명하게 설명한다. 주고받는 의미의 전부를 메시지가 공급하는 것도 아니고, 공급할 수 있는 것도 아니라는 그의 설명은 의미가 전달행위 전체에 있다는 점을 강조한다. 그가 제시한 도식은 다음과 같다. 만약, 의사소통이 맥락으로 편향되어 있다면, 지시적(referential) 기능이 우세해진다는 것을 뜻한다.

맥락(context, 지시적)
메시지(message, 시적)
발신자 (speaker, 정감적) ------------------------------ 수신자 (hearer, 사동적)
접촉(contact, 교화적)
코드(code, 메타언어적)

▶▶▶ 테렌스·호욱스, 오원교 옮김, 『구조주의와 기호학』, 신아사, 1988 참조

맥락을 구성하는 것에는 역사적 사실, 문화적 전통, 시대적 상황(정치, 경제), 개인적 스키마 등이 있습니다. 앞에서처럼, 언어적, 상황적, 사회문화적, 화자적, 청자적 등의 수식어를 붙여서 일종의 '맥락의 종류'를 나누려고 한다면 그건 당연히 오류가 됩니다. '우리집은 부모방, 거실, 아들방, 딸방으로 구성되어 있다'는 말은 성립이 되지만, '우리집은 아들집, 딸집, 사글셋집, 전셋집, 단독주택, 아파트주택으로 되어 있다'고 말해서는 안 된

다는 것입니다. 얼핏 들으면 말이 되는 것 같지만 사실은 틀린 말이라는 것입니다.

사족 한 마디. 한때, '코드code(기호운용체계)'란 말이 엉뚱한 뜻으로 유행한 적이 있었습니다. 정권이 바뀌면서 사회 전반에 걸쳐 의사소통을 주도하는 맥락이 크게 한 번 요동쳤을 때였습니다. 어제의 코드와 맥락이 오늘의 오해와 편견으로 바뀌는 상황이 벌어졌습니다. 서로 즐겨 사용하는 코드가 안 맞아서 대화가 잘 되지 않는다는 말이 나올 법한 상황이었습니다. 그런데 그런 '코드'의 원뜻과는 달리 그것을 마구잡이로 '특별한 코드'로 이해하는 이들이 많았습니다. '코드 인사'니 뭐니 하면서 '코드'라는 말을 '특별한 성향이나 이념'을 뜻하는 말로 사용했습니다. 코드가 '법(패턴)'이라면 맥락(콘텍스트)은 '때(상황)'라고 할 수 있습니다. 글쓰기의 요체는 '법에 있는 것이 아니라 때에 있다'라고 연암이 말했을 때, 그'때'가 바로 맥락인 것입니다. 텍스트를 작성할 때는 항시 맥락을 잘 살펴 법을 운용하고, 텍스트는 항상 맥락적으로 이해해야 한다는 것입니다. 당연한 말이지만 법은 항상 상황과 충돌합니다. 때와 충돌하지 않는 법은 없습니다. 만약 그런 것이 있다면 그것은 법이 아닙니다. 정해진 법칙을 지키려는 코드와 항상 변화하려는 맥락 사이의 긴장이 곧 텍스트입니다. 살아 있는 언어입니다.

우청우탁(寓淸于濁) 17

빛나는 것들

: 은유

인간에게 없어서는 안 될 것 중의 하나가 '상상작용imagination' 입니다. 그것 없는 인생은 그야말로 앙꼬 없는 찐빵, 오아시스 없는 사막입니다. 명색이 소설가인(전직?) 제 인생에 지금 앙꼬가 없습니다. 상상작용이 활발하게 이루어지지 않습니다. 고작 한다는 일이 페이스북에 미주알고주알 시골 늙은이의 재미없는 일상을 등재하는 일입니다. 더 노력해서 성취할 일도 없습니다. 그저 심심합니다. 그래서 늙으면 너나없이 해외여행을 다니는 것 같습니다. 휴가철이 되고, 주변 사람 중 누구라도 좀 안 보인다 싶으면, 여축 없이 해외여행을 다녀왔다는 보고입니다. 미국이고 호주고 유럽이고 인도고 이집트고 하다못해 홍콩이나 대만이나 일본이라도 경쟁적으로 돌아다닙니다. 어떤 이는 한 달에 두 탕씩도 뜁니다. 우리 집만 늘 꿀 먹은 벙어리입니다. 지출권을 가진 집안 실세(?)께선 늘 "당신 혼자 다녀오라니까!", 그 한 마디로 모든 상황을 종결시켜 버립니다. 이 나이에 혼자서 그 멀리까지, 열 몇 시간씩이나 쭈그리고 앉아서, 날아갈 일이 무에 있겠습니까? 그렇게 말하시는 분은 도무지 인생에 상상작용이 없는 분인 것 같습니다. 무엇이라도 보고 즐기는 게 있어야 하는데, 해외 문물도 콘서트도 영화도 문예도, 그 분에게는 아무런 상상작용의 대상이 되지 못하는 것 같습니다(돈 안주고 보는 드라마는 봅니다). 그래서 홧김에 머리를 깎고 온 적도 있었습니다. 완전 삭발을 하려다가, 나이도 있으시고 하니 '반삭'으로 하시라는 권선생(단골 미장원 스타일리스트입니다)의 권고를 받아들여서 1cm 정도는 남기고 다 잘라(밀어) 버렸습니다. 영락없는 노스님 모습이었습니다(네 번 타는 보일러 광고에 나오는 분 같았습니다). 아내가 그 모습을 보고는 깔깔 웃더니 "왜 그러는데? 노망도 아니고. 하긴 조금만 더 젊었더라면 귀엽기도 했을 텐데…" 라고 한 마디 합니다. 그래서 말했습니다. "밖으로 못 나갈 바에야 안으로나 한 번 세게(?) 들어가 볼려고." 그 안이 어딘지도 모르면서 그렇게 냅다 내질렀습니다. 그러면서도 일면 약간 찔리는 부분이 전혀 없지는 않았습니다. 막상 들어가 보려니 통틈이 없었습니다. 아무래도 이 조급증 때문에 언젠가 한 번 크게 독박을 쓸 것 같습니다. 지금껏도 많이 써왔습니다만.

조급하다는 것은 늘 신경증이라는 것을 의미합니다. 신경증은 우리 상상체계에 모종의 버그(바이러스)가 들었다는 이야기입니다. 버그가 끼면 필요 이상으로 가동되는 부분이 생기고, 필요한데도 그냥 건너뛰는 부분이 생깁니다. 대체로 시계의 초침과 같은 템포로(촉박하고 긴밀하게) 상상이 이루어집니다. 정당한 추리와 직관에 필요한 시간이 충분히 공급되지 않습니다. 그래서 조급증입니다.

인간에게 반드시 필요한 것이 상상작용인데, 그것에도 정해진 급수가 있습니다. 이를테면 조급한 것과 농익은 것, 그 중간쯤에 놓인 것 등등이 있다는 말씀입니다. 그 중에서 '조급한 것'들이 늘 문제입니다. 생각이 앞서서(곁가지 생각이 많아서?), 해서는 안 될 말과 일들을 그냥 저지르는 경우가 종종 있습니다. 스스로도 그런 조급증을 인식하고 있는 경우가 많습니다. 제가 눈치가 좀 없어서요, 조급증 환자들은 보통 그렇게 자신의 실수와 민폐를 변호합니다. 자기도 자신의 무례를 알지만 너희들의 양해를 바란다는 뻔뻔스런(?) 요구입니다. 스스로 '눈치 없다'고 자인하는 것은 최악의 경우 사이코패스를 자인한다는 것과 같습니다. 그러니 그런 말을 하는 이들은 영락없는 중증 신경증 환자입니다. 콤플렉스의 특징 중의 하나가 바로 그런 자애自愛 증상입니다. 알면서, 그것 때문에 골치 아프다고 말하면서(대놓고), 끝까지(죽을 때까지) 그것을 놓지 못하고 아등바등(사랑)합니다. 듣기는 싫겠지만, 그들은 꼭지가 덜 떨어진 인간, 미완성 교향곡 같은 인간, 속속들이 불량품 인간입니다. 겉으론 멀쩡해도, 안으로는, 특히 상상기능에는, 피멍이 들어도 아주 깊게 들어 있는 자들입니다. 그들에게는 인간이 갖추어야 할 기본적 인성으로서의 '타자에 대한 배려'가 전혀 갖추어져 있질 않습니다. 겉으로는 법 없이도 살 만큼 점잖은 사람들이지만 그들은 늘 목전의 사익私益을 벗어나는 일이 없습니다. 그 결과로 보면, 그들은 항상 견물생심, 물질적 욕구를 충족시키는 방향으로만 삶을 꾸려나갑니다. 절대적으로 사익만을 위해 삽니다. 그걸 보고는 절대 참지 못합니다. 공익을 도외시하고 사익을 취한 결과에 대해서는 일절 반성이 없습니다. 역지사지는커녕, 모든 자기 행위에 대한 사후작용事後作用[1]은 자기합리화만을 위해 봉사합니

1) 사후작용: 프로이트/라깡이 말하는 '사후성의 논리(Nachträglichkeit)'는 제1의 사건(원초적 장면)은 그 자체만으로는 병리적 조건을 구성하지 않는다는 것이 핵심이다. 증상이란 것은 항상 가치중립적인 기표로 정신계에 인각되어 있던 것이 제2의 사건을 통해서 하나의 큰 정신적 상처로 정면에 부상하는 것이라는 주장이다. 프로이트는 '늑대인간'의 임상보고서를 통해 한살 반 때 겪은 가치중립적인 기표와의 조우(부모의 성관계를 목격한 원초적 장면)가 네 살 때 꾸게 된 늑대 꿈을 계기로 엄청난 소급적 의미를 부여받고 늑대공포증으로 발전하는 과정을 보여줌으로써 사후성의 논리를 예증한 바 있다. 속칭 『늑대인간(울프맨)』은 1910년에서 1914년에 이르기까지 4년여에 걸쳐 늑대공포증에 걸린 러시아 한 부호의 아들 S. P. 세르게이를 치료한 분석사례이다. 여기서 결정적으로 문제가 된 사건은 울프맨이 한 살 반 때 목격했다는 부모의 성관계 장면, 즉 '원초적 장면'의 사실성 여부다. 프로이트는 두 가지 상반되는 방향에서 이 문제에 접근한다. 우선 리얼리스트의 관점에서 그 사건이 과거의 일정한 시공간에서 실제 발생했으며 그것 때문에 현재의 병을 낳았다는 것이다. 사실 이것은 심리적 리얼리즘에 강한 애착을 갖고 있던 프로이트의 기본적 태도였고 그 당시 그와 불화관계에 있던 융의 '회상적 판타지' 이론을 격퇴하기 위해서도 필요한 것이었다. 그러나 프로이트는 차후에 덧붙인 글에서 사고의 극적인 반전을 시도한다. 문제의 원초적 장면이 과거에 사실적으로 발생한 실체적 사건이 아니고 현재의 분석적 '구성'에서 드러난 하나의 허구적 가설일

다. 그렇게 심보가 고약한 상황을 '눈치가 없다'는 한 마디로 다 덮으려 합니다. 한때 '정의론'이 유행할 때 그들은 한 목소리로, 약속이나 한 듯이, "정의는 사람마다 다르다"라고 외쳤습니다. 그게 범죄 심리의 한 핵심이라는 걸 모르는 모양입니다. 참 가관입니다.

저도 젊을 때 그런 심보가 남들 못지않았습니다. 번지지 못하고 늘 제 생각만 했습니다. 조급하게 살았습니다. 밖에서는 잘 드러내지 않았지만, 제 일신이나 가내家內 사정일 때는 전혀 숙고할 시간을 두는 일이 없었습니다. 라식 수술이 필요하다 싶으면 그 다음날 바로 병원에 갔습니다. 임플란트가 처음 나왔을 때도 마찬가지였습니다. 치과의사 친구가 아직 기술이 덜 여물었으니 좀 두고 보자고 하는데도 뼈도 없는 곳에 막무가내로 못을 박으라고 강요했습니다. 그 때문에 거의 7~8년을 몸 고생, 돈 고생으로 허비했습니다. 그래도 그런 것들은 제 몸에 관련된 것이어서 수원수구誰怨誰咎, 아내도 굳이 시비를 걸어오지 않았습니다. 그러나 그 밖의 모든 일에 대해서는 하나 없이 다 클레임이 걸렸습니다(오늘 다녀온, 서너 시간 걸리는 경주행 단거리 여행에서도 '우리는 서로 안 맞다'라는 데, 수도 없이, 인식을 같이 했습니다). 제발

수 있다는 것이다. 이 논리에 따르면 과거는 부재로 존재하거나 현재의 서사와 담론의 요구에 따라 부단히 다시 쓰이고(re-inscription) 다시 배열된다(re-arrange ment). 의미의 견고한 토대라고 믿었던 원초적 장면의 한복판에는, 데리다의 말대로 이미 '근원적 차연'이 작동하여 근원의 근원성이 흔들려진 상태가 존재한다는 것이다. 박찬부, 『기호, 주체, 욕망』, 창비, 2007 참조.

생각 좀 하고 나서라는 거였습니다. 결국 저의 그 상상작용의 조급성 때문에 서로 많이 부딪친 셈입니다. 재미있는 건, 아내에게는 그런 게 애초에 없다는 것입니다. 조급이고 완만이고가 없습니다(전두엽 이상증세?). 아예 상상작용이 없는 아내는 세상이 일체 정물화입니다. 움직이는 게 없습니다. 그러니, 저의 조급증은 그녀에게는 늘 청천벽력이지 싶습니다. 순간적으로 닥치는 제 결단(?)을 받아들이는 데에는 항상 분노와 용서의 시간이 요구되었을 겁니다. 물론 지금은 사정이 많이 달라졌습니다. 일전의 그 삭발 행사도 그랬습니다. 예전 같았으면 그냥 저지를 일이었고, 그래서 그녀가 많이 놀랄 일이었습니다. 그러나 이번에는 미리 예고제를 실시했습니다. 이미 대여섯 달 전부터 깎는다, 깎는다, 염불하듯이 입에 달고 살다가 하루 날을 잡아서 결행했습니다. 그래서 그 발작(?)을 오히려 유쾌하게 받아들입니다. 개 한 마리 키우자는 것도 지금 2~3년째 뜸을 들이고 있습니다. 동물 키우는 일에 있어서도 젊어서는 항상 아내에게 놀라움만 선사했습니다(졸작, 『고양이키우기』 참조). 방과 아파트 베란다에서 육해공군을, 집단군으로, 합동사령부까지 두고, 양성했습니다. 십자매는 번식률이 너무 좋아서 수백 마리까지 불어난 적도 있었습니다(그래서 졸지에 그것이 부업이 된 적도 있었습니다). 수조水槽 비슷한 큰 어항에서 돔까지 양식했습니다. 나중에는 제 팔뚝만한 것들이 어항 안에서 어슬렁거리며 방안의 동태를 살폈습니다(징그럽기 그지없었습니다). 모두 아내의 동의 없이 혼자 저지른 것들이었습니다. 그런데 어느 순간 그 모든 습벽이 다 사라졌습니다. 무엇이든 하고(가지고) 싶어서 안달이 나는 상황이 순식간에 사라져 버렸습니다. 그 모든 에너지들이 순식간에 다 소진되고 말았습니다. 아내의 그 무無 상상작용증이 제게 전염이 되고 만 것일까요? 아니면 새로운 집착이 생겼기 때문이었을까요? 어쨌든 그 이후로는 검도 하나로 천하가 일망타진된 듯했습니다.

요즘 들어서는 사정이 역전되어(시간이 많이 흘렀습니다), 무엇이든 하고 싶은 일을 좀 만들어야겠다는 조급증이 새롭게 듭니다. 죽을 때 후회하는 세 가지, '참을 걸, 베풀 걸, 즐길 걸' 중에서 마지막 '즐길 걸' 부분의 후회가 가장 막심할 것 같다는 불길한 예감마저 드는 탓입니다. 만약 그렇게 된다면 그건 너무 억울한 일입니다. 로맨티스트도, 아이디얼리스트도, 테러리스트도 아닌 '순진한 리얼리스트'로 살아온 대가가 고작 이것이라는 생각이 드니 더 억울할 뿐입니다. 더 억울해지기 전에 지금이라도 무언가 저질러야 할 텐데 현재로서는 그저 막막할 따름입니다. 큰일입니다. 허둥지둥 살아온 것이 후회가 됩니다. 결국 내 이럴 줄 알았습니다.

아래에 소개하는 시는 우리 내면에서 일어날 수 있는 상상작용 중의 한 극단을 보여주고 있는 것 같습니다. 시인의 내면에 자리 잡고 있는 것들이 유관한 이미지들의 도움을 받아 아름답게 펼쳐지고 있습니다. 시인의 상상작용만으로 한 편의 시가 만들어지고 있다는 느낌을 받습니다. 시인은 조급증이 애초에 없는 사람인 것 같습니다. 아니면 그 조급증과 안에서 피터지게 싸우고 있는지도 모르겠습니다. 어쨌든 저로서는 상당히 저의 조급증과 싸우면서 읽은 시입니다. 조급증에 져서는 도저히 읽어낼 수 없는 시인 것 같습니다. 시에 관심 없는 분들은 아예 건너뛰시는 게 조금이라도 덜 억울한 일이 되지 싶습니다.

푸른빛과 싸우다
— 등대가 있는 바다

등대가 보이는 커브를 돌아설 때 사람이나 길을 따라왔던 욕망들은 세계가 하나의 거울인 곳에 붙들렸다 왜 푸른빛인지 의문이나 수사마저 햇빛에 섞이고 마는 그곳이 금방 낯선 것은 어쩔 수 없다 밝음과 어둠이 같은 느낌인 바다

바다 근처 해송과 배롱나무는 내 하루를 기억한다 나무들은 밤이면 괴로움과 비슷해진다 나무들은 잠언에 가까운 살갗을 가지고 있다 아마 모든 사람의 정신은 저 숲의 불탄 폐허를 거쳤을 것이다 내가 만졌던 고기의 푸른 등지느러미, 그리고 등대는 어린 날부터 내 어두운 바다의 수평선까지 비추어왔다.

돛이 넓은 배를 찾으려고 등대에 올라가면 그 어둔 곳의 바다가

갑자기 검은 비단처럼 고즈넉해지고 누군가가 불빛을 보내고 그의 향로와 내 부끄러움을 빗대거나…… 죽은 사람이 바다 기슭에 묻힐 때 붉은 구덩이와 흰 모래를 거쳐 마침내 둥근 지붕 생기고 그 아래 파도와 이어지는 것들…… 혼자 낡은 차의 전조등 켜고 텅 빈 국도를 따라가면 고요를 이끌고 가는 어둠의 집의 굴뚝이 보인다, 낯선 이가 살았던 어둠, 왜 그는 등대를 혹은 푸른빛을 떠나지 못하는가

바다를 휩쓸고 지나가는 햇빛은 폭풍처럼 기록된다, 그리고 등대

▶▶▶ 송재학, 「푸른빛과 싸우다: 등대가 있는 바다」, 『푸른빛과 싸우다』, 문학과지성사, 1994

이 시를 한 번 읽고서는 시인이 무슨 뜻을 전하려는지 금방 알 수가 없습니다. 아름다운 것들이 얼핏얼핏 보이는데 그게 일상의 언어로, 자동적으로, 치환되지는 않습니다(언어의 비자동화가 강조되는 일종의 '시스템 언어'에 속하는 것 같습니다). 그 이유를 다른 데서 찾으면 안 되겠습니다. 뜻이 금방 들어오지 않는다고 스스로를 무지하다고 탓할 문제가 아닌 것 같습니다. 우선 시인은 아무나 그저 한번 후딱 자기 시를 읽고 지나치는 것을 무척 싫어하는 것 같습니다. 조급증을 되게 싫어하는 것 같습니다. 그러니 조급증 내지 말고, 찬찬히 생각해야 합니다. 비단 이런 이미지 중심의 시를 읽을 때가 아니더라도, 주로 선부른 전문적(?) 독자들이 자주 범하는 실수이기도 합니다만, 자기 문맥으로

시가 들어오지 않으면 막말로 '난해하다'는 등의 말을 내뱉으면서 쉽게 시를 버리는 경우를 종종 봅니다. 그래서 '무조건 쉽게 쓰는 게 도덕이다'라는 말도 안 되는 불문율이 돌아다니기도 합니다. 그러나 우리는 잊지 말아야 합니다. 시인이 시를 쓰면서 보낸, 그 아름답거나 절망적인 시간들을 반드시 충분히 고려해야 합니다. 스스로에게 내 아름다움이 무엇이고 내 절망이 무엇이냐를 지속적으로 물어주어야 합니다. 시인은 그저 시인이 된 것이 아니라는 것을 항상 염두에 두어야 합니다. 세상에는 어렵지 않으면 자신을 드러내지 않는 것들도 있다는 것을 알아야 합니다. 시는 입에 넣기만 하면 자기가 알아서 녹는 달콤한 초콜릿이 아닙니다.

그런 마음의 준비가 되었을 때 이 시를 읽어야 합니다. 또 한 가지, 시를 읽을 때 생각해야 하는 것이 있습니다. 시는 뜻 하나로 존재하는 것이 아닙니다. 세상은 뜻으로 매겨지지 않는 그 어떤 것들로 가득차 있습니다. 시인은 뜻보다는 오히려 그 다른 '어떤 것'들에 관심이 더 많은 사람입니다. 언어라는 것이 겉으로 뜻에 목을 매고 있는 것처럼 보이기는 합니다만 시인들은 가차 없이 그 허구를 들추어냅니다. 시인은 항상 뜻을 넘어서는 그 무엇을 추구합니다. 우리가 시어의 총체성이라는 말로 부르기도 하는 것들, 이를테면 말뜻Sense, 느낌Feeling, 어조Tone, 의도Intention 등을 두루 살펴야만 우리는 '시의 시간과 공간'에 들어갈 수 있습니다.

그러면 먼저, 「푸른빛과 싸우다」라는 이 시, 이 기록을 남기는 발화자(시인)의 '시를 쓰는 목적'에 대해서 생각해보겠습니다(물론 이 시에 나타난 것을 중심으로 보는 것입니다). 그것이 시적 발화의 '의도Intention'에 큰 영향을 미칠 것이기 때문입니다. 두 가지 정도의 큰 방향이 가능하겠습니다. 하나는, 마치 화가가 좋은 풍경을 풍경화로 남기고 싶어 하듯이, 시인도 '등대가 있는 바다'를 서정적으로 멋지게 한번 그려보고 싶었을 수도 있습니다. 그 방향에서라면 이 시에 나타난 여러 가지 상징적인 이미지들을 음미하면서 우리도 느긋하게 그와 함께 등대가 있는 바다를 그려보면 됩니다. 그것으로 끝나면 그냥 끝내면 됩니다. "죽은 사람이 바다 기슭에 묻힐 때 붉은 구덩이와 흰 모래를 거쳐 마침내 둥근 지붕 생기고 그 아래 파도와 이어지는 것들"은 어린 나이에 아버지가 돌아가셨을 때 어린 시인이 본 인상 깊었던 풍경에 대한 묘사라고 치부하고 넘어가면 됩니다. 만약, 그러고 말기에는 무언가 미진하다는 생각이 들면 그 '그림' 위에다 다시 한번 내 물감으로 덧칠을 해보면 됩니다. '내 안의 풍경'을 꺼내서 그것에다 겹쳐 보면 됩니다. 아마 우리는 후자 쪽을 택해야 될 것 같습니다. 이 시가 '풍경화'에 그치는 것이 아니라 시인 자신의 '내면의 성찰'을 목적으로 작성된 것이라는 짐작은 이미 '푸른빛과 싸우다'라는 제목을 보는 순간 들었던 사실입니다. 시인의 '싸움의 기술'을 잘 읽어내어야 한다는 각오가 처음부터 들게 하는 제목이었습니다. 이미 거기에서부터 시인이 삶과 죽음을 하나의 '수평선' 위에서 바라보는 '삶의 등대지기'를 자처하는 것 같은, 어떤 구도자의 자세와 같은, 모종의 느낌을 받았고, 싸움의 대상이 되고 있는 '푸른 빛'이 발산해내는 그 신비한 아우라에도 약간 주눅이 들기도 했습니다. 다음 장에서 살펴볼 문태준 시인의 「가재미」와 같은 시와는 벌써 제목부터 다릅니다. 그런 느낌을 출발점으로 해서 이 시가 어떤 식으로 '자기 성찰'의 과정을 형상화하고 있는지 그리고 그 성찰의 내용은 과연 무엇인지를 살펴보겠습니다.

시인의 의도를 '내면 성찰' 쪽에서 살피려면 우선 그가 내세우는 '푸른빛'의 의미부터 알아야 하겠습니다. 물론 사전적 의미의 '푸른빛'은 아무런 '의미'가 되지 못합니다. 시가 전달하고자 하는 함축적 의미는 늘 사전에 없는 것들입니다. '싸움'의 대상이니까 '즐거움'보다는 '고통'의 색깔일 텐데 우리는 그 '고통'이 어떤 내용인지 알 수가 없습니다. 이 시에는 과거의 기억과 현재적 삶이 서로 대립적인 그 무엇으로 설정되고 있습니다. 그러나 과거의 기억 그 자체가 고통인지, 아니면 현재의 삶을 아프게 반추(반성)하도록 강요하는 과거의 기억 때문에 현재가 고통인지 그 자세한 내막은 드러나지 않습니다. 시인이 그 부분에 대해서는 말을 아낍니다. 속내를 드러내지 않고 이리저리 독자를 미로 속으로 안내하는 것을 보면, 시인은 어쩌면, 그런 사실적인 것(원인)에 관심하지 말고 '고통' 그 자체에만 집중해 달라고 요구하고 있는지도 모르겠습니다. "고통 없는 자는 내 시를 읽지 말기를 바란다"라고 말하고 있는지도 모르겠습니다. 그게 시인이 이 시를 쓴 진짜 목적일지도 모르겠습니다. 고통의 공유, 시 내용은 그 다음 문제고, 시인은 고통(기억)을 잊지 않는 삶 그 자체를 문제 삼고 싶었는지도 모르겠습니다.

이 시에는 이른바 '비유와 상징'이 개인적인 경험, 혹은 오래된 트라우마를 중심으로 거미줄처럼 짜여 있습니다. 특히 서 있는 것들, '나무'와 '등대'는 전적으로 개인적 경험에서 비롯된 이미지들이어서, 그 상처의 근원을 모르는 독자들은 쉽게 그것들을 중심으로 의미의 그물을 짜기가 어렵게 되어 있습니다. 첫 줄부터 그렇습니다. "등대가 보이는 커브를 돌아설 때 사람이나 길을 따라왔던 욕망들은 세계가 하나의 거울인 곳에 붙들렸다"라는 말을 '등대가 있는 바다(세계의 거울)에 도착하자 나는 망연자실했다(세속적 욕망들의 행진이 일순 정지했다). 등대를 보는 순간 그곳에서 나는 내 삶을 되돌아보지 않을 수 없었다'라고 읽고 싶은데, 그 뒤를 보면 "왜 푸른빛인지 의문이나…… 금방 낯선 것은 어쩔 수 없다"라고 그런 식으로(다시 뭉개는 식으로?) 독자가 쉽게 읽어내지 못하도록 하는 어깃장 문맥이 설정되어 있습니다. 남의 일로 치부하고 그저 가볍게 읽어내는 시 읽기를 그냥 두고 볼 수 없다는 투입니다. 그러니 우리는 다만, "왜 푸른빛인지 의문이나"라는 말을 위안 삼아 다음 줄로 넘어갈 수밖에 없겠습니다. 시인 스스로 '모르겠다(의문이다)'라는 표현을 쓴다면 십중팔구는 그 부분이 트라우마의 원적지라는 말입니다(알면서도 모르는 것이 그들의 실체입니다). 그렇다면 하나는 분명합니다. 아마 시인은 그 장소에서 '상처 입은 주체'로 돌아가는 자극(충격)을 경험한 것 같습니다. 그리고 그런 상황을 '푸른빛'으로(색채 이미지로) 감지하고 있는 것 같습니다.

둘째 연에서는 이 시를 이해하는 데 필요한 한두 개의 실마리를 찾을 수 있을 것 같습니다. "내 하루를 기억하는" 것은 우선 "바다 근처 해송과 배롱나무"라고 시인은 말합니다. 그 나무들은, 그 서 있는 것들은, 특히 밤이면, '잠언'처럼 '나'에게 다가와서 '기억'을 환기시킵니다. 그것이 괴롭다고 시인은 말하고 있습니다. 이어서 "고기의 푸른 등지느러미", "등대", "내 어두운 바다의 수평선"과 같은 또 다른 "내 하루를 기억"하는 것들에 대해 말합니다. 그것들은 "해송과 배롱나무"와는 달리 한 번 더 가공된 기억들입니다. 유년기의 '상처'가 긴 세월 숙성기를 거쳐 그렇게 몇 개의 단어들로 삼투압된 것들입니다. 여기서 우리는 시인이 자신의 트라우마를 어떻게든 의식화(의미화)하겠다는 의지를 읽습니다. 그러나 여기서도 그런 식의 사후작용事後作用이 어떤 의미화를 이루어내는지에 대해서는 구체적으로 밝히지 않습니다. 어쩌면 말로 표현해낼 수 있는 경계선 밖의 것을 생각하고 있는지도 모를 일입니다(시인 자신에게도 불가능한 것인지도 모릅니다). 그래서 다만, 자신이 그 과정에 들어와 있다는 것만을 말하고 있는지도 모르겠습니다. 시인은 앞에서도 '푸른빛'이라고만 말하고는 더 이상 그 내용에 대해서는 말하지 않았습니다.

이제 길은 하나밖에 없습니다. 그 내용을 독자가 알아서 채워 넣으라는 뜻으로 받아들여야 합니다. 세상의 모든 고통은 결국 자신의 고통으로 환치될 때 비로소 '의미'가 될 수 있을 것입니다. 시인은 그런 말을 하고 있습니다. 그러니 시인이 계속해서 모호한 발화의 태도를 견지하고 있는 것도 어쩌면 당연한 일일 것입니다.

둘째 연까지 읽어도 여전히 '푸른빛'을 이해하는 데에는 미진함이 남습니다. '고통'과 관련된 말이라는 것 이외에는 별로 더 밝혀진 것이 없습니다. 기억하기 싫은 과거의 어떤 기억과 싸운다는 것은 누구에게나 쉽지 않은 도전입니다. 시인도 어쩌면. 그런 까닭에서 그저 '푸른빛'이라고 두루뭉술하게 말하고 있는 것은 아닐까, 그런 의심마저 듭니다.

셋째 연으로 가 보겠습니다. 셋째 연은 세 부분으로 나뉩니다. 첫 부분은, 등대에 오르는 것이 과거의 기억인지 현재의 경험인지 명료하게 드러나고 있지는 않지만, 그렇게 해서 바다를 바라보는 경험이 "검은 비단"과도 같은 심리상태를 선사하는 것임을 알리고 있습니다. 무겁고 부드러우며 균질적인 매끄러움이 있는 세계, 안정감이 있는 어떤 심리적 에너지가 (바다를 볼 때) 현재 자기 안에서 운행되고 있다는 말로 들립니다. 시인은, 그런 바다 앞에 섰을 때 돌연히 '부끄러움'이라는 정서가 환기된다는 말을 덧붙입니다. 그 다음 부분에서는 죽음을 관조하고(시인은 바닷가 무덤을 묘사하고 있습니다), 마지막 부분에서는 지금도 "기억" 혹은 "푸른빛"을 떠나지 못하는 심정을 반추합니다. 마지막 부분, "왜 그는 등대를 혹은 푸른빛을 떠나지 못하는가"라는 말이 이 시를 주제의 차원에서 대표하는 말이라고 생각됩니다. 여기서 "등대"는, 넷째 연에서 그것이 다시 반복되는 것을 봐도 알 수 있듯이, 모든 "어린 날"의 "기억"을 현재로 수렴시키는, 혹은 통어하는, 하나의 중심 상징이 되고 있습니다. 변함없이 서 있는 그것은, 굳이 그 관습적 상징의 의미를 들추자면, 지상에 수직으로 서서 먼 바다의 행로에 한 줄기 빛을 선사하는, 화자 자신의 자기실현에 대한 강한 의지 정도로 요약할 수 있을 것입니다.

넷째 연은 그 날, "푸른빛"을 만나던 그 날의 심정에 대해서 말하고 있는 것으로 읽을 수가 있습니다. "햇빛"이 "폭풍처럼 기록된다"는 것은 그만큼 주체가 입은 상처의 흔적이 컸다는 뜻입니다. "햇빛"의 원관념이 '강렬'이 되든 '각성'이 되든 '경탄'이 되든 '경악'이 되든 그것은 별로 중요한 문제가 아닌 것 같습니다. 그것이 강렬하게 자신의 내면에 금이 간 한 상태를 나타내는 것이라는 것만 알면 될 것 같습니다.

이 시를 읽고 우리가 정리할 수 있는 의미의 영역은 아주 협소합니다. 시인이 스스로 '상처 입은 주체'임을 말하고 있지만 우리는 그의 상처가 어떤 것인지 구체적으로 알 수가 없습니다. 시인이 그것을 감추는 것을 통해 그것을 말하는 방식으로 시의 형식을 만들어내고 있기 때문입니다. 시인이 말하고 있는 내용과 관계없이 우리는 그러한 '시의 형식'을 통해 '주체의 분열'이라는 상황을 감지할 수 있습니다. 굳이 심리학적 용어를 동원한다면, 이 시의 내적 형식은 자기 분열이 주는 이화異化의 고통을 서술하는 방식으로 이루어져 있다고 말할 수도 있겠습니다. 그런 차원이라면, 시인은 자기 분열이 주는 이화의 고통을 색채 이미지 '푸른빛'이라는 말로 상징화한 것이라고 할 수 있겠습니다. 그러므로 '푸른빛'과 싸운다는 것은 결국 시인 자신이 새로운 자기통합의 과정에 들어가고 있다는 것을 의미하는 말일 수도 있겠습니다.

마지막으로 시의 주제를 찾아보겠습니다. 시에서 주제는 항상 마지막 주자입니다. 단체전의 주장이지요. 주장이라고 늘 어깨가 무거운 것은 아닙니다. 앞에서 승부를 결정지으면 주장의 경기는 그저 '폼생폼사'일 수도 있습니다. 시에서 주제의 위상이 딱 그렇습니다. 만약 그것이 나서서 승부를 결정짓는 수준이라면 그 시는 일류 시가 아닙니다. 하이데거의 '일상성日常性과 본래성本來性'이라는 개념을 사용하면 좀 쉬운 해설을 할 수도 있을 것 같습니다. 보다 실존적인 층위에서 포괄적인 설명이 가능하기 때문입니다. 포괄적이긴 하지만, 그것이 포괄하는 범위가 넓은 만큼, 뜻 전달의 모호성이 강한 이 시의 '설명과 이해'에는 오히려 적절한 '서술어'의 역할을 할 수도 있을 것이라는 생각이 듭니다.

인간은 그것을 비본래적으로 사용하여 대지 위에 문화라는 울타리를 건설하고 뿌리 없는 불안정한 생존 조건을 극복하여 일상성이라는 안락한 거소(居所)를 이룩하였다. 그러한 일상성 속에서 사는 일상인으로서 그는 오랫동안 어머니인 대지를 망각하고 자신을 오히려 문화의 테두리 안에 길들임으로 해서 울타리의 존재마저도 잊고 있었다. 그의 생활방식은 그러므로 근본적인 의미에서 볼 때 본래성으로서의 자연인 대지와의 단절을 심화시키는 비본래적인 것일 수밖에 없었다. 문화의 테두리 안에서 자연과의 단절은 비록 삶의 표면에 있어서는 안락하고 평화스러운 것이었으나, 때때로 그는 자신도 알지 못하는 동안에 자신의 깊은 가슴 속에서부터 우러나오는 형언할 수 없는 불안을 경험하게 되었다. 이 불안은 일상적인 생활에서의 근심이나 걱정과는 달리 일정한 대상을 갖고 있지 않은, 알 수 없는 무(無)로서, 근원적인 물음에 부딪치는 계기를 마련해주는 것이었다. 이 불안은 그러므로 비본래적인 삶을 사는 인간이 오히려 배반했던 대지에 대해 가지는 그리움이요, 또는 망각하고 있던 본래성으로부터 흘러오는 거부할 수 없는 종소리와 같은 것으로서 일상언어(비본래적인 언어)를 갖고 사유하는 그에게 일상성에 대한 배반을 요구하는 불안이다.

▶▶▶ 이진흥, 『한국현대시의 존재론적 해명』, 홍익출판사, 1995에서 재인용

위의 인용문을 보면 「푸른빛과 싸우다」에서 왜 "푸른빛"의 실체가 모호하게 처리될 수밖에 없었는지가 어느 정도 이해가

됩니다. 그것은 "자신도 알지 못하는 동안에 자신의 깊은 가슴 속에서부터 우러나오는 형언할 수 없는 불안"일 수도 있겠습니다. 그렇다면 "나무들은 잠언에 가까운 살갗을 가지고 있다"는 표현도 저절로 이해가 됩니다. '나무들은 내 본래성을 비추어주는 거울이다'라는 뜻일 것입니다. 그래서 "모든 사람의 정신은 저 숲의 불탄 폐허를 거쳤을 것이다"라는 생각도 자연스럽게 뒤따르게 되는 것입니다. 본래성에서 멀리 떨어져 나온 우리는 모두 "불탄 폐허" 위에서 "안락한 일상성의 거소"를 지었던 것입니다.

그렇게 생각하면, 이 시는 시인의 일상성이 '본래적 자아' 혹은 '불안'을 만나 '배반'을 강요받았던 경험에 대한 진술이라고 볼 수도 있겠습니다. 시인에게는 특히 '일상성에의 몰입'이 가장 견디기 힘든 고통일 수가 있습니다. 그는 타고난 '대지의 아들'이기 때문입니다. 「푸른빛과 싸우다」의 시인은 '대양大洋의 아들'을 자처하고 있지만, 여기서는 '대양'과 '대지'가 그저 이음동의어에 불과할 뿐이라는 것을 모를 이가 어디 있겠습니까?

사족 한 마디. 지금까지 저는 「푸른빛과 싸우다」라는 시와 한 판 '소리 없는 전쟁'을 치렀습니다. 시인의 실존이 처음부터 끝까지 규칙을 어기며 도발해 왔지만 저는 그의 반칙에 일일이 대꾸하지 않으려고 노력했습니다. 젊은 시절의 일상을 같이 나눈 친구의 시를 읽는다는 것은 그만큼 어려운 일입니다. 저의 이 싸움은 오늘 처음 있는 것이 아닙니다. 이미 오래 전에 이루어진 '싸움의 기록'입니다. 앞서 나온 저의 다른 책에도 이미 실려 있는 내용입니다. 약간의 수정이 있기는 했지만 거의 같은 내용입니다. 다시 그것을 옮겨 적으면서 느끼는 소감은 처음 때와 거의 대동소이합니다. 시의 이미지 중에는 하늘에서 내리는 것도 있고 바다에서 건져 올리는 것도 있다는 생각입니다. 물론 이 시의 이미지들은 바다 깊은 곳에서 건져 올리는 것들을 표방하고 있습니다. 바다는 늘 내 안에 있습니다. 바다에 큰 해일이 몰려올 때 안에 든 것들이 솟구쳐 오릅니다. 그러나 늘 잔잔한 바다일 때는 이 시에서처럼 우정 스스로 '등대'가 되어 그것들을, 저 깊은 곳에서, 비추어내는 길밖에 없을 것입니다.

우청우탁(寓淸于濁) 18

내리는 것들

: 이미지

앞장에서 시의 이미지들 중에는 '하늘에서 내리는 것들'이 있다는 말씀을 드린 적이 있습니다. 우리가 세상에 태어난 것은 부모님들이 계셨기 때문입니다. 우리가 경험한 첫 사랑은 ('생명의 탄생'이라는) 그분들의 '내리는 사랑'입니다. 그래서 그런 것인지는 모르겠으나, '내리는 것들로서의 시적 이미지'들은 대체로 부모의 사랑과 관련된 시에서 많이 발견됩니다. 김종길 시인의 「성탄제」와 문태준 시인의 「가재미」라는 시를 통해서 그 '내리는 것들'의 실체를 보도록 하겠습니다.

성탄제

"「성탄제」 있잖아요?"

오래 전 이야기입니다. 집아이가 중학교 다닐 무렵의 일입니다. 같이 식당에서 국밥을 먹을 때였는데 아이가 갑자기 국밥을 뜨다말고 그렇게 말문을 열었습니다. 저녁 운동을 마치고 집에 가는 길에 들른 소문난 돼지국밥집에서였습니다. 집 근처에 있어서 단골로 이용하고 있었습니다.

"응, 김종길."

제가 그렇게 화답했습니다.

"'나는 한 마리 어린 짐승' 하고 '젊은 아버지의 서늘한 옷자락'이 대비적인 표현이 맞죠?"

아이가 그렇게 물어왔습니다. '어린 짐승'은 아버지가 되어 보면 절로 아는 표현이었고 '젊은 아버지의 서늘한 옷자락'은 오래된 시인의 기억 속에 잠재되어 있는, 시인에게는 부정父情을 일깨우는, '지상의 사랑'을 아는 데 있어서 일종의 에피퍼니가 되는, 감각적 이미지(김춘수 선생님 표현대로라면 '서술적 이미지')였습니다. 그것들이 굳이 '대비적 표현'으로 같이 묶여야 할 필연적인 이유는 없는 것 같았습니다. 좀 뜬금이 없었습니다. 무슨 대비? 관념? 이미지? 그것들이, 아무것도 모르고 그저 아버지의 사랑에 기대는 어린 아들(보호 없이는 존재하기 힘든 어린 생명체)에 대한 은유(비유적 이미지)이고 오직 사랑으로 헌신하던 아버지(밤새 산길을 헤매어서 산수유 열매를 따오신)에 대한 오래된 기억(서술적 이미지)이라는 것은 누구나 다 아는 사실인데 그게 왜 대비적인 표현이 되는지 잘 알 수가 없구나, 아마 그렇게 대답했던 것 같습니다. 아들(사랑을 받는 존재)/아버지(사랑을 주는 존재), 그렇게 나뉘는 건 당연한 거고, 대비가 있다면 '아버지의 서늘한 옷자락'에 부비는 나의 '열로 상기한 볼' 정도가 될 것 같았습니다. 제가 고개를 갸웃거리며 그렇게 말하자 아이가 얼른 말꼬리를 잘랐습니다.

"몰라요. 선생님이 그렇게 말씀하시는 것 같아서요."

영 자신이 서지 않는다는 투였습니다. 아마 자기가 그렇게 생각했던 모양입니다. 선생님이 그렇게 가르쳤을 리는 없을 거고요. 시란 것이 아이들이 갖고 놀기에는 좀 무거운 장난감이잖습니까? 아마 어디선가 혼선이 왔던 모양이었습니다. 아이가 복잡한 이야기를 피하려는 듯, 얼른 국밥을 한술 떴습니다.

언젠가 한 번 김종길의 「성탄제」를 읽힌 적이 있었습니다. 아마 최근에 그 시를 학교에서 배운 모양이었습니다.

성탄제

(…전략…)
나는 한 마리 어린 짐승
젊은 아버지의 서느런 옷자락에
열로 상기한 볼을 말없이 부비는 것이었다.

옛것이라고는 찾아볼 길 없는
성탄제(聖誕祭) 가까운 도시에는
이제 반가운 그 옛날의 것이 내리는데

서러운 서른 살, 나의 이마에
불현 듯 아버지의 서느런 옷자락을 느끼는 것은

눈속에 따 오신 산수유 붉은 알알이
아직도 내 혈액 속에 녹아 흐르는 까닭일까

▶▶▶ 김종길, 「성탄제」, 『성탄제』, 삼애사, 1969

어린 짐승, 젊은 아버지, 서느런 옷자락, 옛것, 성탄제, 반가운 옛날의 것, 서러운 서른 살 등등의 시구들이 젊은 아버지된 사람들의 심금을 은근하게 울리는 시였습니다. 아이들에게는 아직 좀 더 시간을 기다려서 전달될 내용들이 많았습니다. 그런데 아이가 갑자기 저의 동병상련(?)에 찬물을 끼얹었습니다.

"그런데요, 선생님 설명이 좀 시시해요."

"뭐가?"

"그냥 그래요."

그렇게 아이가 또 말끝을 흐렸습니다. 그래? 여기서 더 아는 체를 했다가는 좋지 않겠다 싶었습니다. 연전에 『19세』(이순원)를 나누어주고 읽으라던 국어 선생님과는 많이 다른 모양이었습니다. 꼭 그렇게 비교를 하지 않더라도, 「성탄제」라는 시가 아직 젊은 여선생님이 '몸으로 읽기'에는 적절하지 않은 시일 수도 있었습니다. 또 그런 시가 선생님의 취향이 아닐 수도 있었습니다. 아무래도 「성탄제」는 '아버지와 아들'간의 사랑, 이를테면 '부계父系의 내리는 사랑'에 대한 이야기였습니다. '몸으로와 닿는' 어머니와의 사랑이 아니라 '하늘에서 내리는' 아버지의 사랑이었습니다. "서러운 서른 살, 나의 이마에/불현 듯 아버지의 서느런 옷자락을 느끼는 것은"이라고 시인이 말한 것은, '아버지의 사랑', 그것이 하늘에서 내리는 것임을 말하는 것이었습니다. 그것을, 아들도 아니고, 아버지도 아닌, 젊은 여선생님이 어떻게 알겠느냐고, 그렇게라도 말해주려다가 그만두었습니다. '아버지의 사랑'을 알던 날이 자신에게는 성탄제였다고 이 세상의 모든 아들을 대표해 시인이 그렇게 말했다고 한 마디만 해주었으면 되었는데 그 말씀을 하지 않으셨던 것 같습니다. 어차피 살면서 누구를 만나든 그건 아이 몫이었습니다. 자기가 알아나가는 게 중요하지, 공연히 옆에서 바람을 잡아 쓸데없는 불신감만 키우는 것은 백해무익한 일이었습니다. 그것 역시 살면서 만나는 '그냥 그런 것들' 중의 하나일 뿐이었습니다. 모든 지나친 것은 과유불급, 결국 마이너스 알파가 될 뿐입니다. 그래서 묵묵히 저도 열심히 국밥을 입으로 퍼 날랐습니다. 그러면서 지난번 텍스트 읽기 중 '성탄제'가 왜 그 시의 제목이 되었는지를 아이가 조금씩 깨쳐나가던 모습이 떠올랐습니다. 그 표정이 자못 볼만했습니다. 처음에는 못 알아듣고 멀뚱멀뚱하다가, 시인이 시를 쓸 당시 거주했었던 곳도 이야기해주고(우리가 사는 곳 인근에 있었습니다), 첫눈인가가 내리는데, 이마에 내리는 그 서늘한 느낌에서 어릴 때 열병을 앓던 어린 자식을 위해 눈 쌓인 산길을 헤치고(시인이 살던 고향은 첩첩산중 두메산골이었습니다), 십 리 안이 오리무중, 밤새 산길을 걸어 산수유 열매를 따왔던 아버지의 그 서늘한 옷자락이 연상되었다는 것, 성탄제는 참된 '사랑'을 이 땅에 구현한 구세주를 기념하는 날인데, 시인에게는 바로 그 날이, 아버지의 사랑을 몸에 내린 감각으로 알게 된 그 날이 바로 성탄제였다는 것, 인간이 '사랑'을 느낀다는 것이 얼마나 소중한 것인지 알아야 한다는 것, 그래서 제목이 성탄제라는 것, 그런 것들을 아이가 깨치면서 보여주었던 그 아름다운 표정이 문득 생각이 났습니다.

사족 한 마디. 인간에게 시가 있다는 것은 행복한 일입니다. 언젠가 TV 프로 〈조영남이 만난 사람들〉에서 조영남이 화가 김종학을 만났습니다. 조영남이 끝물에 이렇게 말했습니다. 후배들한테 한 말씀 남기셔야죠. 화가가 말했습니다. "시인이나 화가는 만 명 중에 하나 날까 말까 하잖아요? 그냥 하는 대로 열심히 하다 보면 한 오십쯤 되어서 뭔가 하나 만들어낼 수 있을 거니까, 그냥 열심히들 해야지 뭐…." 과연 정곡을 찌르는 말이었습니다. 그 말이 곧 시詩였습니다. 그는 또 시인이나 화가는 '100년 안에 사는 사람들'이 아니라 적어도 '500년 안에 사는 사람들'이라는 말도 했습니다. 화가가 말도 참 잘한다 싶었습니다. 그걸 보면서 시인 소설가인 친구들이 생각났습니다. 남녀 불문, 다 좋은 친구들입니다. 이제 모두 '한 오십' 줄에 들었습니다. 개중에는 '열심히 해서 뭔가 하나 만들어내는' 친구도 있습니다(이 책에도 나옵니다). 그 친구 빼고도 모두 열심히들 쓰고 있습니다. 고만고만했던 한 친구는 그 나이에 최근에 쓴 소설이 '동인문학상 심사 대상작'까지 오르는 기염을 토했습니다. 500년 동안 살려면 끝까지 펜(자판?)을 놓지 않고 죽을 때까지 궁상을 떨어야 할 것 같습니다. 이 글도 따지고 보면 그런 궁상이긴 합니다만.

가재미

성탄일을 두고 누구는 예수의 진짜 생일도 아닌데 왜 그리 난리법석이냐고 따집니다. 서양물, 양풍洋風에 너무 휘둘리는 것이라고 따끔하게 일침도 놓습니다. 제게도 그 비슷한 심사가 없지 않았습니다. 가톨릭에 입문하기 전에는 성모聖母 숭배에도 의문이 많았습니다. 삼위(성부, 성자, 성령)에도 들지 않는 분이 존숭의 대상으로 어느 곳에나 입상立像으로 모셔져 있는 게 탐탁지 않았습니다. 입문 초기, 저는 성모상에 절을 하지 않았습니다. 그냥 엉거주춤하게 그 앞을 지나쳤습니다. 어릴 때부터 몸에 배인 개신교의 교리가 그런 불경을 조장했습니다. 로마가 기독교의 중심이 되면서 지중해 연안의 태모太母 숭배의식이 녹아든 것이라는 종교사가들의 설명에 귀가 솔깃했습니다. 그러나 시간이 지나면서 그게 아니라는 생각이 들었습니다. 지금은 많이 달라졌습니다. 이성적인 생각만으로는 늘 충분하지 않습니다. 아는 것만으로는 늘 부족합니다. 오랜 세월을 두고 전래傳來되는 것에는 모두 그럴만한 이유가 있습니다. 거기까지 갔습니다. 가끔씩은, 어머니의 한정 없는 자식 사랑을 숭배하지 않고서 따로 무엇을 또 숭배해야 된단 말인가라는 아주 이단적인(?) 생각까지 들곤 합니다. 어젯밤에도 성모상에 경건한 마음으로 절을 하고 왔습니다. 그 앞을 물러나오면서 젊어서 돌아가신 어머니 생각을 많이 했습니다. 아마 생명의 거룩한 출현이라는 의미를 되돌아보게 하는 성탄 시기이기 때문인지도 모르겠습니다.

시詩는 시각이고 산문散文은 후각입니다. 그렇게 나눌 필연적인 이유는 없습니다. 이성적인 추론은 절대 아닙니다. 그저 지금 제 생각이 그렇습니다. 시인은 보고 다니는 자입니다見者. 그의 눈은 현미경입니다. 속인들이 보지 못하는 것을 한 올 한 올 주워 담습니다. 그에 비해 소설가는 어디서든 킁킁거립니다. 특별한 냄새가 나는 곳을 찾아다닙니다. 무형無形의 원천을 찾아서 이야기의 뼈대를 세워 새로운 모양을 잡아냅니다. 소설은 그렇게 후각적으로 만들어지는 것입니다.

보는 이로서의 시인의 자태를 잘 보여주는 시들이 있어 소개합니다. 황지우와 문태준의 시입니다. 둘 다 넙치, 가재미를 소재로 한 '어물전' 시입니다. 보는 주체가 다르기 때문에 본다는 것 이외에는 공통점이 없습니다. 두 어류가 비슷하게 생긴 것만큼만 비슷하고, 그럼에도 불구하고 노는 곳이 다른 것만큼 전혀 다른 시입니다. 주체도 다르지만 보는 대상도 각기 다릅니다. 두 시를 살펴 본 후, 두 시인의 시각 작업과 대비되는 소설가의 후각 작업에 대해서는, 남의 것을 들 수 없어, 졸작 『적두병』의 한 부분을 들어서 첨가하겠습니다.

바깥에 대한 반가사유

해 속의 검은 장수하늘소여
눈먼 것은 성스러운 병이다

활어관 밑바닥에 엎드려 있는 넙치
짐자전거 지나가는 바깥을 본다, 보일까

어찌하겠는가, 깨달았을 때는
모든 것이 이미 늦었을 때

알지만 나갈 수 없는, 無窮(무궁)의 바깥
저무는 하루, 문안에서 검은 소가 운다

▶▶▶ 황지우, 「바깥에 대한 반가사유」, 『바깥에 대한 반가사유』, 휴먼앤북스, 2010

가재미

김천의료원 6인실 302호에 산소마스크를 쓰고 암투병중인 그녀가 누워있다
바닥에 바짝 엎드린 가재미처럼 그녀가 누워 있다
나는 그녀의 옆에 나란히 한 마리 가재미로 눕는다
가재미가 가재미에게 눈길을 건네자 그녀가 울컥 눈물을 쏟아낸다
한쪽 눈이 다른 한쪽 눈으로 옮겨 붙은 야윈 그녀가 운다
그녀는 죽음만을 보고 있고 나는 그녀가 살아 온 파랑 같은 날들을 보고 있다
좌우를 흔들며 살던 그녀의 물 속 삶을 나는 떠올린다
그녀의 오솔길이며 그 길에 돋아나던 대낮의 뻐꾸기 소리며
가늘은 국수를 삶던 저녁이며 흙담조차 없었던 그녀 누대의 가계를 떠올린다
두 다리는 서서히 멀어져 가랑이지고
폭설을 견디지 못하는 나뭇가지처럼 등뼈가 구부정해지던 그 겨울 어느 날을 생각한다
그녀의 숨소리가 느릅나무 껍질처럼 점점 거칠어진다
나는 그녀가 죽음 바깥의 세상을 이제 볼 수 없다는 것을 안다
한쪽 눈이 다른 쪽 눈으로 캄캄하게 쏠려버렸다는 것을 안다
나는 다만 좌우를 흔들며 헤엄쳐 가 그녀의 물 속에 나란히 눕는다
산소호흡기로 들이마신 물을 마른 내 몸 위에 그녀가 가만히 적

셔준다

▶▶▶ 문태준, 「가재미」, 『가재미』, 문학과지성사, 2006

황지우 시인은 인간 존재가 놓인 아이러니한 상황을, 우리가 무엇을 본다는 것에 대한 의미를, '활어관 속의 넙치'를 통해 알아듣기 쉽게 설명합니다. 현실에서 그가 본 것은 활어관 속의 "넙치"뿐입니다. "해 속의 검은 장수하늘소"나 "문안에서 우는 검은 소"는 1차적 상상력(의 소산) "넙치"가 불러낸 2차적 상상력(의 소산)들입니다. 그 이차적인 것들 때문에 우리는 시인의 소감에 격하게(?) 공감합니다. 차라리 아무 것도 보지 못하는 것이 성스러울 수 있다는 생각에 급急 동의하게 됩니다. 제가 이 책의 앞부분(「비유를 몰아내는 현실: 벌레들의 합창」)에서 '순진무구'를 이야기할 때의 심사와 비슷하다고 할 것입니다. 우리가 안다는 것은 항상 한 껍질을 벗었을 때의 일입니다. 살아서의 모든 일도 살아서는 모릅니다. 우리의 삶은 결국 죽어서야 알게 될 활어관 속의 넙치와 같은 것입니다. 넙치가 활어관에서 건져져서 도마 위에 놓일 때에야 비로소 자기가 본 것들의 의미를 알게 되는 것과 마찬가지라는 것입니다.

문태준 시인이 보는 것은 좀 다릅니다. 같이 "바닥에 바짝 엎드린 가재미"를 보지만 '보는 것의 무상함'에 대해서 말하지 않습니다. 오히려 그는 '보는 것의 신성함'을 강조합니다. 보이는 것의 '보이지 않는 본질'을 보는 것만이 구원이라고 그는 말합니다. 그가 보는 것은 가재미처럼 납작하게 누운 성모 마리아입니다. "좌우를 흔들며 살던 그녀의 물 속 삶을 나는 떠올린다"라고 그는 모든 '어머니(여자 사람)의 아들들'에게 마리아를 경배할 것을 명합니다. 그렇게 그는 자신의 시야를 활짝 열어놓습니다. 우리가 그의 시를 좋아하지 않을 수 없는 소이가 거기에 있습니다. 그의 시를 보면서 앞에서 '내리는 것'은 '아버지의 사랑이다'라고 말한 것을 철회해야 하겠습니다. 아들이 보는 '가재미 어머니'도 하늘에서 내린 것이 분명합니다. 그렇지 않고서는 그런 이미지가 인간의 세상에서 탄생할 리가 없습니다. 분명합니다.

시인의 시각에 대비되는 소설가의 후각에 대해서는 졸작으로 대신하겠다고 말씀드렸습니다. 소설가의 '냄새 맡기'는 비유적인 의미로 사용된 말입니다. 이야기 만들기, 줄거리 엮기, 윤리가 주제가 되는 스토리텔링 같은 내포를 지닌 말입니다. '만져보기'라는 말 대신에 '냄새 맡기'라는 표현을 선택한 것은 시든 소설이든 '행동'은 아니라는 생각에서였습니다. 어떤 것이든, 글을 쓴다는 것은 몸통이나 혀나 손발을 사용하는 것이 아닙니다. 아무리 핍진하다 해도 결국은 보는 것이거나 냄새 맡는 것에 불과합니다. 엄살이거나 위안일 뿐입니다.

향수로 아내와 심하게 다퉜다. '다투다'라는 표현을 쓰지만 사실은 일방적으로 아내에게 화를 내며 폭언을 퍼부었다는 편이 옳았다. 누구한테 선물 받았다는 건데 냄새가 역해서 사용하지 말라고 한 것을 공연히 딸아이에게 주어서 사단이 나게 했다. 재미로 집안 구석구석 여기저기 뿌리고 다닌 딸아이는 그 냄새로 역정을 내는 아버지가 보기 싫어서 일찍 새벽차로 올라갔다. 아내는 내가 예민하다고 타박을 한다. 특히 이런저런 냄새를 두고 투정을 하는 내가 미워 죽겠다는 투다. 빨랫감에 들어가는 세제류에도 곧잘 시비를 건다. 장(醬)류를 다룰 때는 아예 미리 신고를 한다. 아마 집안 내력인 모양이다. 아무래도 어머니에게서 내림으로 물려받은 것 같다. 어머니는 그림도 잘 그렸지만 냄새로 무엇이든 분간을 잘 해내었다. 음식이 타거나 상한 것, 우리 몸의 땀 냄새 같은 것들을 예민하게 집어내곤 했다. 어머니가 만든 음식은 우선 그 냄새부터가 좋았다. 그 생각을 하니 지금도 고소한 참기름 냄새가 코끝을 맴돈다. 그런 어머니가 나에게 자신의 모습을 감춘 것은 당신이 세상을 버리기 대여섯 달 전쯤부터였다. 앓아누운 방 안으로 나를 들이지 않았다. 몰골도 몰골이지만 냄새가 안 좋으니 들어오지 말라는 거였다. 그때 내가 무슨 생각을 했는지가 통 기억에 없다. 그게 한 번씩 슬프다. 어머니의 그림을 내가 몇 장이나 가지고 있는지가 궁금할 때가 있어서 한 번 세어 본 적도 있다. 열두어 장? 희미하게 남아 있는 그림들조차 세월에 색이 바래 초라하기 그지없었다. 그 중에서도 어머니의 손을 잡고 달성공원 앞을 지나다니던 그림이 제일 먼저 떠오른다. 어머니의 치맛자락이 내 얼굴을 가끔씩 스쳤던 것 같았고, 한 번은 집세가 밀렸으니 집주인이 하던 가게를 우회해서 가자는 말씀을 했던 것도 기억에 남아 있다. 그래도 5원짜리 산도(샌드) 과자 하나는 입에 물었던 것 같다. 너댓 살이나 되었을까? 왜 그 그림이 가장 선명한 축에 드는지 그 이유를 알 수 없다. 어머니 생각이 나면 으레 그 대목부터 리바이벌 된다. 어쨌든 나는 어머니의 말년을 제대로 그려낼 수 없다. 앞에서 말한 어머니의 냄새 통금령 때문이다. 당연한 일이지만 나는 어머니가 어떻게 육신의 몰락을 이루었는지 자세히 알지 못한다. 그래서 그림의 연결이 자주 끊어지는지도 모르겠다. 임종시 볼 수 있었던 그 뼈만 남은 앙상한 육신은 이미 어머니가 아니었다. 모든 윤곽이 지워진 채, 오직 움푹 파인 눈자위와 볼썽사납게 튀어나온 입언저리로만 남아 있는, 그야말로 해골과 진배없는 얼굴과 간헐적으로 들락거리는 미약한 숨결만 가지고는 도저히 어머니라고 할 수 없었다. 정말이지, 내가 할 말을 이미 다 해 버린 로렌 아이슬리의 말처럼 어머니의 그런 모습은 그저 "생이 지나가면서 늘 남기는 부스러기"일 뿐 다른 어떤 것도 아니었다.

불가(佛家)에서는 천상에서의 대화가 말이 아니라 향내로 이루어진다고 한다는 걸 누구에겐가 들었던 기억이 난다. 냄새에 그렇게 민감했던 어머니도 아마 천상의 대화를 추억하느라 그랬을 것이다. 불현듯 로렌의 독백이 생각났다. 그래요, 엄마. 아무 것도 아니에요, 아무 것도….

▶▶▶ 졸작, 『적두병』 중에서

아버지의 얼굴

: 정체성 서사

얼굴 이야기

"어, 똑같네요?"

집 아이가 사진으로 할아버지 얼굴을 처음 봤을 때 한 말입니다. 자기 아버지의 얼굴과 할아버지의 얼굴이 똑같다는 말이었습니다. 어릴 때부터 부모 얼굴과 그다지 닮지 않았다는 평을 받으며 자란 아이의 얼굴에서 '경탄'의 표정이 역력했습니다. 자기 얼굴이 아버지 얼굴을 '빼다 박지' 않은 것에 대한 평소의 애증병존(?)이 그렇게 나타나는 듯했습니다. 겉으로 내색은 하지 않았지만 저도 그 사진을 처음 봤을 때 만감이 교차했습니다.

외탁으로 유명했던 제가 나이 들면서 형제 중에서 가장 아버지를 많이 닮은 아들이었다는 것을 그때서야 알았던 것입니다. 머리숱 차이만 빼면(아버지는 머리숱이 많았습니다) 거의 동일인 사진이라고 해도 과언이 아니었습니다.

스스로 커 가면서 아버지를 닮아간다는 생각을 하지 않은 것은 아닙니다. 표정이나 행동거지에서 문득문득 아버지의 그것을 자각하는 때도 많았습니다. 그렇지만 얼굴이 그렇게 '똑같다'는 생각을 해본 적은 단 한 번도 없었습니다. 아버지는 체격이 깡마른 편이었고 저는 약간 비만형 체질이었습니다. 당연히 얼굴에서도 그런 부익부빈익빈(?)의 추세가 이어지는 것이어서 전체적인 윤곽이 아주 달랐습니다. 다른 무엇보다도 아버지의 얼굴과 제 얼굴에서 가장 크게 차이지는 것은 아버지의 독보적인 그 선한 눈매였습니다. 모가지가 길어서 슬픈 짐승도 있다지만 슬픈 아버지의 눈매에서는 티끌만큼도 '삿된 기운'을 찾아 볼 수가 없었습니다. 과거 기억 속에서도 그랬습니다만 제게 남겨진 사진에서도 그랬습니다. 화를 내실 때에도 눈가에는 언제나 온화한 기운 한 자락을 남기던 아버지였습니다. 어린 마음에도 '욕심' 같은 것이 그 언저리에서 오래 머무는 것을 볼 수가 없었습니다. 고향을 떠난 피난민 신세로, 평생을 '뿌리 뽑힌 자'로 살아가면서도 단 한 번도 자신의 뿌리를 통째로 뽑아 버린 사람들을 원망하지 않았습니다. 모든 것을 순순히 받아들였습니다(그렇게 느껴졌습니다). 고작 아들에게 한다는 소리가 "일하지 않는 자는 먹지 말라"라는 것 정도였습니다. 지금 생각해보니 아마 그 말이 당신에게는 가장 '트라우마'가 되는 말이었던 것 같습니다. 지주의 맏아들로 태어나 호의호식했던 자신의 소년 시절을 그렇게 책하는 듯했습니다. 그 호사를 자식들에게 그대로 물려주지 못한 것에 대한 원망은 드러내지 않으셨습니다. 제가 호시탐탐 원망과 질시 속에서 하루하루를 보내고 있는 것과는 사뭇 다른 것이었습니다. 그런데 아이의 눈에는 그런 '할아버지와 아버지의 차이'가 도통 보이지 않는 모양입니다. 그저 "똑같다"라는 말만 되풀이할 뿐입니다. 미셸 투르니에의『외면일기』에 '얼굴 이야기'가 나옵니다. 그 비슷한 이야기인 것 같습니다.

우선 지적해둘 것은, 거울이 우리들 삶에 등장한 것은 매우 늦은 시기였다는 사실이다. 유리 거울은 19세기에 처음 생긴 것으로 베니스에서 고안되었다. 그리고 그 가격이 엄청나게 비싸서 대다수의 사람들은 거울을 단 한 번도 본 적이 없을 정도였다.

어떤 농사짓는 부부도 바로 그런 경우였는데 그들의 집에 어느 날 부유한 여행자가 찾아왔다. 그들은 집안에서도 가장 좋은 방을 내어 그를 재워주었다. 이튿날 아침 그가 떠나고 나자 남편은 그가 조그만 가방 하나를 두고 간 것을 알게 되었다. 부끄럽게도 호기심을 이기지 못한 그는 가방을 열어보았는데 그 속에서 바로 거울 하나가 나왔다. 그는 거울을 들여다보았다. 그는 그 속에 나타난 것을 보고 깜짝 놀랐다. 이미 십 년 전에 죽은 그의 아버지의 살아 있는 얼굴이었던 것이다. 그런데 그 얼굴이 그를 빤히 쳐다보고 있었고 눈가에 눈물이 가득 고인 것이 분명하게 보였다. 왜냐하면 그는 아들과 아주 심한 불화로 인하여 슬픔을 이기지 못하여 죽었기 때문인데 이 사건은 집안의 고통스러운 일화가 되어 남아 있었다. 그래서 그 사내는 그 물건을 어떤 서랍 속에 집어넣고는 황급히 나가버렸다.

그의 아내는 그가 큰 충격을 받은 것을 분명히 알 수 있었다. "왜 그래요?"하고 그녀가 그에게 물었다. 그는 그저 어깨만 으쓱해 보이고는 일하러 나갔다.

아내는 막연히 생각에 잠긴 채 근심에 쌓였다. 나중에 방 안으로 들어간 그녀는 수수께끼를 풀기 위하여 방 안을 구석구석 뒤져보게 되었다. 그녀는 결국 서랍을 열었고 거기서 거울을 꺼내기에 이르렀다. 거울을 들여다보았다. 그녀는 싸늘한 절망감에 휩싸였다. "내 그럴지 싶었어." 하고 그녀가 말했다. "이이가 바람을 피우고 있군. 게다가 늙고 추한 계집하고!"

그들 부부에게는 두 아이가 있었다. 어린 사내아이와 그보다 손위의 계집아이였다. 그 아이들도 차례로 거울을 발견하게 된다. 그들 각자는 거울 속에서 무엇을 보게 되었을까? 그걸 내게 묻지 말라. 나는 아직 아무것도 아는 것이 없다. 그러나 언젠가는 알게 될 것이다. 틀림없이!

▶▶▶ 미셸 투르니에, 김화영 옮김, 『외면일기』, 현대문학, 2004 중에서

아들은 아버지를, 아내는 연적戀敵을 거울 속에서 본다는 것이

일종의 '난센스'이긴 합니다만 그로 인한 후반부의 반전이 이 이야기의 재미를 배가시키고 있습니다. 사람은 틈만 나면 자기 마음속에 있는 것들을 밖에서 찾습니다. 아들의 죄책감은 자신의 늙은 얼굴에서 아버지를 보았고, 늙어 가며 여성으로서의 매력을 급속하게 잃어가고 있다고 불안을 느끼던 아내는 자신의 얼굴에서 늙고 추한 연적을 발견합니다. 사람들은 누구나 그렇게 살아갑니다.

사족 한 마디. 한때 사진이나 거울 속의 제 얼굴이 정말 싫었던 때가 있었습니다. 그래서 그 무렵에 나온 책들에는 제 사진이 일절 들어가 있지 않습니다. 요즘은 안 그렇지만 옛날에는 책에는 저자 사진이 꼭 들어가야 한다고 여기던 시절이 있었거든요. 그 시절에 끝까지 우겨서 사진을 싣지 않았던 그 '얼굴 혐오증'이 최근 들어 좀 사그라지고 있는 것 같기도 합니다. 페이스북에 제 얼굴을 싣기도 합니다. 그러나 아직도 완전히 사라진 것은 아닌 것 같습니다. 아직도 아버지의 그저 선하기만 했던 눈매가 자꾸 눈에 밟힙니다.

이중적인 것들

우리 사회에서 '넘치는 것들' 중의 하나가 '대동강'이라는 상호입니다. 탈북자 한 사람이 시작한 이북 음식 전문점 상호였는데 지금은 그쪽에서가 아니라 특히 중국식 식당, 세칭 '반점'류

상호에 많이 사용되고 있습니다. 같은 상호가 겹치는 경우도 많아서 어떤 집은 '대大 동강東江'이라고까지 구별해서 쓴 집도 있습니다. 그 상호가 인기가 있는 이유가 있기는 있는 모양입니다. 그러나 그 상호가 어떤 주술적 의미(공감주술?)를 가지고 있는지는 잘 모르겠지만, 불문곡직, 제게는 볼 때마다 좀 '넘치는 것'으로 보입니다. 그리고 또 '이중적인 것들'이라는 느낌도 선사합니다.

물론, 식당 상호 하나에 이것저것 복잡한 생각까지 끼워 넣을 필요가 무엇 있겠느냐고 할 수도 있겠습니다. 그 이름을 선호하는 것만큼의 긍정적 의미(통일의 염원?)를 그 안에서 찾기만 하면 되는 것 아니냐고 할 수도 있습니다. 제게도 그런 생각이 전혀 없는 것은 아닙니다. 그걸 알면서도 조금 과민한 반응을 보이는 것은 다 이유가 있습니다. 속된 표현으로, 그런 이중적인 태도가 더 눈꼴시기 때문입니다. 사람이 당당하려면 태도의 통일성, 일관된 자기동일성이 있어야 합니다. 못난 짓이든 잘난 짓이든, 동기와 결과가 하나로 일관해야 당당한, 기승전결이 있는, 정체성 서사가 가능한 것입니다. 그런데 그 대동강을 둘러싼 모종의 이중적인 태도는 그렇지 않은 것입니다. 모종의 '정경 분리'와 같은, 이중적인 잣대가 느껴지는 것입니다. 막말 같지만, 싫은 것이 있다면 그냥 다 싫다고 해야 합니다. 그래야 일관성이 있습니다. 경상도에 사는 이가 만약 전라도가 싫으면 그 음식도 마땅히 싫어해야 합니다. 그래야 맞습니다. 그래야 그게 낙동강

전선이고 최후의 보루고 정신적인 수도고 양반이고 의리입니다. 그런데 '대동강'에 와서는 그게 아닌 것입니다. 음식점 이름에서만 좋다는 것입니다. 저는 그게 싫습니다. 왜 하필이면 대동강인가, 왜 낙동강은 식당 이름에서 찾아보기가 힘든가, 왜 대동강이란 상호를 쓰고 있는 식당은 호황을 이루고 낙동강은 무슨 환경보호 단체나 시민대학 이름으로만 쓰이는가, 그것 좀 이상하지 않은가, 그런 말씀입니다.

사랑이든 용서든 의리든 그것이 진짜 그것이 되려면, 오직 전폭적이어야 한다고 생각합니다. 전폭적이지 않으면 사랑이 아닙니다. 왔다 갔다 하는 것은 동포애가 아닙니다. 동서든 남북이든, 우리는 전폭적으로 서로를 인정하고 사랑해야 합니다. 그것만이 우리가 동포로서의 정체성 서사를 잃지 않고 후손들에게 이 땅과 하늘을 물려줄 수 있는 유일한 방책입니다. 거듭 말하지만, 이중적인 것들은 나쁜 것들입니다. 행여 그것을 통해 무엇을(낮은 어떤 충동을) 보호하려 한다면 더더욱 나쁜 것입니다. 그건 질 나쁜 고질痼疾입니다. 이중적 인간에 대한 한 고전적인 설명이 있습니다. '보호자격' 인격이라는 개념입니다. 아래에 그 내용을 소개합니다.

> 우리는 흔히 겉 다르고 속 다른 사람에 대한 경멸의 의미로 "그 사람 이중인격자야"라곤 한다. 그러나 그 말이 이중인격 장애를 지칭하는 것은 아니다. 이중인격 장애란 두 가지의 인격, 즉 원래의

1차적 인격과 병적인 2차적 인격이 한 사람 안에서 교대로 나타나는 일종의 해리성 장애다. 해리(解離)란 받아들이기 어려운 성격의 한 부분이 자아의 통제를 벗어나 독립적으로 행동하는 것을 말한다. 감정적으로 고통을 주는 인격의 한 부분이 제거되는 것이다. 평소 윤리관의 지배를 받는 1차적 인격이 스트레스를 겪게 되면 갑자기 2차적 인격으로 돌변하여, 퇴행되거나 공격적이 된다. 소설 『지킬박사와 하이드씨』나 영화 『프라이멀 피어』가 대표적인 사례이다.

어느 날, 시카고의 존경받던 가톨릭 대주교가 잔혹하게 피살된다. 주교에 대한 애도와 '인간 도살자'를 처형하라는 여론으로 도시는 집단 히스테리처럼 들끓는다. 현장에서 체포된 용의자는, 성격이 여리고 말을 더듬는 애런이라는 19세의 앳된 소년이었다. 애런의 성격은 수동적이고 의존적이며, 죄책감이 많고 우울한 편이었다.

검사는 피가 묻은 소년의 옷을 증거로 제시하지만, 애런은 혐의를 강하게 부인하며, 사건 현장에 다른 사람이 있었다고 주장한다. 증거만으로는 기소가 불가능하자, 좀더 확실한 살해 동기를 찾던 검사는 피살자의 가슴에 새겨진 'B32-156'이라는 글자를 추적한다. 그것은 성당 도서실에 있는 『주홍글씨』라는 소설책의 156쪽이란 뜻이었다. 거기엔 이런 문구가 쓰여 있었다. "어느 누구도 진실한 모습을 들키지 않고, 두 개의 가면을 쓸 수는 없다."

한편 애런의 무죄를 믿고 변호를 자임한 변호사 배일은 우연히 끔직한 비디오테이프를 발견한다. 대주교가 애런의 애인인 린다를 친구인 알렉스와 변태적인 성행위를 하도록 시키고, 애런에게 이 장면을 찍도록 한 것이다. 애런의 살인동기를 뒷받침하는 강력한 증거 앞에, 애런을 변론하던 변호사는 좌절감에 빠져 애런에게 진실을 말하라고 다그친다. 이때 온순하던 애런이 갑자기 거칠게 욕설을 내뱉으며, 변호사를 폭행하는 전혀 다른 모습으로 돌변한다. 주교를 죽인 사람은 로이라는 자기 자신이지, 겁쟁이 애런이 아니라고 고함친다. 잠시 후 로이는 다시 소극적인 애런으로 되돌아오지만, 조금 전 자기가 한 일을 전혀 기억하지 못한다.

로이는 보다 적대적이고 지배적인 애런의 '보호자격'인 인격이었다. 결국 재판에서 애런은 이중인격 장애라는 병으로 고통 받는 환자로 판정받아 치료기관으로 의뢰, 이송된다.

둘 이상의 인격이 존재할 때, 다중 인격장애라고 하는데 90%는 여성이다. 이들의 95%는 소아기 성적 학대의 경험을 가진 것으로 보고되고 있다. 상처 받기 쉬운 아이가 반복적인 외상을 입게 되면, 스스로를 보호할 목적으로, 학대를 대신 받아주고, 위로하며 지켜주는 인격을 발전시키게 되면서 다중 인격이 형성된다는, 일종의 방어기전으로 그 병인(病因)이 설명되기도 한다.

▶▶▶ 김성미, 「김성미의 영화 속 정신의학: 프라이멀 피어(primal fear)」, ≪매일신문≫, 2004. 11. 2

'애런'과 '로이'의 사례와 같은 경우는 물론 병리학적인 것으로 매우 보기 드문 사례이긴 하지만, 그와 유사한 '이중의 줄거리'는 누구에게나 존재하는 것입니다. 영화 〈러브 레터〉를 보면,

예고 없이 다가온 갑작스런 이별(아버지와의 사별, 남자 친구의 전학)을 경험한 소녀少女 후지이 이츠키는 그 뒤로 큰 성격 변화를 겪습니다(이 부분은 영화에서 따로 설명하지 않고 있습니다). 수동적이고 내성적인 성격에서 능동적이고 외향적인 발랄한 성격으로 바뀝니다. 회상되는 중학교 때의 자화상과 서사적 현재를 살고 있는 현재의 화자 후지이 이츠키는 정 반대의 성격을 지니고 있습니다. 그러니까, 지금의 성격이 과거의 자신에 대한 '보호자격' 인격의 역할을 하고 있는 셈입니다. 이 보호자는 그때의 아픈 상처가 주체를 더 이상 고통스럽게 하지 못하도록 외부의 자극을 철저하게 차단합니다. 후지이의 무의식은 '기억의 유폐'를 단행하고 (의식적으로) 명랑한 성격을 강요합니다. 아버지의 장례식을 마친 후 눈 속에서 발견하는 '얼어 죽은 잠자리'는 바로 그러한 '통째로 묻히는(동결되는) 기억'의 상징입니다. 이 보호자는 어린 후지이가 또 상처를 받을까봐 특히 '남자의 접근'을 막습니다. 우편배달부 청년과의 에피소드는 그것을 보여주기 위한 것이었습니다. 고베에서 날아온 와타나베 히로코의 '러브레터'는 그 보호자의 소임이 무사히 끝났음을 알려주는 최후통첩의 의미가 있는 고지서였습니다(그 편지가 '해결'의 단초가 됩니다. 그 편지에 유난히 관심을 갖는 후지이의 무의식은 이미 그때 '사랑'을 갈구하고 있었던 것입니다).

우리 관점에서, 후지이 이츠키의 '무사 귀환'이 가능할 수 있었던 것은 그녀가 꾸준히 '자기 이야기'를 알게 모르게 써온(혹은 간직해온) 덕분이었다고 할 수 있습니다. 그녀의 직분이 수많은 정체성 서사에 둘러싸인 도서관 사서라는 것은 그런 의미에서 충분히 암시적입니다. 그녀는 '나는 누구인가?'를 되뇌고 있는 수많은 '자기 이야기들' 속에서 살아왔습니다. 그 덕분에 때가 왔을 때(편지가 왔을 때), '진짜' 자기 모습을 즉각적으로 그려낼 수 있었던 것입니다. 그녀가 '가짜 취급'을 받는 것에 특별하게 민감한 반응을 보인다는 영화 속 설정은 그런 무의식의 자기주장을 대변하는 것이라고 볼 수 있습니다.

사족 한 마디. 어디서든 '로이'가 분에 넘치는 격려를 받는 것은 좋지 않은 일입니다. 대동강과 낙동강이 애런과 로이처럼 우리의 이중적인 서술적 정체성을 대변하고 있다고 강변할 생각은 없습니다. 다만 '로이'는 항상 전이와 역전이를 통해 성장하기 때문에 민족적 자기 동일성의 회복을 위해서는 우리 모두에게 그의 성장을 막아야 하는 당면성이 있다는 것은 부정할 수 없다는 것을 말씀드리고 싶습니다. 무엇보다도 '로이'가 스스로 자신의 과보호가 애런에게 더 이상 필요 없는 것임을 알게 하는 것이 중요할 것입니다. 그렇게 되기 위해서는 애런 쪽에서의, 꾸준하게 '자기 이야기'를 채울 수 있는 사랑의 서사 행위가 요구됩니다. '병'은 치료되어야 한다. 어쩔 수 없었던 '발생'은 그렇다 치더라도, 꾸준하게 '사랑의 자기 이야기'에 몰두하다 보면, 우리 속의 '로이'는 스스로 자멸自滅하게 되어 있습니다. 먼저, 자기

부정의 혹독한 통과제의가 있어야겠고(그것 없이는 출발도, 그 어떤 출구도 없습니다), 모든 이야기 속에는 '나'가 있으며 모든 이야기는 '나의 이야기'일 수밖에 없다는 것, 이야기 속의 상징과 매개체들을 거치지 않고서는 결국 내가 있을 수 없다는 것, 그래서 우리를 하나로 묶는 이야기에 집중해야 한다는 것을 깨달아야 할 것입니다. 그때, 비로소 '로이'는 사라집니다.

우청우탁(寓淸于濁) 20

유추의 힘

: 표상성·정보·신화

주나라의 밤나무

포스트모더니스트들이 무어라고 주장하건, 우리는 엄연히 표상성表象性이 주도하는 기호의 세계에 살고 있습니다. 기호계인 한, 우리의 일상은 거의 완벽하게 표상성의 지배를 받습니다. 그것이 설혹 허구고 시뮬라크르이고, 환상일지라도, 우리는 표상성이 그어놓은 그 금 안에서 먹고, 입고, 싸우고, 휴식하고, 내일을 꿈꿉니다. 그것이 현실입니다. 그것 없이는 정치도, 경제도, 문화도, 종교도, 교육도 없습니다.

정치만큼 표상성의 지배를 받는 영역도 없습니다. 정치야말로 표상성 위에서 존재합니다. 정치라는 말 그 자체가 바로 표상성의 본질에 수렴됩니다("표상 행위는 정치 행위다"). 말이든, 행동이든, 그림이든, 사진이든, 이야기든, 정치는 표상을 통해 자신을 관철할 수밖에 없습니다. 군주제든 민주제든 그것 없이는 단 하루도 권력을 유지할 수가 없습니다. 그러므로 표상의 부재성을 논하는 포스트모더니즘은 정치적으로는 아나키즘이 됩니다. 당연히 그 자체로 반체제적 뉘앙스를 지닐 수밖에 없습니다.

문화 예술은 '표상' 그 자체를 문제 삼는 영역입니다. 언제든지 종래의 반(비)표상성이 표상성의 지위를 넘볼 수 있는 곳이 문화 예술 영역이기도 합니다. 그런 관계로 항시 아방가르드가 권장됩니다. 소위 '거짓의 역설'이 하나의 관행practice이 되고 있는 곳 역시 문화 예술 영역이라고 할 수도 있을 것입니다. 당연히 문화 예술은 언제나 정치의 카운터 파트가 됩니다. 기존 정치의 표상이 공동체로부터 버림받을 때 가장 먼저 그 조짐이 나타나는 곳이 바로 문화 예술 파트에서입니다.

표상성의 본질은 무엇인가. 괴테는 유추(를 바탕으로 한 비유)에 대한 심도 있는 고찰을 통해 그런 물음에 나름대로의 해답을 제시한다. 괴테의 『친화력』이라는 소설이 '친화력'이라는 화학적 작용에 유추하여 새롭게 인간관계를 해석하고, 결과적으로 인간을 보다 심층적으로 분석하였다는 평가를 내리고 있는 글을 본 적이 있다. 괴테가, 화학적 현상을 지칭하는 '친화력'이 이미 인간관계에서 얻어진 하나의 대담한 메타포였다는 사실에 관심을 가지고 그것을 역수입, '비유와 유추'라는 것이 단순한 수사법상의 문제에 그치는 것이 아니라, 인간이 발견한 거의 유일무이한, 사고를 확장하는 방법이며 궁극적으로는 인간(자아)과 사물(세계)이 상호 유대를 유지 존속시키며 살아갈 수 있도록 매개하는 함수적 관계 그 자체일 수도 있다고 주장한다고 그 글은 설명하고 있다. 괴테는 표상성의 본질에 관한 고찰을 수행하였으며, 그 결과에 따르면 표상 과정에서의 유추(를 바탕으로 한 비유)는, 두 영역을 일차원적으로 결합시키거나 그것들 사이의 동일성을 증명해 보이는 것과는 거리가 멀다. 인간의 사회적 관계와 자연 법칙, 그리고 문학적 표상과 자연과학의 유추관계란 그것들 사이의 일차원적 상응 관계가 아니라, 서로의 영역에 대해 사고의 〈자극을 불러일으킬 수 있도록〉 서로 〈마주 세워진〉 관계라는 것이다.

▶▶▶ 김래현, 「인간 관계의 실험실로서의 소설」, 괴테, 『친화력』, 민음사, 2001

표상성의 구조적 본질로서의 유추는 한문 텍스트에서 잘 드러납니다. 한문 텍스트는 청각·시각 이미지를 비롯하여 여러 가지 형상들이 잠재해 있는 한자漢字로 씌어졌기 때문에 다의적이고도 비결정적인 특성을 갖습니다. 예를 들어 중국인들이 수천년 동안 공들여 만든 관념 체계인 '도道'의 표상성이 다의적, 비결정적 의미를 그 특징으로 삼는 것도(그 내용에서뿐만이 아니라) 그러한 한자 기표의 속성에서 비롯된 것일 공산이 큽니다. 문자의 이미지적 기능을 존중한 중국 문화가 다원성과 융통성을 주요 특질로 지니고 있는 것도 우연이 아니라는 생각이 듭니다. 그러한 문자의 이미지적 기능을 오용한 사례로 널리 알려져 있는 것이 『논어』「팔일八佾」에 나오는 재아宰我의 이야기입니다.

『논어』「팔일」에 보면 공자의 제자인 재아가 애공哀公에게 당시 정권을 전횡하던 삼가三家를 무력으로 제거하라고 부추기면서 다음과 같이 설득하는 장면이 나옵니다.

夏后氏以松, 殷人以柏, 周人以栗, 曰: 使民戰慄

(애공이 社에 관하여 물으니 재아가 대답하기를) 하(夏)나라는 소나무를 사목(社木)으로 심었고, 은(殷)나라는 잣나무를 심었으며, 주(周)나라는 밤나무를 심었습니다. (주나라가 밤나무를 심은 것은) 백성들을 벌벌 떨게 만든다는 뜻입니다.

▶▶▶『논어』「팔일(八佾)」

정권의 상징인 사社에 심은 나무는 죽지 않고 오래 살아야 하므로 대개 그 지역에서 가장 자생력이 좋은 나무를 선택하여 심는 것이 관례였습니다. 주나라가 밤나무를 고른 것은 정권의 철학이나 이데올로기와는 사실상 관계가 없는 일이었습니다. 그런데도 재아는 '밤나무 율栗'자를 청각·시각적으로 거의 겹치는 글자인 '벌벌 떨 율慄'자로 해석함으로써 무력 사용의 정당성을 강변하였습니다. 공자는 그것을 말장난으로 치부합니다. 공자가 “이미 지나간 일은 소급하여 탓하지 않는 법이다[既往不咎]”라고 재아를 점잖게 나무란 것도 표상성의 관행을 제멋대로 훼손한 것에 대한 질책으로 볼 수 있습니다. 어떻게 보면 재아는 고대 중국의 포스트모더니스트였다고도 할 수 있는 것입니다만, 하필 공자의 제자가 되는 바람에 아깝게도 그 재주가 묻혀 버린 꼴이 되고 말았습니다.[1)]

재아가 포스트모더니스트적 자질을 보일 수 있었던 것은, 결국 한자의 표상적 특질이 그의 그런 기질을 뒷받침했기 때문에 가능한 일이었습니다. 그러니 그런 재아의 언행을 비롯한 고대 한문의 기록을 도외시하고 이루어진 서양의 포스트모더니즘이라는 것이 그야말로 ‘우물 안의 개구리’ 식 논의라는 것을 쉬이 짐작할 수 있겠습니다. 근대(산업사회)를 모더니즘에, 근대 이후(정보화 사회)를 포스트모더니즘에 기계적으로 연결해야만 직성이 풀리는 ‘정확성 내지 적확성을 판단하는 강박적 충동’의 허구성을 여실히 드러내는 것이라고 할 수 있겠습니다.

그러므로 서구의 포스트모더니스트들이 행한 기호의 표상성과 관련된 모든 논의들은 자신들의 기호가 세계 안에 있는 사물들을 표상하는 유일한 수단이고, 그것만이 만물의 질서를 드러내 보여줄 수 있다고 믿는 마음에서 비롯된 허구적인 서사敍事에 불과합니다. 인류의 역사는 항상 하나의 지배 표상이 자기 이외

---

1) 김근, 『욕망하는 천자문』, 삼인, 2003 참조.

의 것을 반(비)표상으로 몰아세우며 자기중심의 질서를 만들어 가는 과정이었습니다. 반(비)표상이 표상의 지위를 얻어, 자신의 표상성이 부인되는 날이 곧 자신이 역사에서 사라지는 날이었습니다. 포스트모더니즘이(요즘은 어디로 사라졌나?) 감히 표상성을 문제 삼은 건 좀 가소로운 일이었습니다.

선거를 앞두고 정당들이 잘 하는 일이 당명을 바꾸는 일입니다. '성(이름)을 간다'는 표현은 누구든 막다른 길 앞에서 쓰는 말입니다. 그 속내가 어떤지에 대해서는 자세히 알 수가 없지만, 다급한 사정이 있기는 있는 모양입니다. 주周나라가 사목社木으로 밤나무를 심은 것은 백성을 벌벌 떨게 하기 위한 것[使民戰慄]이 아니었습니다. 마찬가지로 백성들에게 그것으로 무슨 희망이나 기쁨을 주기 위해서도 아니었습니다. 무엇이든 자신을 표상하는 것은, 이름이든 깃발이든 문장紋章이든, 오래 살 수 있는 것이어야 합니다. 나라의 근본인 사社에 심은 나무는 죽지 않고 오래 살아야 하므로 대개 그 지역에서 가장 자생력이 좋은 나무를 선택하여 심었습니다. 정치는 표상성 그 자체이므로, 정당의 이름은 자신의 표상성을 오래 인정받을 수 있는 이름을 선택하는 것이 정도正道일 것입니다. 재아의 말장난처럼 사적 이해에 치우친 빗나간 작명을 해서는 결코 안 될 것입니다. 거기다 하나 더 욕심을 낸다면, 일차원적 상응 관계가 아니라 서로의 영역에 대해 사고의 '자극을 불러일으킬 수 있도록' 서로 '마주 세워진' 관계로서의 이름이라면 더욱더 좋을 것입니다.

십육변팔중표국문

국화菊花가 일본 황실의 문장紋章이고, 사실상의 국화國花라는 것을 듣고, 제일 먼저 떠올린 것이 어릴 때 보던 백색의 동전과 그 뒷면에 새겨진 그림이었습니다. 일사불란한 도형으로 국화 문장이 그려져 있던 동전이었습니다. 아마 식민지 때 쓰던 것이 그렇게 굴러다녔던 것 같은데 그것이 우리 돈과 함께 통용되던 시기가 있었는지에 대해서는 정확하게 알 수가 없습니다. 저에게는 그 돈을 정식으로 써본 기억이 없습니다. 만약 그때에 자판기가 있었더라면 아마 500원짜리 정도의 용도로는 무난하게 쓰였지 싶습니다. 그렇게, 크기나 모양으로 봐서, 그 정도의 가치는 있었을 것이라는 '근거 없는 추측'만 들 뿐입니다. 돈이라서 그랬는지는 모르겠지만, 그것을 만지는 느낌이 그리 나쁘지는 않았습니다. 어떤 물건을 볼 때, 그것을 만든 사람이나 지역(국가)을 연상하는 것은 자연스런 현상입니다. 물건이 좋으면 그것을 만든 사람도 좋아 보입니다(마누라가 이쁘면 처갓집 말뚝 보고도 절을 하는 게 인지상정입니다). 물론, 그 역도 성립합니다. 그때 그 동전을 보고 만지면서 제가 느낀 것은, 말로는 잘 설명되지 않는, 무언가 잘 짜여져 있고 단단한 그 어떤 느낌이었습니다. 자세히 설명할 수는 없지만 시쳇말로 그런 아우라를 느낀 것은 명백한 사실입니다. 조금 비약하자면, 동전 하나가 그렇게 어린 친일파(?)를 만들었던 것 같습니다. 그놈이 커서(늙어서) 이런 이야기를 하고 있으니 당근 그게 사실이 아닐 수 없습니다.

그때는 그게 국화 그림이라는 것을 몰랐습니다. 그 그림이 국화를 표상하는 것이라는 건 성인이 되고 나서야 알았습니다. 어디선가 사진에서, 일본의 국가적 행사 때 사용된 휘장에 그려진 그것을 보고 알았습니다. 순간 '아, 국화였구나'라는 생각이 들었습니다. 누가 가르쳐준 것도 아닌데 그런 생각이 들었습니다. 영감靈感 수준은 아니었고, 부지불식간에 그 비슷한 국화 모양을 본 경험과 그것이 한데 어우러지면서 비로소 한 가지 '깨달음(?)'이 제게 들어온 것입니다. 그러니까, 이미지가 관념화 되는 순서로 본다면, 우선 그 그림이 먼저 각인되고(이게 무슨 그림일까?), 나중에 그것이 국화라는 것을 알고(국화가 상당히 권위적인 표상으로 형상화되었다), 다시 그 뒤에 그것이 일본 황실의 문장이기 때문에 그렇게 돈 그림으로 등장했다는 것을 알게 된 거였습니다(일본의 국화가 국화였구나!). 오랜 세월을 두고 한 표상表象이 내 안에서 자신이 요구(강요)하는 관념을 서서히 호출해내는 과정을 그렇게 정리해볼 수 있겠습니다. 그 과정과 그 표상에 대한 제 느낌을 반추해보면서, 한 인간에게 그림으로 된 '상징적 매개물'이 어떻게 자기(이념)를 관철하는지를 분명하게 알아볼 수 있었습니다. 스스로에게 일어난 일이라 더 직접적이었고 흥미로웠습니다. 하나의 이미지가 그렇게 한 주체(개인)에게 자신의 관념을 심는구나, 무섭다, 그런 생각도 들었습니다. 이번에 새로운 사실 하나가 또 하나 추가되었습니다. 그들이 황실의 문장으로 사용하는 국화 문양에도 차별(계급)이 있었습니다. 물론,

지금부터는 호기심입니다. 더 이상 정감어린, 뼛속까지 스며드는, 관념을 품은 이미지는 아니었습니다.

십육변팔중표국문(十六弁八重表菊紋)은 일본 황실의 문장으로, 국장(國章)은 아니지만 국장에 준한 취급을 받는다. 일본에서는 국화 문장(菊花紋章)으로도 불린다. 가마쿠라 시대의 고토바 상황(後鳥羽上皇)이 국화를 좋아해 자신을 나타내는 징표로 사용했다. 이후 고후카쿠사 천황(後深草天皇), 가메야마 천황(亀山天皇), 고우다 천황(後宇多天皇)이 이를 자신들의 징표로 계속 사용해 황실의 문장으로 정착되었다. 공식적으로 일본 황실의 문장이 된 것은 1869년(메이지 천황(明治天皇) 2년)의 태정관 포령에 의해서이다. 이때, 천황의 문장으로써 십륙변팔중표국문이, 천황 이외의 황족의 문장으로써 십사변일중이국문(十四弁一重裏菊紋)이 각각 정해졌다. 1871년(메이지 천황(明治天皇) 4년)에는 황족이 아닌 자가 국화문을 사용하는 것이 금지되기도 했으나, 그 후 완화되었다. 야마토 전함(戰艦大和) 등 일본제국 해군 군함의 뱃머리에 붙여져 있었으며, 현재도 일본 여권의 표지에 이 문장이 그려져 있다.

▶▶▶ 위키백과

제가 나이 들어 그 국화 그림에 주목하는 것은 그것이 일정 부분, 자타공인, 일본인의 미감美感을 대변하는 것이라는 것 때문입니다. 일본인도 인간 중의 한 족속이기 때문에 결국 그것은 우리 인간의 미감을 드러내는 것 중 하나가 되는 것이기도 합니다. '국화와 칼'이라는 유명한 책 제목이 말해주고 있듯, 그것은 한 인간이나 민족이 이율배반적으로 소유한, 동전의 양면처럼, 인간을 구성하는 선과 악의 한쪽 면, 혹은 균형과 일탈의 어느 한쪽 면을 지칭하는 단어고 표상입니다. 그러니까 일본인들에게 국화는 선善과 균형의 표상입니다. 우리에게는 물론 좀 낯선 표상성입니다. 그 국화 문장이 그런 표상성으로써 자기네 황실을 드러내는 문장이 되는 것은 오직 일본인에게만 한정된 것입니다. 그러므로 그 표상화가 지닌 미학적인 성취를, 그 수준과 의의를, 자타가 공인하는 그 무엇으로 인정하는 것은 바로 그 단계 앞까지의 일입니다. 단순한 미美가 아니라, 선善을 품은 미美라는 공동체적 미감으로 나아가는 것은 그들만의 일이라는 것입니다. 제게는 그런 미감의 존재양식이, 그 위계성이 흥미로웠습니다. 그 그림은 하나이면서 여럿인 그 무엇, 많이 나누어진 부분들의 조화로운 합이 되는 하나인 그 무엇을 강조하고 있었습니다. 당연히 통치의 상징입니다. 다른 다이묘들의 문장들이 보통 많아야 대여섯 개의 꽃잎을 가지고 있는 반면(추상적인 조형도 물론 있습니다) 국화는 훨씬 많은 꽃잎을 가지고 있었습니다. 그것들이 일사불란하게 조합을 이룹니다. 거기서 그치지 않습니다. 그 꽃잎의 수에 따른 위계마저 두고 있습니다. 그들이 그 그림에서 무엇을, 어떤 이야기를, 끄집어내려고 하는지를 알게 해주는 것입니다. 그런 교묘하고 공고한 의도가 하나의 그림을 통해 자신을 관철해내는 그 과정이 제 어린 몸 안에서도 그대로 이루어졌다는 것이, 재미와 함께 설명하기 어려운 어떤 두려움마저 안겼습니다. 제 안의 파시즘인지도 모르겠습니다. 지금도 그 국화 그림이 저에게 흥미의 대상이 되고 있는 것은.

뿌리 깊은 나무

역사 드라마 〈뿌리 깊은 나무〉가 종영되었습니다. 화제의 드라마였습니다. 보고 생각할 거리도 많았습니다. 정보를 전달하는 문자(문자의 창제)가 수많은 사람들이 목숨을 걸고 싸워야 하는 이유가 되는 곡절이 자세하게 그려지고 있었습니다. 그것에 기대여 '정보를 얻는 방식'에 대해서 한 번 생각해보기로 하겠습니다. 세종대왕의 한글 창제는 정보를 얻는 방식에 획기적인 변화를 주었다는 데 그 의미가 있습니다. 어려운 한문을 터득한 선비들에게만 독점되어 온 문식력文識力—정보 습득 수단—을 일반 백성들에게 개방한다는 취지가 한글 창제에 포함되어 있다는 것입니다. 그 취지가 예사로운 것이 아니었다는 게 그 드라마의 메시지였고 우리는 그 메시지에 기대어 '정보를 얻고 전달하는 방식'의 이모저모에 대해서 한 번 살펴보겠다는 것입니다.

흔히 하는 말 중에, '정보의 독점이 전문가 그룹을 만든다'는 말이 있습니다. 그들 전문가들은 정보의 내용뿐만 아니라 정보가 유통되는 방식(화법, 담론)까지 배타적으로 운용합니다. 그들은 자신들이 운용하는 정보에 대하여 외부자의 간섭이나 참견이 개입하는 것을 극도로 꺼립니다. 법조계, 의료계, 학계, 교육계, 종교계, 어느 곳이든 그러한 정보독점주의는, 정도의 차이는 있지만, 존재합니다. 비교가 허락된다면, 세종대왕의 한글 창제는 요즘의 SNS와도 같은 사회적 의의를 지닌다고도 볼 수 있습니다. 정보 유통의 패러다임에 근본적인 변화가 오는 사건이었습니다. 〈뿌리 깊은 나무〉라는 드라마가 전경화시키고 있던 '군신간의 갈등'도 바로 그런 패러다임의 변화를 두려워하는 자들의 입장을 내세워 만든 상황 설정이었습니다. 정보를 생산하고 유통하는 스페셜리스트들의 입지가 일거에 박탈되고 모든 사람이 평등하게 정보의 생산과 유통에 관여하게 될지도 모른다는 불안감이 당대의 특권층들을 겁에 질리게 했다는 것입니다. 〈뿌리 깊은 나무〉라는 드라마를 보면서 마치 작금의 사회적 현상을 그대로 보는 듯해서 실소를 금할 수 없었습니다. '정보를 얻는 방식'과 관련된 몇 사람의 의견을 소개합니다. 그냥 비교해보자는 뜻입니다. 누가 옳고 누가 그르다의 차원은 아닙니다.

1) 정보를 얻는 방식의 변화는 천천히 그리고 불완전하게 이루어졌다. 여기에는 개인적이고 사회적인 엄청난 불안감이 연루되어 있었다. 미묘한 구별과 추상적인 개념을 지닌 플라톤의 철학은, 에릭 해블록이 밝혀놓았듯이, 알파벳 글쓰기의 산물이다. 그것은 그 무렵의 그리스에서 구술담론을 대신하여 지식의 지배적인 양식으로 자리를 잡아가고 있었다. 소크라테스의 대화는 이런 급진적인 문화적

변화에 의해 파생된 강렬한 불안감을 기록하고 있다. 그리고 아테네에서의 이러한 변화는 새로운 글쓰기의 견해를 대표하는 철학자의 처형이라는 결과를 가져왔다. 상황이 그렇게까지 이른 것은 과도기적 시기에 커다란 책임이 있다. 이 시기에 소크라테스는 이야기를 나누는 상황, 즉 대중 토론과 이야기의 방식으로 여러 주제들이 논의되는 대화적 교수-학습 상황에 강조점을 두었다. 하지만 그 대화가 플라톤에 의해 글로 기록됨으로써 변증법적인 질문과 증명을 위한 기회를 제공해줄 수 없는 죽은 지식이 되는 아이러니가 발생한 것이다.

▶▶▶ 앨빈 커넌, 최인자 옮김, 『문학의 죽음』, 문학동네, 1999 중에서

2) 아리스토텔레스는 플롯이야말로 비극의 제1원리이며 비극의 생명이자 영혼이라고까지 말한다. 그는 어떤 플롯이 좀더 합리적으로 구성될 수도 있었을 텐데 하는 인상을 준다면 "시인(작가 통칭)은 예술상의 과오만 범한 것이 아니라 불합리도 저지른 셈이 된다"고 말한다. 여기서 문학용어 '플롯'이라는 말은 아리스토텔레스가 사용한 고대 희랍어 '뮈토스(mythos)'를 번역한 것이다(신들이 등장하는 이야기, 즉 '신화'라는 말도 여기서 유래한다) 아리스토텔레스는 이야기가 어떻게 조직되어야 하는지 당시 유명한 비극 작품들을 논리적으로 분석하여 설명한다. 무엇보다도 이야기의 필연성 또는 개연적 연결성을 논한다. 결국 플롯에는 "사소한 불합리도 있어서는 안 된다"는 점을 강조하는 것이다.

플롯은 비극에 필요불가결한 요소이다. 비극의 목적은 스토리를 무대 위에 올려놓음으로써 특정한 쾌감을 산출하는 데 있다고 볼 수 있다. 그리스 비극 연구가들은, 지성적인 관객들은 플롯이 거의 없는 대화극에서도 쾌감을 느낄 수 있을지 모르나, 비극의 진정한 효과는 면밀하게 구성된 스토리 없이는 도저히 산출될 수 없을 것이라고 본다. 물론 이것은 그리스 비극 작품의 특징과도 연관이 있다. 대부분의 고대 비극 작품들은 서사시에 나오는 옛이야기들을 다시 이야기하기 때문이다.

▶▶▶ 김용석, 『서사철학』, 휴머니스트, 2009 중에서

3) '노'의 줄거리는 언제나 인간세계와 초자연적인 세계의 경계로 설정된다. 이러한 비현실적인 접촉이 이루어지는 장소인 사각형의 무대는 지극히 소박하여 배경이라곤 초록색 가지가 무성한 노송 한 그루를 장식으로 그려놓은 널빤지 '가가미 이타(鏡板)'가 전부이다. '노'는 헤아리기 어려울 정도로 깊고 그윽한 사물의 어떤 이치와 경지를 강조하는데, 이런 스타일 때문에 관객들은 '노'를 쉽게 이해하지 못하고 자기 나름의 부분적인 아름다움만을 느낀다. '노'의 대사는 오페라의 대사와 마찬가지로 가무를 위한 일종의 도구일 뿐, 모든 것은 소리(음성이나 악기) 언어와 연기자들의 느리고 빠른 동작을 통해서, 또한 빛의 변화에 따른 가면들의 표정을 통하여 표현된다. 박자와 음이 뒤틀린 불협화음과 조명 장치들을 이용, 초자연적인 존재가 모습을 드러내도록 비현실적인 공간을 창조해 내는 것이

다. 결국, '노'는 예술의 불가해성을 옹호한다. 불협화음, 대사의 무의미성, 동작의 추상성 같은 것들이 그것을 드러낸다. 하나 더 있다. 배우들이 쓰는 가면이다. 주인공 '시테(仕手)'의 가면은 여자, 귀공자, 술주정뱅이, 식인귀, 마귀, 전설 속의 동물 등 다양하고 특별하다. 그러나 그 상대역인 '와키(脇)'는 맨 얼굴로 연기한다. 그러한 불균형은 무엇을 의미하는가? 인간계와 신계의 차별이라고 볼 수 있겠지만, 그 차별을 한쪽은 가면이 있고 다른 한 쪽은 가면이 없는, 부분적인 '부재의 형식'을 통해 드러내고 있다는 것이 재미있다. 중국의 경극이나 우리의 탈춤은 그런 '부재의 형식'을 취하지 않는다.

▶▶▶ 넬리 드레이, 안정미 올김, 『영원한 일본』, 시공사, 2000 참조
(일부 인용자 첨언)

4) 상처를 가장 민감하게 감지하는 것은 작가들이다. 작가가 감지한 상처의 흔적들이 소설에서 살아 있는 상징을 산출한다. 그런데 상징은 때때로 모호하고 자주 불투명하다. 그 불투명성 때문에 상징은 바로 상징이 될 수 있는 것이다. 우리는 프로이트에게서 트라우마의 자극을 받은 자는 오로지 상징의 형태로만 자기의 상처를 의식의 표면 위에 표현할 수 있었음을 보았다. 그 상징이란 너무도 불투명하여 늘 분석가의 읽기를 요구한다. 그 읽기를 통해 우리는 상징 뒤에 숨겨진, 상처가 태어난 상황에 대한 인식에 도달할 수 있는 것이다.

▶▶▶ 서동욱, 「상처받을 수 있는 주체」, 『세계의 문학』, 1998년 가을 중에서

5) 규범적 텍스트는 전도된 원칙에 따라 만들어진다. 텍스트의 정보적 측면은 통제되는 반면 시스템의 '언어'는 비자동적인 메커니즘을 따른다. 우리는 의사소통을 하면서 끊임없이 이 비자동적 메커니즘을 의식한다. 다른 말로 하자면, 중요한 것은 무엇을 말하느냐가 아니라 어떻게 말하느냐인 것이다. 제의적 예술에서 가장 두드러진 모습은 고정된 내용이다. 자연 언어(한국어, 영어, 독어 등)로는 무엇이든지 말할 수 있다. 그러나 민담 언어로는 어떤 특정한 것에 대해서만 말할 수 있다. 지시 대상과 지시어 사이의 관계는 다르다. 규범적 텍스트의 '시스템 언어'는 어떤 특정한 것에 대해서만 말할 수 있다. 물론, 규범적 텍스트에만 해당되는 것은 아니다. 모든 예술적 코드화*codifying*, 즉 일정한 약호체계의 도움을 받는 텍스트의 창조는, 우리가 자연 언어를 말하거나 쓸 때처럼 자동적으로 일어나지 않는다. 자동적으로 일어난다면 그것은 이미 예술이 아닌 것이다. 그러므로 근본적 부분은 메시지가 어떻게 형성되느냐에 있는 것이다. (…중략…) 현대 텍스트의 수용자, 예를 들어 수준 높은 성인소설의 독자들은, 일차적으로 텍스트에서 정보를 뽑아낼 준비가 되어 있는 청취자들이다. 이 경우 정보라고 하는 것은 다름 아닌 새로움을 뜻한다. 이 새로움이란, 구성·세팅·캐릭터·스타일·언어 혹은 그 외의 예술적 장치일 수도 있다. 이것들은 이른바 문학 평론가들이 문학 작품을 평가할 때 관심을 쏟는 요소들이다. 그런데 규범적 텍스트의 수용자들은 그보다는 오히려 자기 자신에게 귀를 기울이기를 선호한다. 그들은 청취자일 뿐만 아니라 보조 창조자이다. (…중

략…) 텍스트는 더 많은 해석을 요구한다. 그리고 그 해석은 무엇보다도 작품을 컨텍스트*context* 안에 집어넣는 것을 의미한다.

비규범적인 텍스트가 정보의 원천이라면, 규범적 텍스트는 '환기시키는 힘'이다. 비규범적 텍스트에서 표면적 구조는 발신자와 수신자 사이의 정보 채널 혹은 연결 고리이다. 규범적 텍스트에서 구조는 정보의 본질이다. 구조는 수신자에게 전달되어 그들의 마음속에 이미 존재하고 있는 정보를 구성하도록 도와준다.

▶▶▶ 마리아 니콜라예바, 김서정 옮김, 『용의 아이들』, 문학과지성사, 1998 중에서

1)은 구술문화가 기록문화로 정착되면서, 그것이 불러온 이득과 폐해를 이야기합니다. 모든 위대한 스승들은 자작해서 기록을 남기지 않습니다. 불가의 아난처럼, 스승의 모든 언행을 기록으로 남겼던 소크라테스의 영민한 제자 플라톤에게는 공과가 있습니다. 지식이 전수되는 것을 도왔던 그는 유동적인 맥락이 살아 숨 쉬는 구술의 현장을 문자로 묶어둠으로써(자신의 좁은 우물 안에 가두어 버림으로써) 산 지식을 박제화하는 우를 범했다고 비난 받습니다.

2)는 이야기(구성된)의 효능에 대한 이야기입니다. 소수의 지식인들의 인식관심은 정보 획득 그 자체에도 흥미를 부여합니다. 그러나 대다수 사람들은 뮈토스를 요구합니다. 시작과 중간과 끝이 있는 이야기를 사람들은 원합니다. 그것만이 '합리'로 세계를 이해(설명)할 수 있는 방법이라고 여겼기 때문입니다. 이

미 그때도 스토리텔링의 필요성에 대해서 많은 이들이 공감하고 있었다는 걸 알 수 있습니다.

3)은 5)와도 일맥상통하는 내용을 가지고 있습니다. 인간의 '소통'에는 한계가 있으므로 고의로 '불통'을 조장하여, 소통의 경계를 해체하여, 정보 유통량을 확장시켜 보자는 의도가 '노'에 있다는 말입니다. 관념에 한정된 정보를 이미지 차원으로 확장하자는 의도도 있다고 할 것입니다.

4)는 의심의 해석학을 말하고 있습니다. 모든 정보는 배면背面에 표면과 다른 진의나 본의를 숨기고 있다고 보는 것입니다. 프로이트 심리학에서는 '상처'가 모든 비밀을 쥐고 있다고 봅니다. 그 '상처'가 정보의 본질이라고 생각하는 것입니다. 이야기가 몇 개의 큰 줄기로 수합된다는 이점과 약점을 동시에 가지는 독법입니다.

5)는 로트만의 주장을 아동문학에 접목시켜보려는 의도에서 작성된 글입니다. 아이들이 동일한 소재, 동일한 구성에 그렇게 매번 열광하는 이유가 무엇인가, 결국 그 형식이 지니는 정보의 내부 환기 능력 때문이 아닌가, 라는 이야기입니다. 아동문학은 성인문학의 아류가 아니라 규범적 예술양식이라는 독립된 장르에 속한다는 주장입니다. 예를 들어, 전래동화에 계모가 그리 자주 등장하는 이유가 무엇인가? 그런 질문에 ① 그 이야기가 생성될 때 계모가 많았다(반영론), ② 계모는 '악한 모성'으로서 아이의 무의식이 훈육적인 모성에 대한 공격성을 가질 때 그것

을 대리보상하기 위해 만들어진 가짜 어머니다(효용론), ③ 원래부터 전래동화의 중요한 구성요소가 계모다. 이때 계모는 비자동적인 언어다(반드시 악해야 한다)(존재론), 등의 대답이 가능할 때 ③의 입장을 취하는 것이 규범적 예술 텍스트로 전래동화를 바라보는 관점이 됩니다.

우리가 정보를 얻는 방식은 다양하게 열려 있습니다. 자신이 소유한 채널이 몇 개인가에 따라, 획득되는 정보의 양은 결정됩니다. 그러나 채널이 아무리 많아도 한두 개의 채널만 사용한다든지, 흥미만 주고 교훈은 없는 저급한 채널만 선호한다든지 한다면 내게 필요하고 유익한 정보를 확보하는 일은 영구히 불가능해질 것입니다.

스핑크스

"돈은 꼭 갚겠다. 안 되면 내 영혼을 주겠다." 고흐의 말이 아니더라도 궁핍한 생활이 예술가의 영혼을 요구하는 일은 고래古來의 다반사茶飯事였습니다. 그래도 여전히 고흐의 절박한 그 한마디가 폐부까지 와 닿습니다. 영혼을 팔 일이 비단 예술에만 있겠습니까? 어디든 인간이 모인 곳이라면 돈, 권력, 명예, 시기심, 경쟁심을 매개로 영혼을 팔라는 요구가 비일비재합니다. 이를테면, '자기 이야기를 아는 지를 묻는 스핑크스'들 천지입니다. 그들이 내는 수수께끼를 풀지 못하면 하루에도 몇 번씩 주체의 처지가 오락가락합니다. 그런 행태를 목격하면서 영혼을 볼모로 하지 않고 위대한 예술이 태어날 수는 없는 것일까? 자유로운 영혼, 구속받지 않는 사유, 온유하고 화평한 심사가 위대한 작품을 만들어낸다는 것은 애초에 불가능한 일일까? 문득 그런 생각이 뇌리를 스칩니다.

졸작 『장졸우교』에서도 잠깐 오이디푸스 신화 이야기가 나왔습니다. '햄릿' 이야기를 할 때였습니다. 거기에 스핑크스가 등장합니다. 오이디푸스 신화에 등장하는 스핑크스는 반인반수半人半獸의 괴물입니다. 상체는 인간인데 하체는 짐승입니다. 무엇이든 인간의 몸에 더해진 것이 있으면 그건 힘이 됩니다. 무엇이든 더해질수록 힘이 배가倍加됩니다. 뿔이든 날개든 붙여야 합니다. 하다못해 비늘이라도 붙이고, 그것도 안 되면 육손이라도 만들어야 합니다. 그렇게 힘센 인간을 만드는 게 옛이야기의 틀(코드)입니다. 그러니까 신화에서의 반인반수는 인간의 그것을 뛰어넘는 힘을 인간에게 부여하고 싶을 때 등장하는 상징입니다. 인체의 절반, 원체原體를 일부 버리고 그 나머지를 다른 무엇으로 대체하는데 옛날에는 짐승의 몸이 들어갔습니다. 요즘의 판타지에는 기계가 주로 들어갑니다. 그런 쪽에서 본다면, 스핑크스라는 코드는 우선, '힘을 가진 존재, 힘을 주는 존재'로 읽힙니다. 보통 힘이 아니라 막강한 힘입니다. 그 막강한 힘을 가진 존재를 오이디푸스가 물리쳤으니 오이디푸스 역시 막강한 힘을 가진 자로 추앙받을 수밖에 없습니다.

스핑크스가 힘(폭력)을 행사해서 저지르는 것은 살인입니다.

지나가는 인간에게 수수께끼를 내고 그것을 풀지 못하면 죽입니다. 살인은 인간에게는 가장 큰 폭력입니다. 그런데 하찮은 수수께끼 놀이가 죽고 사는 일의 관건關鍵이 됩니다. 스핑크스가 낸 수수께끼는 '인간이란 무엇인가?'라는 물음입니다. 그걸 모르면 죽어야 합니다. 아침에는 네 발로, 낮에는 두 발로, 저녁에는 세 발로 걷는 자가 누구인가? 그렇게 물을 때, 어려서는 기고 커서는 두 발로 걷다가 늙어서는 지팡이를 짚어야 하는 인간이 바로 그 자이다, 라고 답해야 합니다. 정작 사람들은 자기 이야기(정체성 서사)임에도 불구하고 그 수수께끼를 풀지 못합니다. 자기가 누구인지 모르는 것입니다. 그래서 죽습니다. 이 모의쟁투模擬爭鬪의 핵심은 자기가 누구인 줄 모르는 자들은 죽어야 한다는 메시지의 전달입니다. 오이디푸스만이 해답을 압니다. 그가 그것을 아는(안다고 공표하는) 순간 스핑크스는 죽습니다. 새로운 기준이 세워져 과거의 불안은 사라진다는 것입니다.

오이디푸스가 수수께끼를 풀 수 있었던 것은 두 가지 이유에서입니다. 첫째, 그는 새로운 인간이었습니다. 위기의 시대에 자신의 정체성을 새로이 정립한 인간이었기에 그는 문제를 풀 수 있었습니다. 둘째, 그것이 자신의 운명이기 때문이었습니다. 때에 따라 자신은 갓난아기(아들)로도, 성인(남편)으로도, 노인네(아버지)로도 살아야 하는 것이 오이디푸스의 운명이었습니다. 그것을 그는 알고 있었습니다. 물론 그의 무의식의 차원에서입니다. 어차피 스핑크스도 무의식의 하반신(짐승)을 가지고 있는 자였으니 오이디푸스도 무의식의 선지자가 될 수밖에 없는 일이었습니다. 이건 텍스트 내적 맥락을 고려한 해석입니다. 이제 화제는 무의식으로 옮겨갑니다. 그러니까, 스핑크스 이야기는 뭉뚱그려서 '무의식은 힘이 세다'라는 메시지를 전달하고 있습니다. 세부적인 내용은 그 무의식의 코드와 맥락에 따라 이리저리 어떻게든 재구성될 수 있는 것들입니다. 보다 '자세한 읽기'를 위해서 기록이나 구전 전승으로 알려진 오이디푸스의 일대기를 요약적으로 정리하면 다음과 같습니다.

테베의 왕으로, 자신의 부모인 줄 모르고 아버지를 살해한 뒤 역시 모르고 어머니와 결혼한 자가 오이디푸스입니다. 호메로스에 따르면, 그의 어머니는 오이디푸스와의 모자 관계가 밝혀지자 목을 매어 자살했으나 오이디푸스는 죽을 때까지 테베를 통치했다고 합니다. 호메로스 이후 오이디푸스에 관한 내용은 소포클레스의 『오이디푸스 왕Oedipus Rex』·『콜로노스의 오이디푸스Oedipus Coloneus』가 유명한데, 강조점이나 스토리의 전개에 있어 호메로스의 이야기와는 다소 차이가 납니다. 테베의 왕 라이오스는 아들에게 살해될 것이라는 신탁을 들었습니다. 그래서 아내 이오카스테(호메로스 서사시에서는 에피카스테)가 낳은 아들을 키타이론 산에 버렸습니다. 그때 그는 아이의 두 발목을 한데 모아 못질했으며, '부풀어 오른 발'을 의미하는 오이디푸스라는 이름은 거기에서 유래된 것입니다. 아이는 한 목동에게 발견되었고, 코린트의 왕 폴리보스의 양자가 되어 자라났습니다. 청년이 되어 델포이를 방문한 그는 아버지를 죽이고 어머니와 결혼하게 될 운명을 갖고 태어났다는 것을 알게 되고, 결코 코린트로 돌아가지 않겠다는 결심을 하며 방랑의 길에 오릅니다. 테베로 가던 중에 만난 라이오스가 싸움을 걸자 오이디푸스는 그를 죽입니다. 여행을 계속하던 중 그는 스핑크스를 만납니다. 스핑크스는 수수께끼를 풀지 못한 사람은 죽여 버림으로써 테베 사람들을 괴롭히고 있었습니다. 오이디푸스가 그 수수께끼를 풀자 스핑크스는 자살했습니다. 그 업적으로 그는 테베의 왕이 되었고 관습에 따라 미망인이 된 왕비 이오카스테, 즉 그의 어머니를 취하게 되었습니다. 그들 사이에서 에테오클레스·폴리네이케스·안티고네·이스메네 등 4명의 아이들이 태어났습니다. 그 후 진실이 밝혀지자 이오카스테는 자살했으며, 오이디푸스는(다른 출전에 따르면) 자신의 눈을 찔러 눈을 멀게 한 다음, 처남 크레온을 섭정으로 남기고 딸 안티고네·이스메네와 함께 나라를 떠났다고 합니다. 마침내 그는 아테네 근처 콜로노스에서 죽었으며, 그곳 땅이 그를 삼켰고 그는 땅의 수호신이 되었다고 전해집니다.

위의 요약은 대부분 소포클레스의 극을 바탕으로 한 것입니다. 프로이트가 오이디푸스 콤플렉스라는 용어를 만든 것은 위와 같은 소포클레스의 작품을 분석한 결과였습니다. 프로이트 이후에도 디디에 앙지외나 앙드레 그린과 같은 정신분석학자들이 오이디푸스 신화에 대해 더욱 깊이 있는 독서를 시도했습니다. 앙드레 그린의 '너무 많은 눈'의 해석은 그 중 대표적인 것입니다. 그는 아주 섬세하게 어떤 이설도 잘라내지 않고 폭넓은 읽기를 수행했습니다. 프로이트의 제자인 그의 신화 '읽기' 역시, '꿈의 해석'에 바탕을 두고 있습니다. 그에 따르면 모든 꿈의 내용을 압축한 것이 바로 '스핑크스'입니다. 그것은 죽은 아버지와 욕망의 대상이 되었던 혹은 그 스스로 욕망을 가지고 있었던 어머니를 상징합니다. 초점이 오이디푸스로부터 스핑크스로 옮겨간 것입니다.2)

오이디푸스

앙드레 그린은 또한 이 신화(오이디푸스)의 몇 가지 요소들에 대한 독특한 해석을 시도했습니다. 그에 따르면, '아버지의 아들로 태어났다는 사실만으로도' 오이디푸스는 버려졌고, 그의 아버지로부터 상처를 받는다(부풀어 오른 발)는 것입니다. 코린토스 왕궁과의 격리는 아버지에 대한 복수를 위해 필수불가결한 '잠복기'입니다. 물론 이 복수는 부자관계를 모르는 와중에 일어납니다. 유기遺棄와 복수復讐는 신탁과 무지에 따른 것이므로 운명이 됩니다. 오이디푸스는 인간의 운명에 대한 이야기입니다. 이야기 곳곳에서 그런 내용이 강조됩니다. 오이디푸스를 하나의 보편으로 읽고 싶었던 것입니다. 계속해서 아리안 헤슨의 책 『신화

2) 이상 오이디푸스 관련 내용은 아리안 헤슨, 류재화 옮김, 『신화와 예술』, 청년사, 2002 참조.

와 예술』을 통해 그의 견해를 알아보겠습니다.

앙드레 그린의 '읽기'를 참조해서 우리의 화제 스핑크스를 요약하자면 이렇습니다. "스핑크스는 ① 오이디푸스에 의해 퇴치(복수, 응징)되는 괴물(구체제)이기에 아들에게 상처를 준 모든 아버지의 상징이다. 또한 ② 오이디푸스의 세 가지 변신(아들, 남편, 아버지)을 가능하게 하는 매개물이기에(오이디푸스는 어머니와 결혼하면서부터 정체성에 혼란이 온다), 그리고 모든 욕망의 집결지이며 출발점이기에 어머니(어머니의 무의식)이다. 스핑크스가 그런 수수께끼를 낼 수 있었던 것은 바로 그런 이유에서이다. 마지막으로 스핑크스는 ③ 모든 사람들이 원하는 무의식과 의식의 통합이 이루어진 파워맨으로서의 오이디푸스, 바로 자기 자신일 수도 있다. 그는 스스로를 퇴치한다. 그렇게 새롭게 태어나는 자만이 티라노스(전제 군주)가 될 수 있다. 의식에만 기대어 합리만을 모색하는 인간은 인간에 그친다. 무의식의 힘을 끌어올려 의식이 제어할 수 없는 영역까지 통어하는 자만이 신과 동격이 된다. 그래서 스핑크스는 오이디푸스 자신이다. ③의 관점에서 보면, 스핑크스 이야기는 힘센 자, 오이디푸스 자신의 변신담이다. 선택받는 통치자의 자질과 능력에 관련된 이야기다."

그에 따르면, 오이디푸스라는 이름은 그냥 언어적 관습에 따른 이름일 수도 있고(토박이와 관련된 이름 중 '발'과 관련된 표현이 있다), 절름발이일 수도 있고, '대발이'일 수도 있고, 남다른 능력을 뜻하는 것일 수도 있다(oida는 '알다'라는 뜻이다)는 것입니다.

소포클레스는 논리를 세워 '부은 발'을 어릴 때의 상처가 남긴 후유증으로 봅니다. 그 상처가 있는 한 오이디푸스는 아버지를 향한 복수의 운명에서 벗어날 수 없다는 것입니다. 그렇게 논리를 세웠습니다. 인간은 표현되고 정의될 때 인간으로서의 의의를 지닌다고 생각했기 때문이었습니다.

그가 세운 것 중 가장 논리적인 것은 오이디푸스가 전제군주(티라노스)였으나, 동시에 속죄양(파르마코스)이었다라는 것입니다. 그것이 논리인 이유는 진정한 왕은 어디서고 목숨으로 책임을 져야 한다고 테베의 시민들이 믿고 있었기 때문입니다. 그의 희곡 제목이 '오이디푸스 왕'인 이상 오이디푸스는 분명히 '전제군주'입니다. 소포클레스의 극에서 오이디푸스가 딱히 '파르마코스'라 불린 적은 없지만, 그의 말들 중에 여러 번 사용된 "오점을 없애야 한다"는 표현은, 속죄양을 추방하는 의식과 관련된 '진정한 왕의 존재 방식'과 관련해서 오이디푸스가 분명한 자기 인식을 하고 있다는 것을 뜻합니다. 소포클레스는 그렇게 오이디푸스를 규정하고 표현했습니다. 거듭 이야기하자면, 소포클레스는 전제군주(티라노스)와 속죄양(파르마코스)으로 오이디푸스를 해석했습니다. 그가 본 것은 '진정한 왕'이었습니다. 전능한 존재이면서 동시에 속죄양으로 죽는 자, 그것이 그가 생각하는 진정한 지도자였습니다. 그래서 그의 오이디푸스는 상체는 역사고, 하체는 문학입니다. 그게 그의 오이디푸스에 대한 '표현과 정의'였습니다. 오이디푸스는 또 하나의 스핑크스였던 셈입니다. 소포클레스는 자기도 모르는 사이, 무의식의 화법으로, "스핑크스는 오이디푸스다"라고 말했던 것입니다.

그러나 소포클레스만 옳다고 할 수도 없습니다. 오이디푸스는 어쩔 수 없이 신화입니다. 역사이고 문학이 되는 것은 그 다음입니다. 신화는 신의 이야기고 역사와 문학은 인간의 이야기입니다. 서로 다르다는 겁니다. 물론 신화와 역사, 역사와 문학, 신화와 문학은 어디서고 혼융混融합니다. 어디서나 문사철文史哲은 그렇게 몸을 섞습니다. 세계관(철학)으로서의 신화는 당대의 인간들이 세계(우주)를 이해하던 공식적인 언어였습니다. 스핑크스 신화도 마찬가지입니다. 그것은 당연히 역사나 문학과 같은 인간의 '논리'로 파악할 수 없는 것, 그러나 존재하는 것에 대한 설명에 속하는 것입니다. 무의식(짐승의 하반신)은 의식(인간의 상체)과 공존하는 것이지 그에 의해 규정되고 표현되는 것은 아닙니다. 그것을 인간의 머리 안으로 가둘 때 그것은 내려와 역사(희생양 모티프)와 문학(살부 및 근친상간)의 내용으로 속화俗化됩니다.[3]

우리의 현실로 귀환하겠습니다. 어디서나 스핑크스는 힘이 셉니다. 그가 지닌 무의식의 힘 때문입니다. 무의식의 힘이 강한 때에는 또 다른 무의식이 요구됩니다. 스핑크스를 잡는 것은 오이디푸스입니다. 그가 스핑크스의 수수께끼를 풀고 그가 죽은

3) 티라노스와 파르마코스에 관한 일부 내용은 아리안 헤슨, 류재화 옮김, 『신화와 예술』, 청년사, 2002 참조.

자리에 벗어던진 '짐승의 몸'이 우리를 새로운 세계로 데려 갈 것입니다. 오이디푸스는 여전히 우리 시대에도 하나의 유효한 설명이 되고 있습니다.

부록

독서의 본질과 독서 지도의 유의점

어떻게 읽을 것인가

먹는 것이 사람의 신체를 만든다면, 보고 듣는 것은 사람의 생각을 만듭니다. 독서가 중요한 것은 그것이 사람의 생각을 주조鑄造하는 힘을 가지고 있기 때문입니다. 문자는 인간의 창조물이지만, 일단 사람 안으로 들어가면 자신을 소유한 사람을 자신의 숙주宿主로 삼는 힘을 가지고 있습니다. 언젠가 '문자향文字香 서권기書卷氣'가 지나치면 '문자벽文字癖 서권귀書卷鬼'가 된다고 지나친 책 의존 경향을 지적한 적도 있습니다만, 먹을 건 양보해도 '아는 것'은 양보하지 못하는 것이 본디 사람입니다. 그만큼 인간에게 독서가 미치는 영향이 크다는 것입니다. 독서는 책을 통한 인간과 인간 간의 내밀한 교류입니다. 그래서 독서 대상(텍스트)도 중요하지만 독서 방법도 중요합니다. 무엇을 읽을 것인가와 함께 어떻게 읽을 것인가가 항상 중요합니다. 독서관이 무엇보다도 중요하다는 말씀입니다. 무엇을 어떻게 읽어야 하는지를 결정하는 것이 바로 그것이기 때문입니다. 조한욱 교수의 책과 김화영 교수의 소론 중에서 바람직한 독서관과 독서방법에 대한 설명이 될 만한 것들을 한 번 추려보겠습니다.

> 미국의 로버트 단턴은 계급의 구분에서 중요한 것은 마르크스가 논했던 생산 수단의 소유 여부가 아니라 문화적 경험의 차이라고 말한다. 예컨대, 부르주아가 부르주아인 것은 생산수단을 소유하고 있기 때문이 아니라 그들이 특유한 생활양식을 발전시켜 그것을 소유했기 때문이라는 것이다. 영국의 마르크스 역사가인 톰슨과 미국의 중세사가 나탈리 데이비스도 비슷한 결론에 도달했다. 톰슨은 계급을 결정하는 요인은 '계급' 자체라기보다는 '계급의식'이라는 주장으로 정통 마르크스주의에 문화적 해석을 접목시켜야 할 필요성을 논했고, 데이비스는 계급과는 상관없는 분석의 틀로도 사회사를 충실하게 수행할 수 있음을 증명했다.
>
> 한편 프랑스의 역사가들은 구조주의의 지리적 결정론에 매몰된 인간의식을 되찾는 길을 망탈리테의 역사에서 찾았다. 즉 인간의식의 잠재적이고 장기 지속적인 측면이 역사에 작용하는 방식을 찾음

으로써 역사에서 문화를 복원시킨 것이다. 이탈리아의 역사가들은 무명인사 개인의 역사를 통해 역사 전체를 조망하는 미시사의 방안을 발전시켰다. 독일에서는 일상 생활사를 발전시켜 대중이 문화를 소비하던 방식이 독일의 현대사에 드리운 그림자를 밝히는 작업을 진행시켰다.

이런 경향들은 서로 관련이 없었지만, 거의 동시다발적으로 일어났다. '문화사' 또는 '신문화사'란, 이러한 유사성을 걸러 본 결과 공통분모로 떠오른 것을 가리키는 용어이다. 이것은 단적으로 수많은 사람들이 '어떻게 살았는가'뿐만 아니라 '어떻게 생각했는가'가 역사의 방향을 결정짓는 중요한 요인이었다는 인식에서 비롯된 것이다. 그것은 역사적인 자료를 읽고 해석함에 있어, '두껍게 읽기', '다르게 읽기', '작은 것을 통해 읽기', '깨뜨리기' 등의 방법에 의존하여 역사적 사건이나 현상을 설명하려는 것이라고 말할 수 있다. (…중략…)

'두껍게 읽기'와 '다르게 읽기'와 '작은 것을 통해 읽기'는 결국 '깨뜨리기'로 통합된다. 이 모든 것은 궁극적으로 기존의 역사학이 유지해 왔던 역사의 이해와 서술방식을 해체시키는 작업이다. 왜 중세의 평범한 농민의 일상생활이 역사책에, 특히 역사 교과서에 실릴 수 없는 것인가? 왜 우리는 뛰어난 사상가나 예술가의 업적만을 문화적 유산이라고 간주하게 되었는가? 인권을 확립시킨 위대한 혁명들에서 여성이 차지하(지 못하)던 위상은 어떤 것이었는가? 왜 포르노그라피와 같은 매체는 사료로서 이용될 수 없다는 것인가? 생선의 역사는 씌어질 수 없는 것인가? 역사적 인과관계는 과연 인간의 생활 속에서 어떤 영향을 미쳤다는 말인가?

왜 지금 우리는 문화사를 해야 하는가? 첫째로, 이것은 역사를 더 다양하게 볼 수 있는 수단을 제공한다. 역사에서는 계급만이 억압의 기제로 작용하지 않았다. 성별, 인종, 직업, 연령 등에 따른 차별이 천태만상으로 존재했고, 문화사는 그 다양한 측면을 볼 수 있도록 만들어준다. 문화로 보는 역사는 사회사에서 출발한 '밑으로부터의 역사'의 여러 모습들을 구체적인 다양성 속에서 보여준다는 것이다. 둘째로, 문화사는 한국인도 서양사를 생산하는 입장에 설 수 있게 한다. 수많은 시각에서 역사를 볼 수 있는 장치를 마련한다. 마지막으로 문화사는 우리의 역사를 새롭게 조명할 계기를 제공한다. 문화사적 시각의 역사 읽기는 우리 역사를 풍부하게 만들고 폭넓게 인식시킬 수 있는 계기를 마련해준다.

▶▶▶ 조한욱, 『문화로 보면 역사가 달라진다』, 책세상, 2000 중에서

인문학은 문학, 역사, 철학으로 이루어집니다. 동양에서는 고래로 문文·사史·철哲이 하나로 간주되었습니다. 흔히 하는 말 중에서 인문학적 독서, 사회과학적 독서, 자연과학적 독서라는 말이 있습니다. 그럴듯한 독서 입문서에서도 당연히 그런 '영역별 독서법'이 따로 있는 것처럼 나누어 설명하고 있는 것을 심심찮게 봅니다. 결론적으로 말해서 그런 분류는 옳지 않은 것입니다. 문학적 독서나 역사학적 독서나 철학적 독서나 사회학적 독서나 그 본질에 있어서는 아무런 차이를 발견할 수 없는 것입니다

('자연과학적 독서'라는 말은 그 자체로 어폐가 있는 말이므로 애초에 논의 대상이 될 수 없습니다. '자연과학적' 사실은 독서(독해)의 대상이 아닙니다). 모든 독서는 다 같은 인간의 탐구적인 정신 활동의 일환입니다. 그것을 학문의 영역에 따라서 차별지을 이유가 없습니다. 다른 것은 텍스트를 이루는 코드code일 뿐입니다. 어차피 코드는 담론 공동체 내에서의 학습에서 습득되는 것, 인문학이든 사회과학이든 자연과학이든 그 담론 공동체의 코드를 제대로 습득하는 게 요체일 뿐, 책을 읽는 목적 그 자체가 달라지는 것은 아닙니다. 다만, 인문학적 독서가 항상 그 시작과 끝을 장식한다는 것, 즉 독서의 본질을, 성기성물의 취지를 내함한다는 것만 알면 되겠습니다. 독서의 본질적 측면을 간략하지만 정확하게 지적하고 있는 김화영 교수의 글을 소개하면 다음과 같습니다. 독서가 놀이적 구조 위에서 성립된다는 내용인데, 독서(문학, 이야기) 교육이 기존의 틀에서 벗어나 보다 다양하게 모색되어져야 할 것임을 시사하고 있습니다.

이와 같이 널리 퍼진 수동적 편견 때문에 텍스트는 단단히 문을 걸어 잠그고 있어서 도무지 〈놀지〉 않는다. 따라서 그 속에 들어가기가 너무나 어렵고 두려운 것이다. 여기서 논다는 개념은 매우 중요하다. 엄숙주의자들은 노는 것을 부정적으로만 생각한다. 그것은 〈논다〉라는 개념에 대한 오해에 기인한다. 논다는 것은 한편으로 유희, 오락, 즐거움과 관련되어 문화의 가장 중요한 기능 중의 하나로서 〈호모 루덴스〉의 세계다. 그것이 없다면 독서는 지옥이 된다. 다음으로 텍스트의 해석과 이해가 독서라면, 텍스트는 또한 언어기호의 체계이다. 이 기호들의 결합은 어떤 코드에 의거하지만 그 의미의 생산은 기호들 사이의 유동적인 관계의 여백 속에서 이루어진다. 이 여백이 〈놀이〉의 공간이다. 흔히 〈나사가 논다〉, 〈이가 논다〉고 할 때 거기에는 약간 헐겁게 남는 공간이 전제되어 있다. 이 노는 여유 공간이 확보되어야 의미는 살아 움직이는 상태로 생산될 수 있고, 그래서 억압적이거나 절대적(배타적)인 진리가 아니라 인간들의 역사의 일부가 되는 것이다.

독서사회학과 관련하여 로베르 에스카르피가 적절하게 강조한 바 역시 이러한 놀이의 공간과 독자의 능동성이다. 그는 독서공간을 수동적 수용의 공간이 아니라 일종의 대결의 공간으로 해석하면서 그때의 긴장감이 쾌락을 가져온다고 본다. 〈…독서가 주는 쾌락은 직접적으로 저자의 의지와 독자의 그것 사이의 대결의 유희와 관련이 있다.〉

▶▶▶ 김화영, 「책·독서·교육」, 『책, 어떻게 읽을 것인가』, 민음사, 1994 중에서

어떻게 가르칠 것인가

어린 자녀들을 둔 집에서는 자녀 교육에 많은 에너지를 쏟아붓습니다. 독서 지도는 집에서 할 수 있는 중요한 교육활동 중의 하나입니다. 그 중요성이 인정되어서 한때 독서지도사 열풍이 분 적도 있었습니다. 저도 그 바람에 편승해서 몇 년 간 도서관,

대학 평생교육원 등 사회교육기관에서 관련 강의를 한 적이 있습니다. 그 과정에서 '통째로 눈치껏', '견물생심 역지사지'와 같은 슬로건 아닌 슬로건들을 만들어서 유통시키기도 하였습니다.

'통째로 눈치껏'은 아이들의 문식력(읽고 쓰는 힘) 증진을 마치 계단을 오르는 방식으로, 단계적으로, 도모하지 말라는 주문이었습니다. 아이들 때는 이른바 '창발적인 문식력'이 활발하게 작동이 되는 시기입니다(체계적으로 문자 교육을 받지 않은 아이가 어느 날 갑자기 글자를 읽어낼 수도 있습니다). 문식과 관련된 여러 가지 정보들이 상호텍스트적으로 결합되면서 무한한 생산성을 산출해낼 수 있습니다. 그것을 '계산된 의도성'으로 제약한다는 것은 아주 비교육적인 처사라는 것입니다.

'견물생심 역지사지'는 제가 여기서도 종종 말씀드렸습니다. '견물생심'은 '물래이순응物來而順應'과 비슷한 의미로 사용된 일종의 패러디 용어입니다. 주자의 학통을 이어받은 성리학자들은 공부의 방법으로 '곽(확)연이대공 물래이순응廓然而大公 物來而順應'을 강조했습니다. 즉, 나의 사사로운 의도적 분별[自私用智]를 없애고 확 트인 마음으로 대상에 따라 도리에 맞게 순응하라는 것입니다. 주관에 치우쳐서 때와 장소에 맞지 않는 '오해와 편견'을 생산해내는 것을 경계하는 말입니다. '역지사지'는 거기서 한 걸음 더 나아가서 타자들의 입장에 대해 적극적으로 고려해보라는 것입니다. '읽기'가 '자기의 확장'이 되는 것을 지향하라는 말이기도 합니다. 현재 우리나라의 대입 논술에서 가장 요긴한 덕목이 바로 '역지사지'입니다.

'통째로 눈치껏', '견물생심 역지사지'와 함께 아이들에게 독서를 지도하려는 교사나 부모들이 알아두면 좋은 것에 '독서의 세 가지 위계'가 있습니다. 프랑스 학자인 토도로프가 말한 것입니다. 투사적 독서, 해설적 독서, 시학적 독서가 그것입니다.

투사적 독서는 독자의 개인 경험, 인생관, 트라우마(심리적 외상) 같은 것이 텍스트의 내용을 오염시키는 것을 말합니다. 오독을 부르는 독서입니다. 외국어로 된 텍스트를 독해할 때 흔히 발생하는 것이기도 합니다. 아이들에게는 지상의 모든 독서물들이 '외국어로 된 텍스트'일 수가 있습니다.

해설적 독서는 책 속에서 공인(공중, 합의)된 의미를 읽어내는 독서를 말합니다. 아이들이 책을 읽다가 교사나 부모들에게 질문을 할 때는 주로 이 '공인된 의미'를 검증받고자 할 때입니다. 초·중등학교에서는 해설적 독서 위주로 문식교육이 이루어집니다.

시학적 독서는 기존의 해석(해설)을 뛰어넘는 새로운 의미를 만들어내는 독서입니다. 투사적 독서가 부패라면 시학적 독서는 발효라 할 것입니다. 고도의 문식력을 가진 사람들이 주로 이 시학적 독서를 한다고 보시면 됩니다. 최근 들어 자신의 독서가 투사적인 것임에도 불구하고 시학적이라고 우기는 개인이나 집단을 자주 보게 됩니다. 오래된 우화나 경전 같은 것들이 그런 '모험(도발)'의 대상이 될 공산이 큽니다. 그런 것들은 '의미의 결'이 촘촘하지 않고 느슨하게 조직(직조)되어 있어 그런 오염이 끼어들 여지가 늘 있는 것들입니다.

독서의 위계가 세 가지로 나누어진다는 것은 그 자체로 중요한 사안이 아닙니다. 아이들의 '투사적 독서'를 어떻게 교사나 부모가 수용하느냐의 문제가 정작 중요한 것입니다. 저는 그것을 교사나 부모들이 나서서 섣부르게 교정하려 드는 것은 별로 좋은 교육방법이 아니라고 생각합니다. 오히려 그것을 장려하는 편이 더 좋을 듯합니다. 입문기의 아동들에게는 '맞고 틀리고를 떠나서, 어떤 식으로든 자기 방식으로 책 속의 내용을 재구성해볼 것'을 격려하는 게 가장 중요하다고 생각합니다(그래야 책을 좋아하게 됩니다). 가장 좋은 것은 그것마저 아이들이 의식하지 않도록 배려하는 일입니다. 이른바 비책무적 독서를 권장한다는 것입니다. 마음대로 책을 읽다가, 어느 순간 '공인된 의미에 대한 조회'의 필요성이 제기될 때, 아이들이 교사나 부모들에게 도움을 요청하도록 하는 편이 바람직합니다.

그러므로 연령이나 학년에 맞는 독서물들을 체계적으로(교육적 고려에 입각해서?) 배열해서 아이들에게 집중적으로(단계별로) 읽혀나간다는 것은 별로 좋은 독서 지도 방법이 아닙니다. 그 방법은 결국 아이들이 스스로 책을 발로 차게 만드는 것이 될 공산이 큽니다. 다양한 독서물들을, 아이들의 흥미를 끌 수 있는 것들로(개인차가 있다는 것을 고려해서), 충분하게 공급하는 게 오히려 좋은 방법입니다. 그리고 교사나 부모는 지도자 연수

staff training를 자주 이행해서 스스로 고단위의 문식력을 소지할 수 있도록 하는 것이 필수적입니다. 세칭 일류대학의 학생들에게 '부모에게 마지막으로 질문한 시기'에 대해서 물었더니 모두 '중학교에 들어가면서'라고 대답했답니다. 그런데 그 까닭을 물었더니 정 반대의 대답이 나왔답니다. 딱 두 가지로 나뉘어졌는데, 하나는 '너는 그것도 모르냐?'라는 핀잔을 받기 싫어서였고 다른 하나는 물어도 '모른다'는 대답밖에 들을 수 없었기 이었다는 것입니다. 전자는 자식에 대한 기대가 너무 앞서간 경우가 되겠고, 후자는 부모의 문식력이 이미 아이의 그것에 뒤처지기 시작했다는 것이 되겠습니다. 독서 지도를 하고자 하는 모든 교사나 부모들이 유념해야 될 사례라 할 것입니다. 스스로 독서하지 않는 자는 절대 아이들을 가르칠 생각을 해서는 안 될 것입니다.

미국에서, 자율 독서프로그램들에 대한 분석을 통해 성공적인 자율 독서프로그램들이 가지는 공통 요소 8가지를 추출한 연구가 나와서 소개합니다. 좋은 참고자료가 될 것입니다. 이른바 '아침독서 활동의 성공 요소 8가지'입니다.[1)]

---

1) 재니스 필그린, 윤준채 옮김, 『아침독서 핸드북』, 행복한아침독서, 2013.

1. 다양한 읽기 자료(access)
2. 흥미로운 읽기 자료(appeal)
3. 독서 분위기 조성(conducive environment)
4. 독서에 대한 격려(encouragement)
5. 교사 연수(staff training)
6. 비책무성(non-accountability)
7. 추수활동(follow-up activity)
8. 빈번한 독서시간(distributed time to read)

추수활동은 1주일이나 2주일에 한 번 정도 이루어지는 것이 적합합니다. 아이들이 재미있게 읽었던 책의 내용들을 함께 나누는 시간을 가지는 것입니다. 물론 이 활동은 지도자(교사, 부모)가 생각해서 그 필요성 유무를 판단합니다. 그것도 부담이 될 것 같으면 하지 않아도 되는 활동입니다. 어느 정도 읽기 훈련이 된 아이들이라면 스스로 읽은 책을 다른 아이들에게 '재미있게 소개하는' 기회를 갖도록 하는 것 정도는 가능한 한 방편이 될 것입니다. 그 이외에도 초등 저학년일 경우 아이들이 재미있어 할 활동을 독서와 관련해서 해보는 것(책 표지 만들기나 책방 운영하기 등)도 나쁘지는 않을 것 같습니다. 고학년이 되면 독서에 대한 격려가 독서 이외의 방법으로 이루어지는 것은 별로 좋은 방법이 아닌 것 같습니다.

독서 시간은 짧더라도 가급적 자주 주어지는 것이 생산적이라는 것이 밝혀졌습니다. 일주일에 한 번, 독서하는 날, 혹은 독서하는 오전 등의 방식은 그리 효과적이지 않다는 분석 결과가 나왔습니다. 시간과 함께 공간에도 신경을 써야 합니다. 밝고, 조용하고, 안락하고, 방해받지 않는 독서 분위기 조성은 훌륭한 독서인을 키우는 선결 조건입니다. 배려되어 있는 독서 공간에서 충분히 텍스트에 몰입할 수 있도록 하는 것이 우선적으로 이루어져야 합니다.

모든 책은 그 자체로 하나의 페다고지(교육학)입니다. 교육은 책에 맡기고 교사나 부모는 뒷짐을 지는 게 중요합니다. 책 한 권에는 수많은 교사들이 맹활약을 하고 있습니다. 그들을 믿어야 합니다.

사족 한 마디. 어머니가 자식을 가르치는 방법은 대략 세 가지입니다. 맹자 어머니 스타일, 석봉 어머니 스타일, 율곡 어머니 스타일입니다. 아이에게 직접 독서 지도를 하겠다고 나설 때에는 스스로 율곡 어머니 스타일이 되어야 합니다. 좋은 학원만 보내서도 안 되고(맹모), 자기 생활에만 충실해도 안 됩니다(석봉모). 스스로 공부해서 터득한 경지가 있어야 됩니다(율곡모). 이 모든 것보다 앞서서 할 일이 물론 있습니다. '책 읽겠다는 아이', '공부하겠다는 아이'로 먼저 키워야 합니다. 그것이 선행되지 않으면 우리 부모들의 모든 노력은 허사가 됩니다. 그게 제일 어려운 일인 것 같습니다. 물론, 제 경험에서 나온 생각입니다.